中小学教师
科学素养
提升工程

追寻科学之本

周忠和 郑永和 主编

上海科技教育出版社

图书在版编目(CIP)数据

追寻科学之本/周忠和,郑永和主编.—上海:上海科技教育出版社,2024.1
中小学教师科学素养提升工程
ISBN 978-7-5428-7992-9

Ⅰ.①追… Ⅱ.①周…②郑… Ⅲ.①中小学–教师–科学知识–师资培养–研究 Ⅳ.①G635.1

中国国家版本馆CIP数据核字(2023)第129455号

责任编辑	侯慧菊 程 着 陈怡嘉 蔡 洁 张嘉穗
装帧设计	肖祥德

中小学教师科学素养提升工程
追寻科学之本
ZHUIXUN KEXUEZHIBEN

周忠和 郑永和 主编

出版发行		上海科技教育出版社有限公司
		(上海市闵行区号景路159弄A座8楼 邮政编码201101)
网	址	www.sste.com www.ewen.co
经	销	各地新华书店
印	刷	上海商务联西印刷有限公司
开	本	720×1000 1/16
印	张	21.75
版	次	2024年1月第1版
印	次	2024年1月第1次印刷
书	号	ISBN 978-7-5428-7992-9/N·1195
定	价	88.00元

丛书序

党的二十大报告提出,"教育、科技、人才是全面建设社会主义现代化国家的基础性、战略性支撑",要"培育创新文化,弘扬科学家精神,涵养优良学风,营造创新氛围"。2023年2月,习近平总书记进一步强调,要"深入实施全民科学素质提升行动""树立热爱科学、崇尚科学的社会风尚""要在教育'双减'中做好科学教育加法,激发青少年好奇心、想象力、探求欲,培育具备科学家潜质、愿意献身科学研究事业的青少年群体"。提升中小学教师的科学素养,对培养创新人才、推动国家创新发展具有极为重要的意义。

阅读是提升科学素养的基础手段之一。中小学教师都异常忙碌,管理学生、批改作业、备课授课、制作课件、承担课题、发表论文……对他们来说,如何在这每天连轴转的24小时中,抽出时间做点科学阅读、不断提升对科学和科学教育的理解,着实是个难题。专著专论的全本阅读,会令教师由于时间原因望而生畏;而撷取名家名篇,制作有针对性的主题阅读板块,可以让教师根据需要选择性地阅读,且各篇完全独立,随时可以自由翻阅,不受上下文的制约,不失为一种从实际出发的选择。"中小学教师科学素养提升工程"丛书的策划出版就是基于上述目的。丛书将从科学本质、科学素养、科学家及其工作、前沿科技、科技创新、科学史、技术史等角度进行选篇,立足中小学教师的现实需要,助力中小学教师队伍建设。例如,丛书第一册《追寻科学之本》,从"科学是什么""科学素养是什么""科学家在干什么"三个主题入手,选取三十余篇文章,引导教师思考科学的本质,提升教师科学素养。

作为一名科学家,我始终认为,科学教育所传递的不只是科学知识和研究方法,更是科学精神。科学精神,至少应当包括:对事实的尊重,理性的质疑,科学的逻辑思维和推理,对事物的客观判断,以及宽容失败的文化。现在很多科学知识可以通过上网等渠道获取,但学会运用逻辑思维,理性质疑,寻求真理,是树立科学精神的基本素质。科学精神是在科研实践中形成的一套价值、行为规范和信念。我归纳为十二个字:求真务实、探索创新、理性质疑。弘扬科学精神比讲授科学知识更重要,授人以鱼不如授人以渔。科学精神的树立是提高国民科学素养的重要方面,是国家创新发展的先决条件。

一方面,我们要鼓励好奇心,保护探索欲。好奇心是一切创新的源泉。从研究生命演化的角度看,好奇心并非是我们人类所特有的,而是人类与许多动物共有的一种思维活动,代表对一种事物特别注意的一种情绪,也代表一种求知欲、一种探知欲望,即喜欢探究不了解的事物的一种心理状况,或者一种情感行为。一般认为,好奇心是我们人类认知世界的主要驱动力。爱因斯坦曾说:"提出一个问题往往比解决一个问题更加重要。因为解决一个问题也许只是数学上或实验上的一个技巧问题,而提出新的问题,从新的角度看问题却需要创造性的想象力,这才标志着科学的真正进步。"我觉得爱因斯坦说出了科学研究的真谛。没有了好奇心,我们就提不出问题;没问题,我们就很难去深究,我们的社会就很难一步步向前发展。如果学生从小到大更多的是一种对知识的接受,面对的都是有标准答案的题目,很少提出独立的见解,那么这些学生进入大学或研究领域之后,就很难提出创新问题。营造独立思考、敢于质疑、包容并蓄的文化土壤和环境,呵护青少年的好奇心,这是社会各界尤其是老师和家长应该联起手来共同努力的事业。

另一方面,既要尊重知识,也要有挑战权威的勇气。科学探索就是不断逼近真理的过程,而我们获得的只是当下的相对正确的结论,并非绝对真理。科学进步就是不断发现旧有知识的错误和局限性。

近二十年来，中小学科学教育已经从关注科学知识转变为关注科学核心素养，科学观念、科学思维、探究实践、态度责任，缺一不可。这是巨大的进步。同时，我们也要注意，探究实践一定不能固化为制式的流程，而要根据教学实际灵活运用。科学教育唯有以人为本，寓教于乐，勿忘真、善、美，才能发挥最大的教育功能。科学与艺术的结合，能够让人感受到科学之美；科学对真理的渴求，起步于做人的诚实与诚信；还应当告诉学生，科学不是万能的，科学研究还需受到科学伦理的约束。科学本就是文化的一部分，如果仅仅关心科学的实用性，而忽略了科学与人文精神的结合，那么这样的科学教育不能算得上成功。

科学素养的提升绝非一朝一夕之事，积小流才终成江海。期盼广大教师通过阅读我们精心选编的内容，更好地理解科学、理解科学教育，关注科学发展的新进展、新成果，解决生活和教学中的现实问题。

周忠和

中国科学院院士

中国科学院古脊椎动物与古人类研究所研究员

中国科普作家协会理事长

目录

前言 任友群 郑永和 / I

第一篇 科学是什么 / 1

论科学与科学家 爱因斯坦 / 2

科学的魅力 阿西莫夫 / 8

诺贝尔科学奖离我们有多近 王绶琯 / 16

科学家的错误与争论 汪品先 / 26

创新的道路 李惕碚 / 37

我心目中的科学与艺术 严加安 / 46

科学研究的范围 亨普尔 / 53

关于科学与科学传播的三个问题 刘兵 / 55

学习科学史的意义 吴国盛 / 64

科学是人类心智最伟大的成就之一 格里宾 / 73

走进科学,提高科学素养 王谷岩 / 82

如何成为一名科学家 郭传杰 / 93

第二篇 科学素养是什么 / 103

新科学教育:从思想到行动 朱永新 王伟群 / 104

是时候锻造新的科学教育了 钱旭红 / 116

切实提升青少年科教工作者综合素质的四点建议 武向平 / 122

科学与科学教育　倪闽景 / 127

素养本位的单元设计，助力各国进入"素养时代"　崔允漷 / 133

科学课程与教学改革的未来走向　胡卫平 / 142

科学教育中的跨学科概念：应用及案例　高云峰 / 153

科学教育：大国博弈的前沿阵地——国际科学教育战略与发展
　　路径研究　课题组 / 162

重新思考科学教育的若干概念与实施途径　裴新宁 / 177

科学探究、科学素养与科学教育　李雁冰 / 190

论美育对科学素养的赋能　周宪 / 200

科学素养教育的意义及本土化诠释　张红霞 / 215

第三篇　科学家在干什么 / 227

红色火星的蓝色星球梦——从火星探测到火星改造　欧阳自远 / 228

深海探测——向深海更深处钻研　汪品先 / 236

20世纪现代医学进展　韩启德 / 241

演化的力量　戎嘉余　周忠和 / 250

让我们一起走进化学　黄春辉 / 253

从天文学到现代自然科学　张双南 / 260

恐龙是如何演化为鸟类的　徐星 / 268

机器可以有情感吗——人工智能发展现状　吕宝粮 / 275

宇宙大爆炸和太阳系外行星的发现——2019年诺贝尔物理学奖
　　背后的故事　陈鹏飞 / 283

奇妙基因之旅——认识、发现和改变基因　仇子龙 / 292

附录 / 301

  如何参与青少年科技创新大赛(一):工程学(发明创造)课题 / 302

  如何参与青少年科技创新大赛(二):科学研究(科学论文)课题 / 313

  如何参与青少年科技创新大赛(三):科技辅导员科教创新课题 / 326

后记 / 331

前言

党的二十大报告强调,"教育、科技、人才是全面建设社会主义现代化国家的基础性、战略性支撑。"面对当今世界百年未有之大变局,在科技竞争、人才争夺加剧的现实背景下,实现中华民族伟大复兴,必须解决"科技自立自强的人才自主培养"问题。基础教育是教育的起始阶段,基础教育教师在学生成长中发挥着重要的启蒙作用。特别是科学教育及相关学科教师,往往是学生心中科学种子的播种者、科学兴趣的引导者和呵护者。推进基础教育阶段科学教师队伍建设势在必行。

科学教育是教育界和科技界乃至全社会的共同责任。教育部等十八部门《关于加强新时代中小学科学教育工作的意见》提出,要整合社会各方资源,健全大中小学及家校社协同育人机制,显著提高科学教育质量。

中小学校内科学教育在整个科学教育体系中占据核心地位。作为学生接受科学知识、养成科学思维习惯和培养探究实践能力的主要场所,学校科学教育的师资水平、教学与实验资源、教学方法与策略、课程设置和教材选择、评价与反馈机制以及学校管理和支持等因素相互作用,共同决定了科学教育的质量水平。其中师资建设,特别是科学教师专业化建设是影响校内科学教育质量的最关键因素。

小学科学教育对学生的科学兴趣发展、科学观念形成、科学方法掌握、科学探究实践和科学精神培育起着奠基作用。培养孩子的科学兴趣，让他们保持好奇心、形成良好的学习习惯、树立关键的意志品格，需要让孩子们在科学探究实践中深入学习和体验。近年来的国际学生评估项目和调查研究中，我国学生科学职业期望不高、问题解决与创新能力不足等问题引起广泛关注。青少年了解科学知识，却不知道科学知识从何而来，科学是什么、有何用、如何用。与此同时，科学课程改革持续推进，中小学科学教育越来越强调跨学科和综合性，注重通过科学推理、科学论证和科学建模促进科学学习，强调基于技术与工程的设计实践和真实情境的问题解决，以提高学生的动手能力和创新意识，持续丰富学生认识科学、理解科学、参与科学与体验科学的机会。《义务教育科学课程标准（2022年版）》要求"创设良好的学习情境""设计适宜的探究问题""经历科学探究以及技术与工程的实践过程"等。这均表明，科学教师不能仅基于教材和学科知识开展科学课堂教学，还要通过综合科学课程的教学让学生理解什么是科学与怎么做科学，这就对科学教师的综合素养提出了更高要求。

科学教师要懂科学、懂教育，深刻理解科学教育应该教什么、学生如何学习科学、教师如何教科学。即科学教师要对科学本质、科学方法、科学精神、科学与社会等有充分认识，对科学探究和工程实践有真实经历，对科学教学规律和人才成长规律有科学把握，才能具备较好的科学教学胜任力，才能有足够信心去引导学生们走进科学。

我国小学科学教育主要以综合科学课程形式开展，其基础性、实践性和综合性对小学科学教师的科学素养和专业能力有较高要求。然而，当前我国小学科学教师队伍现状与现实发展需求之间存在较大差距，小学科学教师对科学本质和科学探究实践的理解与应用能力有限，对有效开展科学教学缺乏信心、自我效能感不足，不擅长以探究和实践的形式开展科学教学。小学科学教师队伍的规模扩大和结构优化任重道远。

我国小学科学教师队伍供给不足、专业知识不强、专业素养不高等问题已经严重制约科学教育高质量发展，若不尽快加以扭转，必将严重阻碍我国科技强国建设和科技事业的长远发展。做好科学教育"加法",就是要在事关科学教育发展全局的关键问题上力争突破,就是要紧抓小学科学教师队伍专业化建设这个影响科学教育高质量发展的牛鼻子,实现我国科技创新人才培养全链条水涨船高的整体效应。

除了国家、省(区、市)、校等各级层面实施的培训,教师日常的学习和思考对提升自身科学素养也至关重要。教师需要结合日常工作不断丰富对科学、科学素养、科学家精神的理解与认识。

强教必先强师。高质量教师队伍是建设社会主义现代化教育强国的重要保障,有高质量的教师队伍,才会有高质量的教育。面向2035年远景目标,愿广大教师踔厉奋发、勇毅前行!

任友群　教育部教师工作司司长
郑永和　北京师范大学科学教育研究院院长

第一篇
科学是什么

科学首先是对自然现象有序而有系统地理解、描述和（或）解释，其次是进行这项工作所需要的工具，特别是逻辑和数学。

对宏伟的科学世界有初步的了解会带来巨大的审美上的满足感，使年轻人受到鼓舞，满足求知的欲望，并对人类心智的惊人潜力与成就有更深的理解与欣赏。

了解科学课程中关于科学本质问题的争议和复杂性，形成对科学本质的认识，对科学教师的教学来说显然是有益处的。只有这样，科学教师才能在教学的各环节中，充分意识到其教学内容与科学本质的关联性，才可能在教学实践中有效地达到对科学本质的教育目标的要求。

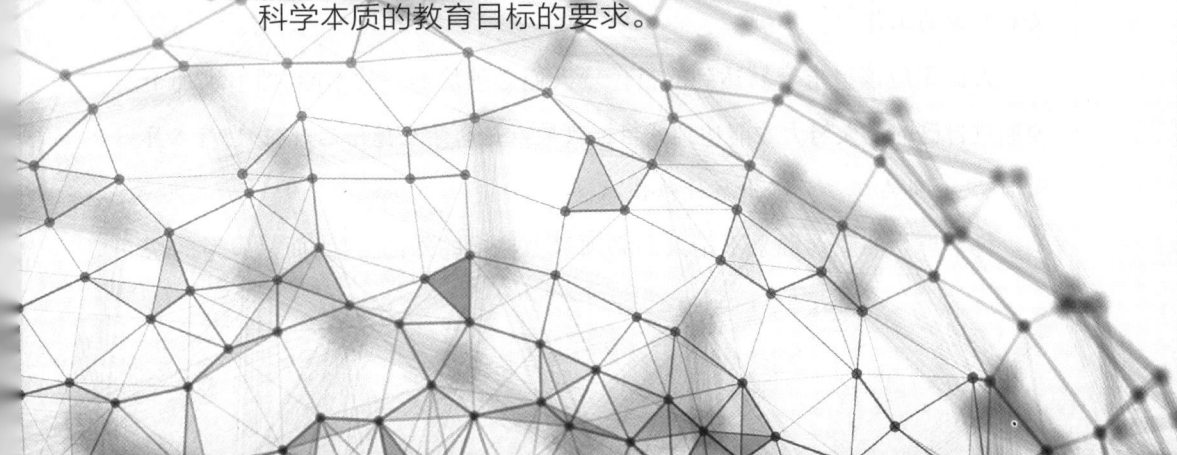

论科学与科学家

爱因斯坦

一个物理学理论,只有当它的结构是由基本的基础构成时,方能令人满意。相对论就像(例如)在玻尔兹曼把熵解释为概率之前的经典热力学那样并不太令人满意。(致索末菲,1908年1月14日。)

有特殊条件为科学进展作出某种贡献的人不应当因[优先权之争]而使他们享受共同努力的成果的喜悦蒙上阴影。(致斯塔克,1908年2月22日。几天前,爱因斯坦对斯塔克不承认爱因斯坦发现质量和能量的相对论性关系的优先权表示了某种气恼,斯塔克把那项工作的优先权归于普朗克1907年12月发表在《物理学期刊》上的论文。)

看来科学上的卓越才能和个人品质并不总是携手并进。我认为一个均衡发展的人远比最有技巧的公式运算家或实验家更有价值得多。(致劳布,1910年3月16日,称赞劳布的老板克莱纳。)

大自然显露给我们的只是狮子的尾巴,但是我毫不怀疑大自然这只狮子,因为它是个庞然大物,所以它不能立即整个地显示它自己。我们能看到的就像狮子身上的虱子所能看到的那样。(致赞格尔,1914年3月10日,谈他有关广义相对论的工作。)

人们不应该追求容易达到的目标。人们必须培养一种本能,即追求那个要通过自己的最大努力才能达到的目标。(致以前的学生德伦巴赫,1915年5月31日,对他的电工项目提出某种劝告。)

科学思想的主要源泉不是人们必须努力追求的外部目标,而是思考的快乐。(致赞格尔,1918年8月11日左右。)

使一个人能够从事这类工作的精神状态……类似于宗教信徒和热恋情人的精神状态;每天的努力不是来自深思熟虑的意图或计划,而是直接发自内心。(引自题为"探索的动机"、在普朗克60岁诞辰庆祝会上的演讲,1918年4月18日。)

我相信叔本华所说的,把人们引向艺术和科学的最强烈动机之一是要逃避日常生活的粗俗和单调,并躲避到充满了我们自己所创造的形象世界中去。……一个修养有素的人总是渴望逃避个人的生活进入到客观知觉和思维的世界。(引自题为"探索的动机"、在普朗克60岁诞辰庆祝会上的演讲,1918年4月18日。)

人们能够形成的有关经验科学创造的最简单图景是沿着归纳方法的路线,挑选一个个事实,将它们归类,从而使它们的规律性联系清晰地显现出来。把这些规律归类,人们可以得到其他更普适的规律,直到建立一个有关已有的一个个事实的多少一致的体系。……可是……科学知识中的巨大进展只在很小程度上起源于这种方法。因为,如果一个研究者去研究事物,而没有一个预设的观点,他怎么能够从万分丰富且非常复杂的经验中,挑选出一些简单得足以显示它们之间的规律性联系的事实来呢?(引自《物理学中的归纳和演绎》,载于《柏林日报》,1919年12月25日。)

我们对自然界的理解的真正巨大进展起源于这样一种方法,它几乎是与归纳法根本对立的。对大量复杂事实的本质的直觉把握,导致科学家去假定一个假说性的基本定律,或者几个这样的定律。从这些定律出发,他推导出一些结论,……然后这些结论可以和经验相比较。基本定律(公理)和推论一起构成所谓的"理论"。每个专家都知道,自然科学中最伟大的进展……是以这种方式发生的,而它们的基础具有这种假说性质。(引自《物理学中的归纳和演绎》,载于《柏林日报》,1919年12月25日。)

一个理论的真理性永远不可能被证明,因为人们永远不可能知道未来的经验是否会与它的结论相矛盾。(引自《物理学中的归纳和演绎》,载于《柏林日报》,1919年12月25日。)

如果现在有两个理论,它们都与已知的所有事实相容,那么,除了研究者的直觉,就没有别的标准来选择其中一个而放弃另一个。因此,人们可以理解,为什么一些对两个理论和有关事实都了解的明智的科学家,仍然能够[分别]是两个对立理论的热情坚持者。(引自《物理学中的归纳和演绎》,载于《柏林日报》,1919年12月25日。)

概念如果终止了与经验的牢固联系,那它就是空洞的。它们类似于社会上一些向上爬的人,羞于他们的出身而要否认它们。(致赖辛巴赫,1920年6月30日。)

我内心深信,科学探索的发展主要是要满足对纯粹知识的渴求。(引自莫什科夫斯基:《与爱因斯坦的谈话》,1920年。)

"发现"一词本身是令人遗憾的。因为发现等同于对一个已经形成的事物的认知;这与证明相联系,但是证明不再带有"发现"的特性,归根结底,是带有导致发现的手段的特性。……发现确实不是创造性行为。(引自莫什科夫斯基:《与爱因斯坦的谈话》,1920年。)

尚未揭示的知识的面貌给予研究者的感觉,类似于寻求掌握成人处理事务的熟练方式的儿童所体验的感觉。(引自莫什科夫斯基:《与爱因斯坦的谈话》,1920年。)

有四个人奠定了物理学的基础,在这个基础之上,我才能构造我的理论,他们是伽利略、牛顿、麦克斯韦和洛伦兹。(载于《纽约时报》,1921年4月4日。)

相对论说:自然律应该脱离任何特殊的坐标而予以表述,因为坐标系并不与任何真实的东西相符合。一个假说性定律的简单性只有按照它的普遍协变形式来判断。……自然律从来没有、现在仍没有一个特优的坐标系。……相对论只声称普遍的自然律对于任何坐标系都是相同的。(载于《物理学杂志》69(1922),438。)

在原始论文中追踪理论的演化始终有某种魅力,这种研究时常比用诸多现代词汇修饰的关于最终结果的系统表述对主题提供更深刻的洞察。(引自《爱因斯坦论文集》的日文版前言,1923年。)

在技艺达到某一高度之后,科学和艺术往往在美学、可塑性和形式方面结合起来。最伟大的科学家也是艺术家。(据亨德森的回忆,载于《达勒姆晨间论坛》,1955年8月21日。)

一切技术成就的主要源泉是那些笨拙但好思索的研究者神圣的好奇心和好玩的冲动,同样重要的是发明家的创造性想象力。(1930年8月22日在柏林的广播演讲,赫尼克记录。)

不假思索地利用科学技术奇迹的人对科学技术的理解,不比吃草的牛对植物学的理解多,这些人应当为自己感到羞耻。(1930年8月22日在柏林的广播演讲,赫尼克记录。)

关心人自身及其命运必须永远成为一切技术工作的主要目的,……从而使我们心灵的创造将造福于人类而不是成为祸害。在你们埋头于图表和方程时千万不要忘记这一点。(引自题为"科学与幸福"的演讲,1931年2月16日于帕萨迪纳加州理工学院。)

辉煌的应用科学既节省了劳动,又使生活变得更舒适,为什么它带给我们的幸福却如此之少呢?简单的答案是:因为我们还没有学会明智地使用它。(引自题为"科学与幸福"的演讲,1931年2月16日于帕萨迪纳加州理工学院。)

在黑暗中焦急地探索真理——人们对它能够感到,但无法表达——的这些岁月,怀着强烈的渴望,时而充满信心,时而疑惑不安,直至最后达到了澄清和理解,这些只有那些亲身经历过的人才能理解。(引自在格拉斯哥大学的演讲,1933年6月22日。)

在从事创造性的和开放心态的智力工作时,提升人类并丰富他们本性的不是科学研究的结果,而是为争取理解而进行的斗争。(引自《善与恶》,1933年。)

一般公众可能只在有限的程度上跟踪科学研究的细节,但至少他们能够注意到一个伟大而重要的观念:相信人类的思想是可信赖的,并且自然定律是普适的。(引自《科学与社会》,1935年。)

所有的科学都不过是日常思维的提炼。(引自《物理学和实在》,载于《富兰克林研究所学报》,1936年。)

科学的目的,一方面是尽可能地完全理解感觉经验在整体上的联系;而另一方面要用最少的基本概念和关系来实现这个目的。(引自《物理学和实在》,载于《富兰克林研究所学报》,1936年。)

当一个伟大和美丽的思想被证明是与实在相一致时,这总是令人高兴的。(致弗洛伊德,1936年4月21日。)

科学是这样一种企图,它要把我们杂乱多样的感觉经验与一个逻辑上一致的思想体系对应起来。在这个体系中,单个经验必须同理论结构以这样一种方式关联起来,即所得到的对应关系是唯一的,并且是令人信服的。(引自《理论物理学的基础》,载于《科学》,1940年。)

我们所说的物理学,包括这样一类自然科学,它们的概念是以量度为基础的,而且它们的概念和命题使自身可以用数学表述。(引自《理论物理学的基础》,载于《科学》,1940年。)

虽然科学的目的确实是要发现一些允许把事实联系起来并预测事实的法则,但这不是科学的唯一目的。它也寻求把已发现的联系简化到尽可能少的、相互独立的概念要素。正是在这种对多样性作合理统一的努力中,科学取得了它最大的成功。(引自《科学、哲学和宗教》,由1941年在纽约举行的"关于科学、哲学和宗教及其与民主的生活方式的关系"的会议发表。)

一个科学人永远不能理解，为什么仅仅因为一些观点被写在某本书里他就应该相信它们。[还有]他也永远不相信他自己的努力结果是最终的。(致T.李，1945年9月10日。)

如果科学只是为实用目的服务，它将停滞不前。(对国际通讯社提问的回答，1947年1月20日。)

所有科学的宏大目标是从最小数目的假说或公理出发，通过逻辑演绎来覆盖最大数目的经验事实。(引自巴尼特，《爱因斯坦新理论的意义》，载于《生活》杂志，1950年。)

如果人们不必靠科学谋生，科学就是一种奇妙的事情。人们应当靠做他确信力所能及的工作来谋生。只有当我们不必对任何人负有义务时，我们才能在探索科学的努力中找到乐趣。(致加州学生霍尔扎普费尔，1951年3月。)

西方科学的发展基于两个伟大的成就：希腊哲学家(在欧几里得几何学中)发明的形式逻辑体系，和(在文艺复兴时期)通过系统的实验找到因果关系的可能性的发现。(致斯威策，1953年4月23日。)

真正献身于有关物理世界的知识进步的人……决不为实用目的工作，更不用说为军事目的工作了。(对他的助手霍夫曼所说。见伍尔夫编，《平衡中的若干奇事》，1980年。)

我在漫长生涯中学到的一点就是：我们衡量实在的一切科学都是原始和幼稚的——而这正是我们所拥有的最珍贵的东西。(致米萨姆，1951年7月9日。)

我不能忍受这样的科学家，他们拿一块木板，寻找它最薄的部分，然后在上面钻许多孔，不费多少力气。(菲利普·弗兰克在《爱因斯坦的科学哲学》一文中提到，载于《现代物理学评论》，1949年。)

(摘编自《新爱因斯坦语录》，上海科技教育出版社2017年3月出版。爱因斯坦，Albert Einstein，诺贝尔奖得主，20世纪最伟大的科学家。)

科学的魅力

阿西莫夫

萨根的电视系列节目《宇宙》给我们提供了一些不寻常的内容,这是跨越从我们所了解的最古老的猜想,到我们做出过的最现代的发现这样一个巨大范围的科学纵览,而且利用了最先进的电视技术吸引我们去认识和领会。

它还向我们提供了某些非同寻常的体验和视界,让数百万热切的观众欣赏到了没有掺水的科学观点。

作为这个电视系列节目的一个副产品,萨根的《宇宙》一书也已推出,它呈现出文字、图像及该系列节目的情节。此书第一次印了15万册,毫无疑问,这个印数还会增加。

萨根无疑是一名魅力十足、能言善辩的杰出人物,也是一名想象力丰富、有才能并且有名望的专业天文学家,还是一名有着高超写作技巧的作家,因而人们可能认为,公众正在观看和阅读的不是科学,而是萨根。

这个结论似乎十分可信,要不是出于这样的事实的话:我们正目睹报摊上的科学杂志激增,其中的绝大部分是真正的科学杂志,它们抵挡住了逐渐演变成神秘主义和神话故事的诱惑。

我们也看到了科幻方面的稳定发展。印刷媒体真的可以说明问题,因为几十年前,科幻作品还是流行作品类别中最少受到关注的,然而,它现在稳定增长,而其他作品类别正在萎缩。在影视媒体方面,这个事实更为明显:好莱坞最轰动的电影类型是"太空科幻剧",其中的《帝国反击战》甚至能让玩腻了的观众也从座位上跳起来欢呼。

事实上，如果可以（或多或少羞愧地）以我个人为例的话，那么我要说，在我过去30年来出版的218本书中，有大约50本科幻小说和120本科学背景著作，它们的收益一点都没有减少，（迄今为止）它们的销售量还在不断增长，因为读者在不断增多。

为什么公众对科学如此迷恋？为什么是现在？

自然，一直以来总有人迷恋科学，在某些情况下，甚至迷恋到觉得生命中没有其他东西具有实际价值的程度。这些人在绝对数目上总是极少数，而且在公众中占的百分比小到难以察觉。可是如今，这个数目在引人注目地、爆炸性地增加，科学几乎正在变成一个群众性神往的事物。

再一次发问：这是为什么？

我特意使用"迷恋"（fascination）这个词。它源自一个拉丁文词语，意思是"魅力"（spell）。有些东西是迷人的，它们似乎把你吸引得根本意识不到这些东西原本很平常。它们使你神魂颠倒，使你丧失放弃它们的能力、意向或者愿望。我们通常以一种愉快的感觉使用这个词语。一个人迷人，是因为极为美丽、优雅、聪明和独特。

然而，这种愉快的感觉并非是强制性的。在我们的原始神话中，有这样一个神话：老鼠被蛇的闪闪发光的眼睛所迷惑，无望地退缩，等待被蛇吃掉。我们可能被邪恶所迷惑，被危险所迷惑——不能逃离，直到为时已晚。

正是这种带着双重感觉的迷恋，将科学和普通民众联系起来。

情况并非总是如此。经历过19世纪工业化时代的欧洲人和美国人朦胧地了解科学的存在，颇像他们朦胧地了解中国的存在一样。真正影响他们的日常生活和激起他们最强烈兴趣的，是"发明"。

他们完全意识到了诸如轮船、机车、电话、电灯和缝纫机这样的事物给社会和他们的日常生活带来的变化。在通常的观点中，这些事物并非科学的产物，而是没有被标榜成科学家的聪明人（而且，在狭隘的词义上，他们的确不是科学家)的灵感的产物。

爱迪生的许多发明中应用了电动力学,此前大约30年,是安培那样的科学家搞出了以数学为基础的电动力学。如果有一个人听说过安培,人们能够很容易地想象到,相对应的就有10万人听说过爱迪生。然而,那些听说过爱迪生的人中,很少有人了解他与安培的关系,或者了解安培必须先于爱迪生的原因——正是安培使得爱迪生取得成就成为可能。

科学并非必然唯一地是发明之母,这样一种平常的理解,无疑是一个20世纪现象,也因此带来了这样的认识,即科学既可能是发达和进步的工具,也可能是破坏和退步的工具。

极有可能,科学(相对于"发明"而言)的意义和潜能的首次闪光触及普通民众,是1915年在第一次世界大战中使用毒气。这是一次明显的科学发展,即纯化学的发展;这是一种没有社会补偿价值的恐怖发明,因为它甚至没有为任何一方赢得战争。敌对双方都在使用它,它没有给任何一方带来优势,只是极度增加了双方士兵的恐怖和痛苦。

这种恐怖没有被忘记。第二次世界大战中没有再使用毒气,因为它使双方除了遭到报复就没别的了。不过,民用防护品总是必不可少地包括防毒面具。

即使毒气的恐怖被忘记了,第二次世界大战在1945年却带来了原子弹。在此之前,甚至毒气都因为其恐怖而受到限制,而原子弹与这种早期的恐怖相比,更明显地是科学的产物。

自从第二次世界大战发生以来,科学不断显示出它的奇迹(和它的恐怖)。电视和喷气式飞机完全是19世纪意义上的发明,然而,现在很明显,电子学和航空学是科学,而且大众知道这种联系。

固体物理学的发展带来了晶体管以及它的所有次级小型化派生产品,而且以迅速更替的方式带给我们一代又一代的计算机,每一代都比前一代更小、更廉价和更通用。它使得某些人相当不可思议地天真地认为,这些计算机只是纯粹的灵巧的工匠的产品。

我们不能因为火箭只不过是中国人在中世纪的一项发明这样一个想法而放弃太空探险。火箭,不管多大和多么有威力,都只是一种上升而从不下落(至少数年来没有)的发射物。要考虑的还有遥测技术、小型化设备、使得人造卫星或者探测器对我们的指令作出响应的太阳能电池和有效的信息传送器。

在许多公众的意识中,毫无疑问,如果我们的问题被解决了,或者被搞得更糟,它都是以科学和技术为媒介的。一个人不管是赞成技术还是反对技术,只要这个人不完全是一个梦想家,保持这样的认识都不成问题。

如果能源危机能够被新能源(聚变?太空太阳能发电?地热能?生物质能?)的发现和利用解决的话,那么,要归功于科学的进步使它变得可能和现实。

如果能源危机能够通过放弃"大科学"和设法发展"平民科学",例如个人太阳能装置、场院炼钢、人类废物的细心回收等所解决的话,那么,不管怎样我们在全世界还有42亿人口,只要我们期望文明幸存下来,就不会让几亿人饿死。实现从"大即效能"到"小即美"的转变,将仍然会获取谨慎的科学和技术的进步。

美国公众甚至意识到,美国在世界上处于权威地位的一个要素,是它在科学技术方面的领导地位,即在计算机、微电子、亚原子物理、激光等方面的领导地位,这并不是由于它们与战争武器有关,而是因为它们形成了先进高产的工业支柱和基础。他们意识到,美国权威地位的下降,至少在一定程度上的下降,是由于我们世界科学领袖的地位逐渐丧失造成的。

简而言之,自从1945年以来,公众的科学观发生了变化。科学不再是由心不在焉的教授和怪人们进行实践的遥不可及的学科。那些怪人留着长发,说着只有他们自己才听得懂的语言。他们的结论,即使别人能理解其中一部分意思,也显然无论如何都没有明天的一场足球赛那么重要。

对我们每一个人来说,科学正日益变成一件生死攸关的事情,科学家被当成救星或者破坏者。理解他们很重要,必须把他们带到市场中,以便他们可以说明自己正在干什么以及被告知下一步将干什么。

法国政治家克列孟梭在他的一段名言中说道:"战争太重要了,不能单由军人来操劳。"这句话推而广之可以这样解读:"任何重要的专业,如果太重要了,就不能单由专家来操劳。"

毕竟,一个专家除非全然专注于自己的专业,不然他就无法行使职责。而在这样做的过程中,他将忽视外部的广阔世界,错过可能有助于引导他作出判断的重要信息。因此,他需要非专家的帮助,虽然非专家要依赖专家才能获得关键信息,但非专家能够提供基于其他事情的必要判断,前提是非专家首先能够理解专家的工作。

科学变得太重要了,不能单由科学家来操劳。科学家必须得到一个平稳运行的社会的引导,这个社会依赖于活跃的公众意见。

我们每个人都与科学有着生死攸关的利害关系,我们每个人都有责任和义务帮助科学家作出决定。例如,科学应该解决什么问题;科学应该采取什么防范措施;一项新的科学发现,应该怎样、以什么方式、在什么地方被应用还是不被应用。任何一个这样的决定都决不能由无知和偏见来引导,而只能由理解和智慧来引导。

这样一种普遍的公众理解和群众智慧能够被获得并且利用吗?很明显,这不是一件容易做到的事情,正如同样明显的,学习尽可能多的关于科学及其当前状态的知识是要迈出的第一步。我猜测,越来越多的人正在开始这样想。

因此,也许正因为这个缘故,越来越多的人对于观看和阅读科学知识有兴趣。这些科学知识是真实的科学,并且是用非专家能够理解的方式来解释。

这一切如何应用于科幻呢?毕竟,科幻不是科学。至多,科幻包含了科学发酵剂,它只能构成故事整体的初级部分,因为任何故事中的趣味都紧密集中在人物上,集中在人物的行为和他们的反应上。

此外,像这种由科幻故事所包含或者讨论的科学,可能出于故事情节的需要而被过分简化、修改或者曲解。由于这个缘故,其中的科学可能因为作者的无知(唉,因为人类的脆弱)而出现明显错误,这类作者本人很少是科学家。

试想,科学技术的进步总会带来重大的社会变化。其他类型的变化,比如国王的死亡、王朝的倾覆、征服或者瘟疫的席卷,在事件过程中显得重要。可是,变化一旦平息,潮水一旦退去,人类又将像从前一样生活。因为这个缘故,《圣经·传道书》的作者用呻吟的语调断言:"日光之下,并无新事。"

然而,这种微不足道的和暂时的变化,与诸如火的驯服、农业的发展、文字的发明、陶器和金属的开始使用、罗盘或印刷术的发明,或者在较近的时代产生的蒸汽机、汽车、电视机、喷气式飞机和计算机,这样对生活中的每个方面都有永久性影响的事物是无法相比的。

科学技术的进步要靠积累和促进。每一次进步都使得更深入的进步更加容易取得,而且为更大的进步充当基础。

一开始,科学技术带来的变化的速率是如此之慢,因而在一个人的生命中,重大社会变化的数量少到简直难以觉察,所以,《圣经·传道书》中的呻吟,对于个人来说,一度看来肯定是正确的。

可是,随着数个世纪的逝去,进步的脚步加快了,变化的连珠炮加快了它的节奏。终于,大约在1800年,在世界上科学技术进步最快的那些地方,变化的速度已经变得快到能使一个人在其一生中觉察到这种变化。

比方,人类能够看到,因为蒸汽机的出现,或者气体照明的发展,给自己的一生带来了什么不同。

这便产生了一种新的好奇心;这种新的好奇心可能基本上只在历史性时期才会产生——

"在我死后,人们的生活将会是什么样呢?"

在19世纪之前,谁做梦也不会提这样的问题,因为未来的生活,就人们所能看到的,将只在无关紧要的细节上与过去不同。

可是,到了19世纪,这个问题就有了意义。新发明将会是什么样?新的科学发现会是什么?生活方式的基本变化将会是什么?

科幻小说出现于对这种问题的回应。如果人们不能看到未来,并且不能直接满足他们的好奇心,那么,人们至少能够进行猜想。于是那些能够最好地、最善辩地和最有说服力地进行猜想的人,内行地为那些不会这样做的人做这种事。

第一位真正的科幻作家,也就是第一位凭此技艺谋得好生计的人,是凡尔纳。从他第一次取得成功起,在已经逝去的一个世纪的时间里,那些步其后尘的人都在仿效他猜想未来的发展和变化。

随着时光的继续推移,随着19世纪逝去和20世纪到来,随着20世纪走到它的最后几个10年,科学技术进步的速度一直在加快。每一次变化都与上一次跟得越来越紧。变化本身越来越变成我们这个时代的基本危机,我们可能没有能力去理解和接受这样的变化。

不幸的是,变化总是难以接受的。我们成长时,习惯于那些暂时的和不重要的方式,而成熟后,又被风俗习惯所包围,其后,它们成为我们判断"正常""良好"和"不朽"的标准,所有的差异(最必要也最有害)都会受到抵制。

然而,虽然变化可能被厌恶和抵制,但它仍将到来;即使作为最后的手段,顽固地视而不见,变化仍将会淹没我们。不管喜不喜欢,变化一定是我们要考虑的因素,特别是年轻人,正越来越明白这一点。

也许,这就是在今天的主流"现实主义"幻想中存在一种腐朽和离题的古怪情调的原因。只要幻想小说涉及当时当地的内容,今天的年轻人就不得不将它当成只是离奇有趣的东西。也许,这就是绝大多数形式的通俗幻想小说衰退了整整一代的原因;是杂志几乎不登幻想小说的原因;是差不多所有类型的短篇故事都几乎绝迹的原因;也是一流小说比起以往任何时候都难以出版的原因。

这不可能仅仅是电视带来的影响,因为,在这同一时期,科幻小说(出版的科幻小说)一直在以短篇故事和长篇小说的形式稳定地增加。

科幻小说并非是预见未来的准确方式。科幻作家的预见性记录,虽然比几乎其他任何人的都好,但仍然少得可怜。然而,每个科幻故事都认同的一件事情是,未来将会与现在不同,而且,这个具体的预言至少是非常可靠的。

正是这个基本假设,使科幻小说与众不同,也使它具有重要意义。

不管怎样,今天一定存在着一种普遍流行的不安,即科幻小说被打上了"必然发生的和不断变化"的标志。人们一定觉得,这是这个时代的标志,即使他们没有深入考虑过,或者没有用文字表述出来,而且它必定被吸收进承载相同标志的文学形式中。

因而,可以得出结论,日益增长的对科学事实和科学幻想感兴趣的倾向,确实是同一现象的要素,即希望接受和理解变化,从而恰好可能既用头脑(科学事实)又用精神(科学幻想)引导变化。

然而,用这一切就真的有助于我们引导变化吗?它将教会我们解决我们时代的可怕危机吗?

也许不会,但正如老笑话所说:这不会有害!

(摘编自《不羁的思绪》,上海科技教育出版社2014年8月出版。阿西莫夫,Isaac Asimov,美国著名科幻小说作家、科普作家、文学评论家。)

诺贝尔科学奖离我们有多近

王绶琯

近年来,关心我国科学进步的人常会这么问:"我们离诺贝尔奖有多远?"我们也常常听到各种答案。我也有一个答案,即:"远虽是远,但说近却也很近。"那么,"诺贝尔奖离我们会有多近?"

这里我们说的诺贝尔奖,是以它为象征、泛指自然科学(不包括工程技术)上"诺贝尔奖级"的成就,为的是讨论当前我们的科学综合实力与发达国家比,相距多远,或多近。

诺贝尔奖授予自然科学的重大发现和科学方法的重大发明,属最高层次的创造性智慧。然而诺贝尔奖并非凤毛麟角。自然科学方面获奖者每十年不下六七十人。其中有一些旷世奇才,但大部分则是一般的优秀学者;有一部分工作依靠昂贵的精良设备,但也有不少工作选择或设计了适用而且相对低廉的设备来完成。因此,要问今天我们离诺贝尔奖的远近,就要看选择什么为参照。下面让我们就这个话题,先介绍几则诺贝尔奖工作的故事。

一、诺贝尔奖工作的故事

1. "脉冲星"的发现

1967年,英国剑桥大学的一位研究生贝尔,用她导师休伊什设计的一种测量"行星际闪烁"的射电望远镜,意外地发现了后来被称之"脉冲星"的奇异天体。她当时的研究任务是通过测量这种闪烁来估计射电天体,特别是"类星体"的角径。在"行星际空间"(也就是太阳系空间)中,太阳不断地向四周撒出一团团带电气体,使得穿过它的天体无线电波发生闪烁。闪烁的程度标志着这些天体射电角径的大小,从而可以借以探讨它们的远近以及一些基本的物理性质。

为了测量行星际闪烁,休伊什设计了一台专用射电望远镜,工作波长3.7米,天线占地达两个半足球场。贝尔和她的同伴们自己动手,花了两年时间建成了这个庞然巨物。天线的花费仅一万多英镑,在一位技工的主持下,一次性投产成功。

贝尔用她自己参与制造的设备,对全天所有可能测得着的射电天体进行系统地测量。1967年圣诞节假期前的一个夜晚,意外地取得了如今载入史册的天文发现。

贝尔以她的敏感和细致辨认出当夜观察到的一种既不同于闪烁也不是干扰的陌生事物,于是她把记录的速度加快,使时间坐标放大。在排除了一切其他可能之后,剑桥的天文学家们最终确定了这是一种奇特的天体,并称之为"脉冲星",公之于世。脉冲星很快便被认定为此前30年根据恒星演化理论预言的中子星。

1932年,距中子的发现不及两年,苏联物理学家朗道以及在美国的天体物理学家兹维基和巴德,先后根据恒星演化理论指出,质量在一定范围的恒星到了演化末期,星体发生爆炸、内部猛烈坍塌会使物质中的质子和电子紧密挤压在一起,形成"中子"。这种状态下的中子星密度高达每立方厘米一千万吨!这一论断当时被看作一个合理但是难以验证的奇想。因为预测的中子星直径如此之小,表面发光面积不及太阳的万亿分之一,实在是太不容易探测了!

当时射电天文学尚未真正进入天文学家的视野。但是即使在20世纪60年代大型射电望远镜已经在南北两半球显示威力之际,谁也没有想到当时已经探测到的"射电源"中有一些就是中子星,直到CP1919以它奇特的脉冲星的形式暴露了自己的身份,并被贝尔发现。

中子星理论的提出超前于脉冲星的发现30余年,脉冲星的发现为它提供了一个决定性的验证,并由此确立了恒星演化模型作为当代天文学一大理论支柱的地位。与此同时,它以石破天惊之势引发了对极端致密物体——中子星、黑洞的探讨,为当代天体物理学(和物理学)的研究开辟了一个富有挑战性的崭新领域。由于这一成就,休伊什被授予1974年度诺贝尔物理学奖,而天文学界把这看作他们师生两人共享的荣誉,因为其中贝尔做出了同等重要的贡献。

2. 宇宙微波背景的发现

1965年,美国两位年轻天文学家彭齐亚斯和威尔逊利用贝尔实验室6.1米喇叭抛物面天线进行射电源辐射定标。定标是一项非常细致的基础性工作,要求从观测结果中把混在射电源辐射中的"噪声"全部扣除掉。这些噪声来自接收机放大器系统、波导及其他器件、喇叭天线构件、地面辐射和天空背景,其中以接收机噪声和地面辐射为最难处理。

喇叭抛物面是贝尔实验室的工程师们自己发明、独特配置的,它有着屏蔽地面辐射的特性。同时,它配备的工作波长为7.3厘米的量子放大器是当时噪声最低的微波接收机。他们通过各种实验定出了上述各项噪声的估值。然而,当他们进入实测、把天线对向天空时,却发现记录下来的噪声比这些噪声估值的总和多出了几度。地面的"噪声温度"约为300K,没有噪声时应为0K。但不管对着哪个方向,这个小小的多余值都一样存在,而且都一般大小。他们反复检查研究,唯一可能性是存在着一种来历不明的、均匀布满宇宙空间的微波辐射。

这个辐射的两位发现者没有想到,当时离开他们实验地点不及50千米的普林斯顿大学中,一个研究团队根据"原始火球"的宇宙学理论,计算出了宇宙空间中应当充满一种各向同性的、微弱的微波辐射,并正在建造一台绝对测量辐射计来验证其存在。这一验证对于大爆炸宇宙学的确立起了决定性的作用,从而使人类对于宇宙起源的认识跨入一个新的里程。在这之后不久,经过相当曲折的信息传递,这两部分天文学家碰到一起,确定了这项重大天文发现的性质。彭齐亚斯和威尔逊为此获得了1978年度诺贝尔物理学奖。

3. 富勒烯(C_{60})的发现

英国苏塞克斯大学的波谱学家克罗托在研究星际空间暗星云波谱中发现了富含碳的分子。为了研究这种分子形成的机制,克罗托考虑在实验室里模拟它们产生的环节。他于1984年赴美参加学术会议时,到莱斯大学参观,认识了该校化学系系主任科尔和研究原子簇化学的斯莫利教授,观看了斯莫利设计的激光超团簇发生器和他们的实验。克罗托意识到这台仪器所做的正是他所考虑的富碳分子实验所需的。于是三位科学家合作,并在1985年8月到9月间共同进行了实验。他们用高功率激光轰击石墨,使石墨中的碳原子气化,然后用氦气流把气态碳原子送入真空室,迅速冷却后形成碳原子簇。经用质谱仪检测、解析后发现,实验的结果产生了含不同碳原子数的原子簇,其中相当于60个碳原子、质量数落在720处的信号最强,其次是相当于70个碳原子、质量数为840处的信号。这说明,C_{60}和C_{70}是非常稳定的原子簇分子。

碳原子有4个价电子,在自然界中各种碳链和碳环构成了多种分子的基本骨架。在这个实验之前,已知由单质碳构成的物质仅有金刚石和石墨,两者原子间成键方式的不同导致了截然不同的形态。金刚石和石墨是具有三维结构的巨型分子,而C_{60}和C_{70}则是新的一类同素异形体,具有固定的原子数。这样的分子应该具有什么样的结构?在当时这是耐人寻思的。出于机缘,他们联想到了加拿大蒙特利尔万国博览会的美国馆的圆顶,这是一种利用正五边形和正六边形拼接成的球壳形结构,是由美国建筑学家富勒设计的。克罗托他们受此启发,以20个正六边形和12个正五边形拼接出了C_{60}的结构。这是一个中空的32面体,正好和一个足球的结构一模一样。这种结构被命名为"富勒烯",有时亦称"足球烯"。

由于其特殊的结构和性质,富勒烯在超导、磁性、光学、催化、材料、生物等方面具有优异的技术性能,位居20世纪最有影响的发现的前列。克罗托、斯莫利和科尔为此被授予1996年度诺贝尔化学奖。

这三个故事中的科学成就无疑都是巨大的,无愧于当代最高科学水平。但是这些成就中的每一个均属"巧遇",而这几位科学家当时的研究课题、学术水平都和优秀科学刊物中日常发表的优秀文章没有太大差别;在这之前,他们无论是研究生还是教授,在学术界都尚未知名。可以说,在我们国家今天的科学团队中,这样层次的人才和研究工作并不罕见。由此看来,诺贝尔奖离我们未必太远!

但为什么这样的人才还没有脱颖而出?

当然,我们故事里的这些人物的成功并不是偶然的。首先,他们和许多科学家一样,是勤奋的;其次,他们把握住了时机,具备的高科学素养(或天赋)得到了发挥的机遇;最后,他们开拓的实际上是一个富有机遇的领域。总的来说,他们获得诺贝尔奖的条件是"完备"的,可以表达为:

$$[科学成就] = [努力] \cdot [素养] \cdot [机遇]$$

其中努力包括了勤奋,素养包括了天赋,机遇包括了抓到机遇的机遇。这种描述比通常说的"天才加汗水"多了一个因素——机遇。

实际上,这种描述普适于一切大的成就。科学历史上虽然常常出现耀眼的奇才,但他们多数在做出可观的成就之前也是不知名的。他们同样也是凭借自己的素养,并把握住了机遇才取得成功。其中许多人在成长时期得益于求师交友的机遇还常常被传为佳话。

总成就的高低取决于种种机遇:包括国民最基本的谋生和受教育的机遇——"宏观机遇",不同的人走进科学之前被发现和受引导的机遇——"入门机遇",以及所有人进入科学之后自由探索、激励"火花"的机遇——"学术机遇"。

二、对各种机遇的研究和分析

1."宏观机遇"

"宏观机遇"考虑大环境。爱因斯坦和陈独秀是同龄人,在他们的青少年时期,灾难深重而正临民族觉醒的中国大环境,相对于当时的西欧,有更多的机会产生杰出的革命家,而出现杰出科学家的机会则要少得多。这并不是因为那一时代的中国少年中值得造就的"科学苗子"比人家少,而是因为缺少适于"科学苗子"生长的土壤。是大环境阻碍了成才。这种全国性的大环境,以我国当时的积贫积弱为起点,转变起来需要时间。现在改革开放30多年过去,比起以往,许多大城市和富裕小城市进入"小康",接受良好科学教育的人数前所未有地增多。大环境似乎已经向着诺贝尔奖的机遇靠近了一大截!

2."入门机遇"

相对于"宏观机遇","入门机遇"属个人小环境。

从牛顿说起。1665年牛顿23岁,当年他发现了万有引力。同一时期他还通过实验发现了光的分光性质,非常可能也是在这一时期他发明了微积分。爱因斯坦的狭义相对论发表于1905年,同年他还发表了光电效应和布朗运动理论。这时他26岁。

科学史上二十来岁进入成就高潮的事例并不罕见。达尔文是在22—27岁的5年里进行他的环球考察的。在20世纪量子力学形成期,玻尔提出原子模型时是28岁,海森伯在25岁时提出测不准原理,泡利25岁发现不相容原理,狄拉克28岁提出反物质理论,李政道(和杨振宁一道)发现宇称不守恒时是30岁,沃森(和克里克一道)提出DNA双螺旋结构时是25岁……在本文前面的故事里,贝尔当时是一个研究生。

现在设想,一名科学家在二十来岁时作出了世界性的杰出贡献,这之前他需要几年时间"进入角色"地奋斗。而在这之前,还应当有一个找寻方向、充实自己、接触机遇的时期。对于一个大有可为的社会,这也正是为这些可造之材创造机会、引导方向、"因材扶植"的时机。可以容易地推算出,这个时机应当开始于十六七岁,正是落在高中时期。

这就是说,明日的杰出科学人才非常可能产生在今日有志于科学的优秀高中学生中。高中时期专科分流和个性化教育的分量随着学生年龄的增长而加重,对于志趣已明、禀赋已显、常规课程已难满足要求的学生,非常有必要普遍地为他们创造入科学之门的机遇,以提高人才被发现和得到造就的概率。为了做到这一点,一个自然的想法是接纳这些学生进入到第一线的科学环境中,去接触科研、求师交友。

3. "学术机遇"

在自然科学领域,具有优秀科学素质的人才能不能发挥才智,与"学术机遇"密切相关。影响这种机遇的因素,除经费、装备、智库等硬条件外,科研体制、学术风气等软条件同样十分重要。近一二十年来,随着经济能力的增长,我国自然科学研究的硬条件有了很大的改善,这显著提高了我们的科学实力。然而国际上的发展速度同样很快,缩短与他们之间的差距仍然是一个重大的策略性课题。这暂且不讨论。这里着重就软条件的影响说几点看法。

软条件往往不是绝对的。一个优秀的科学家能不能发挥他的洞察力和创造性以取得成功,就如雷伯所说的:"需要合适的人在合适的地方和合适的时间做合适的事。"这里我们讨论的合适的人是与前面故事里所说的那些科学家同样优秀的人,主观上,他可以做到的合适的事,应当是与那些科学家做到的同等水平的事;而他所需要的合适的时间和合适的地方,是一种带给他"学术机遇"的工作环境和管理政策,其标志为:

[自由与宽容]

自由:自然科学家面对未知世界,要运用洞察力以判明探索的方向,运用创造性以追求探索的目标。"运用之妙,存乎一心",所以必须有一个自由发挥的空间。

宽容:探索含试错的性质,必须有一个宽容的环境。

自由和宽容都是相对的。对于任何人或任何事都有一个适度的相对于约束的自由和相对于问责的宽容。适度就是对于新手(为了后面的讨论,姑且称为"学生级"的人才)会多关照一些,传帮带,多约束一些;对于学术水平高的("同事级"的人才),就会比较放手,按计划,看结果;对于杰出科学家("老师级"人才),自由度就更大。

于是,问题现在就转成为对于不同学术等级的人才应掌握的自由和宽容的分寸。回答当然是"仁者见仁、智者见智",需要更多的讨论。我结合本文的主题"诺贝尔科学奖离我们有多近?"罗列几条历年来对这种分寸掌握的感受,以就教于科学管理专家们。

本文故事里的科学家以及许多和他们类似的杰出人物(其中三分之二在30岁以前做出了重大成就),当时都尚未知名,工作上也都不依靠昂贵的装备或特殊的学术团体。按照他们的工作能力和事迹,如果把故事换成在今日中国的科学圈子里,应当说大多数的人和事都是有可能"重现"的。但是在现实中我们还没有出现30岁以下的人做出诺贝尔奖级的成果。落后的原因何在?

这里涉及的是尚未知名的、可能杰出的人物,属前面所说的"同事级"人才。在我国,目前这一级中比较年轻的在 30—40 岁。对于他们,目前国家自然科学基金等给予的支持是得力的。从人员素质、课题水平,到支持强度、项目数量等,较一些发达国家并不逊色。因此在重大科学成就上的落后,可能大部分要归咎于"学术机遇"上的差距。下面我将逐条列举一些这些年里感受比较多的事例,以助进一步的探讨。

① 我们"同事级"人才的年龄平均比人家大了十岁,错过了杰出科研人才的"成就高潮"年龄段。这个问题是暂时的还是根本的?无论如何,希望前面所提的高中学生科研实践活动这一类的措施能够适当地跟上。

前面故事中的人物从事的研究探索都很单纯,相当于我们单纯执行国家基金协议。但是在我国,时时会有一些非学术的因素介入研究。历时数年的"全民皆商"曾给科研队伍带来不少失落感;SCI 高潮的时候,本来是宏观统计的参考变成了人人"文章挂帅"的驱动力;有一些科学家曾丢失了对科学的忠诚和信念,有人甚至把一篇文章掰成几瓣来发表!

② "学生级"人才方面。前面在讨论"入门机遇"时强调了把注意力放到高中年龄段的重要性,但目前最大的问题仍然是"应试教育"和"应赛教育"的影响。像科研实践活动那样的试验,尽管可能发现一些"科学苗子",但他们一旦备战高考,就一律变成了一个个无个性的角逐分数的考生了。进了大学好像一切又从新开始。诺贝尔奖的问题一半涉及基础,另一半则涉及精英。人们也许会问:"今天的华罗庚"被推荐给"今天的熊庆来"之后会怎么办?会问:我们什么时候能够有一代二十几岁的人登上科研舞台,开展他们追求诺贝尔奖级成果的探索?近年来,媒体经常报导各种各样的大学排行榜,我希望有人什么时候能够虚拟一个"今日的西南联大",看看能否榜上有名。

③ 关于"老师级"人才。我国古代论人才的名言很多,其中之一是"你把他当老师看待,引来的就会是杰出的人才"。如果一个杰出人才在尚未成名时被你发现了,你最好能像刘备对诸葛亮那样把他当"老师级"人才请来工作,他就

会安下心,一辈子与你一起搞国家的科学建设。

这里的一个问题是:怎么确定他是"诸葛亮"？当然必须有推荐、有审查、有考察。应当尽最大力量组织一个负责物色和审查"老师级"候选人才的团队,由顶级德高望重的科学家参加。一旦定下了就给予高度信任,最大程度地为他创造自由和宽容的学术环境。

万一没有看准怎么办？设想延请了十个"老师级"人才,其中有二三个是"诸葛亮",这效果就已经非常好了。因为关键是"人才难得"(可以想一想燕昭王"千金市骏骨"的故事)。而且经过了那样高学术层次的审查,其余的七八人也绝不会是庸才。

(摘编自《塔里窥天——王绶琯院士自选诗文集》,《中国国家天文》2012年10月特刊。王绶琯,中国科学院院士,天文学家。)

科学家的错误与争论

汪品先

科学家的错误

听科学家做研究报告,有点像到剧院里看戏。假如你真要了解演员,不能光看前台,最好到后台,甚至到排练场去看看;同样,想要了解科学家的工作,要知道他们的成功之路,就要到实验室看他们失败的记录。尤其是涉及源头创新的重大科学问题,最初的各种想法多数都是错的,只有其中一个后来得到证实,才是对的。所以深入了解科学家,就要从他们的错误讲起。

你读过凡尔纳的《地心游记》吗?或者你看过前些年的3D电影《地心历险记》吗?在凡尔纳笔下,地心是空的,从火山爬进去,里面有海洋、有野兽,地心就像一个大山洞。可你别以为这就是法国科幻作家的空想,"地球空心说"的来头不小,真的是科学家提出来的,还不是一般的科学家,是位大科学家:他就是"哈雷彗星"那个哈雷,英国著名的天文学家,不但准确预测了彗星周期,而且对月球运动加速等做出了大量发现。哈雷主张"空心地球",而其根据来自牛顿。1692年哈雷发表论文,提出地球是空心的,因为5年前牛顿发表的《自然哲学的数学原理》中,根据潮汐计算推出月球和地球的质量比是1∶27,经过体积折算,两者的密度比应该是9∶5,地球的密度几乎只有月球的一半,当然只能是空心的了。现在知道这些计算都不对,月球的质量只有地球的1/80,密度也只相当于地球的0.6。但是哈雷的说法在当时很有说服力。18世纪瑞士的大数学家欧拉也是位主张空心说的热心人,他认为从数学上讲,地球也只能是空心的。

"空心地球"里面是什么？那讨论就热闹了。意见并不一致：哈雷认为"空心地球"分成好几层，各层之间有大气圈隔开；欧拉认为不分层，地球的中心有个太阳。这就是说，不但地球表层有我们居住，地球里面也可以生活！

在20世纪之前，还没有人到过极地，因此1818年美国船长西姆斯认为南北两极都是个大窟窿，那里就是进入空心地球的通道，他提议筹款，要组织探险队去寻找这北极的空洞。恰好1846年在西伯利亚冰下发现一头完好无损的猛犸象，这立刻成了"空心地球"的证据：你看，它不就是刚从北极空洞里跑出来，活活冻死的吗？

今天看来十分可笑，地球内部的物质密度随着深度增大，"地球空心说"只能是种美丽的错误，可是直到20世纪初这些说法还在发酵。既然空心地球里有山有水有生物世界，两极又有大窟窿开口，那就不知道有多少似是而非的故事可以编制。比如说两极上空的极光，那就是从空心地球发射出来的光；再比如说地球的形状南北偏扁，就是因为两极都是窟窿；至于极地探索之所以不成功，也是因为南北极都是空洞，所以"探极"永远不可能实现。虽然后来探险家很快就到达了两极，使这类说法不攻自破，可是汇集这种种说法的《极地幻影》一书于1906年出版后经久不衰，成了"地球空心说"的经典著作。

与此同时，"地球空心说"也还有版本翻新。最为惊人的是一位美国教主提出的"翻转型"：他认为地球像一个空腔，当中有个太阳，人类并不是在地球的表面，而是生活在空心地球的内面。伪科学并不需证据，各种稀奇古怪的说法都会有人提出。比如有人想象地球内部有先进的人类社会，我们看到的飞碟就是从地球里面飞出来的，用不着追溯到外星球去。更有甚者，1947年有人相信希特勒并没有死，而是通过阿根廷从南极躲进了地球内部。凡是科学上稀奇古怪的想法，最容易从人类知识缺乏的弱点处产生，地球内部就是一例。

埃及金字塔永远是世界上最吸引游客的奇迹，神奇的是4000多年前的建筑技术。最大的胡夫金字塔，相当于40层的高楼，用230万块、每块2.5吨的巨石堆成，居然牢固地屹立了四五千年。你一定要问，那是些什么样的石头啊？

那都是石灰岩。如果你注意金字塔下地面的碎屑，就会找到一些石头风化剥蚀掉下来的小圆片，像硬币大小，那些石灰岩就是它们组成的。但那是什么？现在知道了，那是一种化石，叫作货币虫，拉丁文学名 *Nummulites*。Nummus 是货币，lithos 是石头，名词本身并没有"化石"或者"虫"的意思。据说这是公元前5世纪古希腊的希罗多德来非洲看到这些小圆片时取的名字，这是位历史学家，不关心化石。确实，这些小圆片大小很像硬币，但是模样更像小扁豆（一种地中海地区至今常用的食品）。后来到了公元前25年，古罗马的历史学家斯特拉波来到金字塔，看到地上这些小圆片，认为就是石化了的小扁豆，说这就是当年建造金字塔的工人吃剩掉在地上的食物。

19世纪古生物学的发展，查明了货币虫的化石身份，因为这小圆片外面光滑，里面可有复杂的生物结构。它既不是钱币也不是扁豆，而是属于一类单细胞动物，叫有孔虫。有孔虫是海洋里一种最重要的单细胞动物，有的浮游在海洋上层，有的生活在海底，货币虫就是生活在海底的种类，而且是有孔虫里最大的一类，直径最大可以到十几厘米，像个烧饼。货币虫的生态有点像珊瑚，生活在热带浅海，身体里还有藻类共生，所以很容易分泌碳酸钙形成骨骼。

货币虫现在已经灭绝，但是它们的亲戚仍生活在现在的热带海区，往往和珊瑚礁一起，被称为"大有孔虫"。如果去日本冲绳旅游，最便宜的纪念品是装在小瓶里的"星砂"，也是一种大有孔虫。四五千万年前，地球上气候炎热，正是货币虫的黄金时代，它们在古地中海一带格外繁盛，所以在北非堆积了大量的石灰岩。建造金字塔就地取材，就选用了货币虫灰岩。当时的大洋里货币虫"走红"，不光在古地中海，2017年南海大洋钻探，在海面下面3000米的地层里也找到过货币虫，可见当时货币虫的分布范围扩展到了太平洋。

金字塔的石材从扁豆变成有孔虫，这就是科学。历史学家只看外形，像是扁豆；科学家还要看内部，发现切面里有那么多的房室，是大有孔虫。

科学家的两类错误：一类是研究过程里的失误，包括被否定的假说，或者不成功的实验；另一类是学术造假，蓄意欺骗。前一类可以说是科学研究过程中难以避免的失败，对科学家个人来说应当尽量避免，但是不应当被责备。特别是人类极少了解的研究对象，无论地球内部，还是天体起源之类，起初只能猜想，而且知识越少，假说越多。关键在于对待错误的态度。赫胥黎对深海黏液的处理就是个绝佳的例子，正因为第一时间主动承认错误，他赢得了更高的声誉。"君子之过也，如日月之食焉。过也，人皆见之；更也，人皆仰之。"子贡的古训，用在这里十分贴切。然而后面一类却完全不同，那就是欺世盗名的罪恶行为。当然里面也有差别，就像偷盗，既有屡犯的惯偷，也有偶尔失足的，应当区别对待。"卿本佳人，奈何做贼"，对于那种一念之差而犯了错误的，还是应该治病救人。格外可恨的是那种以科学作敲门砖，拿论文当化妆品的无耻之徒，学术界混不下去换个行当再混，科学界本来就不该让这类人入门。

值得深思的问题是促成科学作假的客观因素，是不是教育和政策上的失误，也在催生这些学术的败类。国外的教训让我们引以为戒，其实我们国内学术腐败也到了惊心动魄的程度，而更加需要注意的是整个学术界风气的败坏。随着科技投入的高速增长和科技队伍的急剧扩大，金钱的作用在学术界不适当地高涨，各类专家评审系统中非科学因素暴增，带来了科技界的"环境污染"。如果说社会上的环境治理的关键在于防堵污染源，科学界的"污染源"很大程度上正是我们科学界同仁自身。

对于科学界的精神建设，多年来我们没有少加注意，各种道德委员会、自律条例应有尽有。尽管对论文抄袭、成果作假的现象不能容忍，但学术风气的败坏却被认为是"人之常情"，大家视而不见，说起来也只是摇头叹气而已。毕竟道德建设是科学界内部的事情，如果在学术界有影响力的科学家们，能够站出来发声，而不是选择默认，更不是随波逐流，黄金时期的中国科学界，也有望建成精神环境的模范村。

科学家的争论

科学不是靠加法发展起来的,科学发展主要靠"范式转移",或者我们现在说的"源头创新"。知识的日积月累固然有用,但是量变代替不了质变,一部科学史就是一次次学术突破的积累。这种突破需要否定前人的认识——通常还是主流观点,于是就不可避免地引发争论。新学说开头一定处于弱势,需要通过学术斗争,使"多数服从少数"才能赢。如果只是单纯的学术争论那还好,一旦"多数"的后面还有背景,那么非科学因素的作用,就可能超越科学争论的力量,阻挡科学的前进。回顾现代科学最初的诞生,发生的就是科学家和教会的抗争。

关于地球年龄的争论要晚得多,发生在19世纪进化论出现之后。按照宗教的神创论,地球的年龄只能是上帝创造世界的日子,可是《圣经·创世记》并没有给出具体年份。17世纪50年代,爱尔兰大主教乌雪经过"考证",撰文提出上帝创世是在公元前4004年10月23日星期天;亚当、夏娃被赶出伊甸园的时间,是公元前4004年11月1日星期二。其实,乌雪并不是做这类"考证"的第一人,希伯来文专家、剑桥大学校长莱特富特早在1644年就发表过上帝创世的日期,而且更加精准:"算"出是在早晨9点钟。当然,说地球只有6000年历史,和发展中的地质科学必然发生矛盾,比如18世纪法国科学家布丰就提出,地球年龄至少要有75 000年才行。但是这类异议出入还不算太大,乌雪大主教说的年龄作为《圣经》的解读,直到19世纪以前并未动摇。

真正的争论是在19世纪:如果相信进化论,无论地球还是生物的演化都不可能是几千年的事,那又该有多久呢?受"进化论""均变论"思想影响的地球科学界认为,地球总得有十亿年上下的历史。达尔文在《物种起源》里估计说,英国南部的地质过程要有三亿年左右才能完成。但是这种估计和物理学发生矛盾:根据康德-拉普拉斯的星云说,太阳系起源于高温、旋转的气体星云,地球是其冷却的产物。既然地球在形成之后只会越来越冷,最初的热量几千万年就该耗损完毕,因此地球的历史维持不了那么久。于是引发了一场地质学与物理学之间的争论。

引领物理学一方、从物理原理出发出来反对的不是别人,而是物理学泰斗开尔文勋爵(即威廉·汤姆孙)。此人的经历不同寻常:22岁当教授,42岁封爵士,66岁当英国皇家学会会长,我们用的绝对温度单位开尔文(K)就是纪念他的。根据冷却速率的计算,开尔文1862年提出地球年龄是9800万年,1897年又修改为2400万年。当时的物理学无法理解,会有"燃料"几千万年都烧不完的星球。现在知道地球的年龄有40多亿年,这么说,是不是物理学输给了地质学?不能那么说,因为当时还没有产生核物理学。

转折发生在世纪之交。1896年,即发现X射线之后的第二年,发现了铀的放射性,接着居里夫妇在1898年发现了新的放射性元素钋和镭,从而开拓了一门新的学科——放射化学。因为放射性元素的原子核衰变速率不同,有的要经过几十亿年方才衰变掉一半,因此放射性同位素就为测定遥远的地质年龄提供了依据。1904年英国的卢瑟福从铀矿物测得了5亿年的放射性年龄,从而证明地球历史十分久远,同时还说明元素衰变能够使地球内部加温,彻底否定了地球产生后会逐渐冷却的传统观念。17世纪的神学、19世纪的物理学和20世纪的地球化学,构成了地球年龄之争的三部曲。那么地球的年龄究竟是多少?这要看"地球形成"的定义怎么下。

地球上最老的岩石测得年龄是40亿年,但是矿物里的锆石年龄有43.7亿年,而最老的月岩有44亿年。总之,根据放射性元素的推断,地球的年龄应当有45亿—46亿年。

古话说"六十年风水轮流转",如果这句话指的是气候,可能还真的有点道理。20世纪从60年代到80年代是个冷期,全世界气候偏冷,北冰洋的冰盖面积也最大,从1960年到现在的极端寒冷事件,80%都发生在这段时间里。今天的茶余饭后,人们谈论的是全球变暖;那时候可不同,谈论的都是全球变冷。除了天气冷之外,还有两个原因:一是"冷战"时期担心核战争会引来"核冬天";二是地球每十万年发生一次冰期,按照计算,一次新的冰期即将降临。

先说"核冬天"。上了年岁的读者都还记得,在1991年苏联解体前,美苏之间可能发生的核战争是人类面临的最大威胁。核爆炸不仅会在当地造成大量的伤亡和破坏,爆炸产生的大量烟尘进入大气层,还会在全球造成异常寒冷的天气,这就是"核冬天"。当核武器在空中爆炸后,火球一触及地面,就会将地面上的岩石、土块汽化,它们将随着蘑菇云被带上天空,同时抽吸周围的空气,进一步将尘埃卷入烟云之中。腾升高空的浓重烟雾数月不散,将遮住阳光,使得白天暗若黄昏。这和火山爆发产生的效果相似,数以万吨计的火山灰升入高空,悬浮于空气之中经久不散,曾经使许多地方出现异常的"冬天"。

1983年,5位美国专家在《科学》杂志上发表研究报告,正式提出了"核冬天效应"的理论。他们用数学模型论证:假定美苏两国使用核武库40%的核武器(50亿吨当量)在北半球进行核战争,可以将9.6亿吨微尘和2.25亿吨黑烟掀入空中,黑色微粒还将被推向30千米高空,破坏臭氧层,使整个地球变成暗无天日的灰色世界,丧失宜居性。近年来的研究又进一步表明:即使是小型核战争也可能带来类似的全球性灾难。例如在南亚次大陆的城市工业区投放100枚核弹(不到全球总数的1%),就会产生足够的烟尘,导致全球农业瘫痪。当时的另一种担心是新冰期即将降临。回顾20世纪的气候变化,在20世纪70年代之前,已经经历了30年的缓慢降温。而20世纪70年代古气候学的重大进展,就是取得了冰期旋回的确证,科学家们认识到受地球运行轨道变化的推动,气候变化有着10万年的冰期旋回。冰期之后有一段变暖的时期,称为间冰期。间冰期一般延续一万年,而这次的间冰期已经过了一万年。因此按照冰期旋回学说,新的冰期可能正在降临。当时大家本来面对的就是"核冬天"的威胁,冰期降临的信息更是雪上加霜。1972年,在美国布朗大学举办了国际学术讨论会,题目就是"当前的间冰期:如何以及何时结束?"会后两位主席给尼克松总统写信,说"目前变冷的趋势如果继续下去,冰期时的温度有可能会在百年内降临",建议总统赶紧设法应对。各大媒体和学报也纷纷响应,"如何应对冰期来临"在20世纪中晚期警钟长鸣。

和现在相比,当时关于气候变化的知识十分有限,但已经提出了人类活动影响气候的认识:矿物燃料放出CO_2会使气候变暖,放出黑炭等气溶胶颗粒会使气候变冷。也有人推测:气溶胶屏蔽辐射量,可能就是当时全球变冷的原因。然而和现在最大的不同,在于对温室气体的态度:直到20世纪80年代,人们尚不认为温室效应会对人类社会构成威胁,相反,以为这是保护温暖环境、提高农业产量的好事情。著名的美国化学家布朗在1954年出版的《人类未来的挑战》专著中写道:"如果大气CO_2增加到3倍,全球食品生产就会翻番。"因此他主张"以全球规模大量生产CO_2,并泵入大气"。为此"至少要烧掉5000亿吨煤,超过人类历史上烧掉的6倍。煤不够了,可以烧石灰来增加CO_2"。1956年,苏联学者建议在白令海峡建坝,将太平洋水泵入北冰洋,去融化北冰洋的海冰。

60年过去了,这些旧话听起来简直难以置信。现在学术界和媒体说的全都是"全球变暖",决没有人还会唠叨"下次冰期来临"的威胁。与此相反,2002年《科学》杂志发表权威文章,说是天文计算的结果,本次间冰期比过去哪一次都长,不是一万年而是长达五万年,所以下次冰期该是四万年以后的事。学术界的这种基调变化,也会引起一些旁观者的不满。2001年,英美两国地质学会在爱丁堡联合举办"地球系统过程"国际大会,请英国皇家名誉教授布尔顿致开幕词。这位老先生说话很不客气:"你们30年前喊'冰期降临',如今又说'全球变暖',这让人们如何建立对科学家的信任?"

其实,气候为何变暖、新冰期何时来临,这类问题至今仍然争论不休。一种关于新冰期的振聋发聩之说,来自美国教授拉迪曼。依他的主张,地球气候自然周期的新冰期,在几千年前早已降临,只是因为人类活动排放温室气体,才使得间冰期能够延续至今。核心问题在于人类活动对地球表层产生影响从何时开始。他认为人类开始破坏森林、排放温室气体,不是现在而是在几千年前,在史前就已经开始。农耕开始的时候人少,但产生的影响不小,不能用今天的人均耕地面积去衡量几千年前土地利用的环境效应,否则结果当然就会低估早期人类活动的影响。

拉迪曼假说的根据来自极地的冰芯。冰芯里的气泡保留着结冰时候的古大气,可以说是大气的"化石"。从大气成分的变化看,进入新石器时代之后,随着农作物的种植和家畜的饲养,焚林和农作释放温室气体,造成大气 CO_2 和 CH_4 的浓度上升,两者分别在 7000 年前和 5000 年前就已经偏离了自然变化的趋势而开始上升。拉迪曼认为,按照地球轨道驱动的气候周期,5000 年前,甚至 8000 年前,地球就应该进入冰期了,之所以现在还停留在间冰期,正是人为排放温室气体的结果。人类活动早已影响大气,而且随着社会发展而逐渐增强,绝不是从工业化时期方才开始,只是到现在才引起我们注意。人类活动影响的不仅是大气。我们现在呼吁"保护生物多样性",其实史前人类早就造成了生物灭绝事件,这在热带岛屿最为明显。太平洋岛屿上考古遗迹的骨骼表明,当地演化产生的许多鸟类在人类上岛以后即行灭绝,尤其是热带树林里不能飞的鸟类。澳大利亚的巨鸟——一种重量超过 100 千克的走禽,在 5 万年前已经灭绝,看来就是史前人类到达澳大利亚后带来的恶果。

回顾 60 年来学术界主流观点的反复变化,令人唏嘘不已。科学家也是人,也有七情六欲,在科学判断中,也会出现赶时髦、随大溜的现象。可贵的是科学家的远见卓识,可以超越"主流",提出事后才会得到证明的不同认识。这在我们眼前就不乏先例,60年前在一片"全球变冷"声中,就有过不同的声音。当时在格陵兰冰盖钻探的冰芯里,发现有几十年的天然气候周期。于是美国的布鲁克教授就一反当时的主流声音,1975年在《科学》上发文问道:"我们是不是在明显变暖的边缘?"他推测,20世纪40年代以来的变冷行将结束,不久就会出现几十年的增暖。果不其然,就在1975年之后出现了快速增温,20世纪80年代成为至当时为止测量记录中温度最高的10年。科学研究之所以有价值,就在于能够预见;而科学争论之所以有意义,就在于有人不跟风、不盲从。

宗教和科学一项最大的区别,在于对争论的态度。宗教的教义不容置疑,宗教的信条不容争论,而科学的历史就是在不断的争论中前进。世界上的几大宗教,基本教义两千年保持不变;而现代科学产生才几百年就脱缰腾飞,改变了整个人类社会,也改变了自身,其发展的机制就是不断的科技革命。科学鼓励怀疑、欢迎挑战,于是科学的历史就成了争论的历史。

一些十分有趣的争论,往往发生在意外的发现之后。无论是在深远地质时期的赤道海洋发现了冰碛石,还是在地中海海底下几千米的深处钻到了岩盐,这类发现挑战着我们的常识,也往往是科学突破的前兆,但是谜底的揭晓有时候可以跨越世纪。在谜底揭晓之前探索的长夜,对于科学家来说就是考验期,看你有没有足够的睿智和勇气,站到真理的一边。

但由于科学是文化的一部分,又因为科学有重大的社会和经济价值,科学争论常常会越出学术范畴,成为宗教或者政治斗争的一部分。前者如"地心说"与"日心说"之争,后者如当前对"全球变暖"和"碳外交"上的争论,都有意识形态或者利害关系的考虑,都可能使科学争论偏离学术轨道,甚至造成人身威胁。在这种超学术性的争论中,科学家采取的态度极其重要。

每逢重大的争论,科学家都会有"站队"的问题,从中也会折射出科学家的人格和水平,为坚持"日心说"献身的布鲁诺就是一例。如果说中世纪的教会离我们太远,那么苏联李森科的教训就在昨天。科学界里,有的人坚持真理,有的人明哲保身,有的人见风使舵,也有人助纣为虐。现代科学引进中国,早期靠教士后期靠留学生,都和意识形态脱不了干系,科学的争论也动辄卷入政治斗争。认真总结、反思,吸取百年来科学家们用血汗换来的经验教训,是当代人无可推诿的责任。

(摘编自《科坛趣话——科学、科学家与科学家精神》,上海科技教育出版社2022年10月出版。汪品先,中国科学院院士,海洋与地球科学专家,同济大学海洋与地球科学学院教授。)

创新的道路

李惕碚

结合自己的工作体会,这里我谈一谈对于科学创新,特别是关于原始创新的一些认识。

1. 创新是时代的要求

我大学毕业不久就到云南省东川市金沙江边海拔3200米的高山站从事宇宙射线观测工作。1965年2月东川发生6.5级地震,这是我第一次遭遇地震。当时正值上班时间,地面剧烈摇晃,我们在办公室跑不出去。东川是泥石流频发的地区,垮塌非常厉害。那段时间我们接了无数个电话,当地老百姓问还有没有余震,什么时候来余震,听到我们回答"不知道"后,他们非常失望,说"你们是科学家呀!怎么连你们都不知道?"当时我们感觉非常惭愧,体会到自然科学和科学家在自然现象面前是如此无知,如此无能为力。这个事件后来激励我在从事研究工作的生涯中,不敢懈怠、不敢自满。

2008年2月,我到中国地震局地质研究所向马宗晋院士请教有关地球科学研究的一些问题。马先生告诉我,1966年3月邢台发生6.8级地震,周恩来总理很快赶到地震灾区指挥抗震救灾。周总理要求中国科学家向地球"开战",解决地震预报的难题。马先生当时还很年轻,被选去负责地震监测工作,一搞就是几十年。现在马院士是中央抗震救灾中心专家委员会的主任。他告诉我,从邢台地震开始,国家就组织了一大批队伍,包括科学家和群众,一起做地震预测工作。他们发现了很多有趣和奇怪的地震前兆现象,但还是没有找到一个真正可靠的办法来对地震进行预报。地震是涉及很多学科、很多因素的一个复杂系统的行为,需要从最基本的科学研究做起。要解决探测的问题,机理的问题,科学处理的问题……各个方面都要有所突破。地震酝酿很长时间,但在瞬间爆发,是很复杂的非线性现象,现代科学还远不能解决,需要各个学科,包括实验、理论、数学各方面的突破。没有多方面踏踏实实的努力和突破,包括数学、物理、工程等各个学科的创新、突破和综合,就没有办法解决这样事关国家命运和人民生命安全的重大战略性问题。

2008年5月又发生了汶川大地震。这场大灾难使我回想起抗日战争。我1939年出生于重庆市。从1938年到1943年,日本人对重庆进行了残酷的轰炸,上万人死亡,重庆市区被夷为平地。抗战时期,整个民族遭受了巨大的灾难。现在的地震灾难可以与它相比。抗战时期在重庆的城墙上,有一幅标语"愈炸愈强",表达了国难当头时候中国人的态度。灾后,温总理去绵阳看望北川中学师生的时候,在黑板上写了四个字"多难兴邦",反映了同样的民族心声。这样一次大的灾难,跟我们民族曾经遭受的灾难一样,对我们,特别是对青年人提出了挑战。

"科教兴国"和"建设创新型国家"是时代的要求。当前,源头创新能力已经成为在激烈的国际竞争中一个国家和民族生存和发展的关键因素。针对中国的创新能力问题,今年5月4日英国《观察家报》的一篇文章说:"尽管都说中国正在培养出数百万的工程师和科学家,但中国经济发展的核心并不是创新。支撑中国繁荣发展的是外国投资和大规模的政府开支,而不是新想法或者初创公司。"迎接挑战,建设创新型国家,寻求科学技术的新突破,是青年一代的历史责任。我相信五年、十年、二十年、三十年之后,我们一定会有一批人才来回答历史发展和大自然给我们提出的严峻挑战。

2. 从实践中提炼基本问题

著名数学家丘成桐先生在"中国数学发展之我见"的演讲中说:"中国近代数学能超越西方或与之并驾齐驱的原因主要有三:一个是陈省身教授在示性类方面的工作,一个是华罗庚在多复变函数方面的工作,一个是冯康在有限元计算方面的工作。"丘先生还批评"我们近20年来基本上跟随外国的潮流。我们没有把基本的想法搞清楚,所以始终达不到当年陈先生、华先生或冯先生他们的工作。……我们一定要找自己的方向"。我不是数学家,没有能力评价数学发展,但我完全赞同丘先生评价科学成就和研究方向的标准。冯康先生的研究工作取得过两次重大突破,一是在1964—1965年间独立地开创有限元方法并奠定其数学基础;二是在1984年以后创建哈密尔顿系统的辛几何算法。在冯康逝世五周年时,冯端院士撰写了《冯康的科学生涯——我的回忆》的文章。文章介绍说:"这两次突破之所以能实现,不仅是得力于冯康的数学造诣,还和他精通经典物理学和通晓工程技术密切相关。……开创有限元法的契机来自国家的一项攻关任务,即刘家峡大坝设计中包括的计算问题。面对这样一个具体实际问题,冯康以敏锐的眼光发现了一个基础问题。……他考虑是否可以越出常规,并不先写下描述物理现象的微分方程,而是从物理上的守恒定律或变分原理出发,直接和恰当的离散模型联系起来。……结合电子计算机计算的特点,将变分原理和差分格式直接联系起来,就形成了有限元方法。"

要从学科的根本上找研究方向而不是追随潮流,最重要的途径应当是如冯康先生那样从实践中提炼基础问题。在解决由实践提出基础问题以寻求科学创新和突破中,不能只从已有的原理出发,只用标准的方法进行演绎,更要从实际问题出发,根据国家安全、社会发展和科学活动的实践,归纳、发展和应用新的规律、新的原理和新的方法。实践是科学创新的源头,也是"异想天开"的探索不致误入邪途的保障。我们的国家正在经历快速的发展,大规模的国民经济、国防建设和科学实验活动为科学探索提供了丰富的源泉。我自己在宇宙线和高能天体物理研究中提出的新方法、新公式也都来自解决科学实验的具体问题。从自己的经历中我深切体会到,国家发展所需要解决的科学实验和工程实践的实际问题是原始创新的重要源泉。而要抓住机遇实现创新,需要善于发现和解决具体问题中所包含的基础性问题。

例如,在1972年,我们在云南高山宇宙线实验观测中,发现了一个可能的重质量粒子事例。李政道先生在《为中国高能物理尽微薄之力》一文中谈到了这一事例:

我最早接触中国高能物理研究是在1972年9月。自从1946年9月去美国后,那是我第一次回国访问。当我和我的夫人到了北京,在还没有见到周总理之前,周总理就请中国科学院原子能研究所张文裕教授先跟我讨论一个问题。当时中国科学院原子能研究所在海拔3200米的云南宇宙射线实验站,利用大型磁云室获得了一个超高能作用的事例,他们认为这一事例可能是一个新的重粒子。那时,我住在北京饭店,张文裕教授带了做具体工作的研究人员特地到北京饭店来跟我讨论,我的老朋友朱光亚也参加了讨论。参加讨论的有十来位科学家。

在这一讨论后不久,周总理在人民大会堂接见我和夫人。接见时也讨论了这个问题。我说,准确地判断或然率还需要云南站的科学家们仔细复算。如果误判的或然率确实是近于百分之一,虽然不能作为新粒子发现的证据,但作为一个新现象可能的迹象,也是有价值的。我建议是否可以立即恢复中国的物理学杂志的出版,把文章用中文发表出去,加上英文的摘要。

在北京饭店讨论时,张文裕先生告诉我,他在那年年底就要去美国考察。我向周总理建议,请张先生将英文摘要带到美国去,送给美国的同行们。……中国的发现虽然仅仅是迹象,也是具有一定的学术价值的。虽然后来没有发现这种粒子,可是,《中国物理学》等杂志得以出版,也是一件好事。这同时说明，中国在当时十分困难的时候仍在从事高能物理研究，这已经很不容易了。

张文裕先生原定当年5月初访美。4月底李觉副部长在二机部（原子能研究所归二机部管）召集会议，讨论重粒子事例由张先生带到美国报告的问题。会议快结束时我提出粒子质量不是直接测量的，而是由动量和游离观测值算出来的，质量误差还需要仔细考虑，以免出笑话。李觉副部长当即指定我负责在"五一"假期里加班，在张先生赴美前把误差定出来。在参加会议的人中我是最年轻的一个。我想，计算间接观测值的误差是物理实验经常遇到的问题，翻翻数理统计的书总是能解决的，就毫不犹豫地接下了这个任务。没有想到，读了不少大部头书，也没能找到合适的计算方法。三天假期快完了，我的结论却是近代数理统计学没有办法准确地解决这个问题；只有古典的贝叶斯方法能够在计算质量误差时全面考虑动量和游离误差，而贝叶斯方法由于必须人为假设一个质量的先验分布，受到近代数理统计学者和物理学者的质疑。不得已，我只得采用贝叶斯方法来计算粒子质量误差。后来张先生的访美推迟到年底。9月在北京饭店的讨论中，李政道先生主要关心的也是质量误差估计（即判断或然率）问题。1973年，周恩来总理指示二机部组织专家组对云南站事例进行审查。审查中争议最大的问题是贝叶斯方法采用了先验分布，有可能高估粒子质量。此后，间接观测量误差估计问题，以及与之相关的统计学基础问题——贝叶斯和非贝叶斯两大学派的争议，一直留在我脑子里。直到1978年，通过将统计学两大学派联系起来，将非贝叶斯方法贝叶斯化，或将置信区间无穷小化的办法，建立了置信分布方法，才解决了间接观测量误差的准确估计问题。

20世纪70年代末，为了开展高能天体物理的实验观测，我同高能所高能天体物理实验室的同事一起建设了中国的高空科学气球系统，用气球载γ射线探测器到30千米以上高空探测天体高能辐射。对于如何处理气球飞行观测数据的问题，我做了调研，发现20世纪60年代以来，超高能宇宙线探测和空间高能天体物理实验观测发展迅速，但对于实验观测数据的处理分析并没有一个统一的方法。各国空间和地面实验组所发现的超高能宇宙线源或γ能谱线，各自采用不同的方法分析，其可靠性彼此不能比较，并且几乎都显著地高估了结果的统计显著性，从而导致不少不可靠的结果或假象被宣布为新发现，使理论解释工作建立在错误的基础上。如何判断在实验背景上的计数涨高是由新天体或新谱线引起的，抑或只是背景的统计涨落效应，即如何估计背景—对象观测结果的统计可靠性，是宇宙线物理和高能天文中亟待解决的一个重要问题。1969年，美国哈佛大学的一位学者提出相对似然方法，试图为解决上述问题提供一个统一的严格方法，普遍地被国际宇宙线物理和高能天文界接受。我在认真分析后指出相对似然法也是错误的，它缺乏可靠的理论基础，对于实验观测结果可靠性的估计有严重的系统误差。造成上述局面的根源是学者们习惯性地应用误差处理（参数估计）方法处理假设检验问题。我利用数理统计学的假设检验理论，推导出计算背景—对象模式实验观测结果显著性的新公式。这一新方法1985年在美国召开的第19届国际宇宙线会议上引起热烈争论，并召开了γ天文分析方法的专题讨论会。到20世纪80年代末，该方法被世界各国实验室广泛应用于宇宙线物理、X天文、γ天文、高能谱线天文等学科的实验研究，用于高能和超高能天体的搜寻、γ谱线的寻找、流强和背景估计等，成为估计宇宙线物理和高能天体物理实验结果统计可靠性和寻找超高能天体的标准分析方法。

3. 创新的实现

科学探索的本质不是模仿，不是与现行标准的接轨。追求概念、方法和原理创新是科学探索有别于其他社会活动的一个显著特点，而科学思想和方法的原理性创新,往往导致学科和技术应用的跨越发展。科学思想和方法的创新,开始总是难以被多数人接受。一个真正原创性的理论或方法,需要多方面的检验,需多年时间才能被普遍接受;但是在国际竞争中,想要依靠方法创新实现跨越发展,却必须迅速地应用创新于科学和社会发展实践。

美国科学工程公司一个从事探测核爆炸X射线的年轻技术人员贾科尼,提出用核探测器探测天体X射线辐射的新想法。他和MIT核科学实验室合作,1962年用探空火箭载3根盖革计数器,发现宇宙中存在强烈的X射线源。为解决空间X射线源的定位问题,在MIT工作的日本年轻学者小田1965年提出准直调制方法,在美国光学杂志发表了篇幅不足一页的文章。MIT核科学实验室按他的方法改装仪器,次年用火箭飞行测得第一个宇宙X射线源天蝎座X-1。之后,美国航空航天局立即开始研制准直调制X射线卫星,卫星于1970年升空,测得第一幅X射线天图,发现400多个宇宙X射线源,开创了空间天文的新时代。小田于2001年去世,2002年贾科尼因开辟观测宇宙的新窗口获得诺贝尔物理学奖。

对于研究天体极端条件下的高能过程,光子能量高于10—20 keV的硬X射线是比X射线更重要的窗口。例如,黑洞吸引周围物质形成吸积盘,其最后一个稳定轨道内边缘的温度达到数百万至上千万度,发射强烈的X射线。而从吸积盘边缘到黑洞视界的高温等离子体温度高达数十亿度,这个区域主要发射比X射线能量更高的硬X射线。所以,硬X射线是研究邻近黑洞强引力场区域时间、空间和物质性质的关键波段。而且,很多巨型黑洞被尘埃包围,X射线无法穿透,只能用硬X射线探测器去发现它们。20世纪90年代初,美国科学研究委员会天体物理委员会在规划未来十年美国天体物理发展的报告中指出,高能天文观测存在一个重要的缺口,就是硬X射线波段,这个波段将是非常富有成果的领域。报告将硬X射线成像列为优先级最高的20世纪90年代空间高能项目,美国航空航天局也把硬X射线巡天列为20世纪90年代空间高能天体物理的首要任务。

我和吴枚研究员于1992年建立了直接解调方法，用简单成熟的硬件技术可以实现高分辨和高灵敏度的硬X射线巡天。1993年，我们用气球载硬X射线探测器飞行观测，用直接解调方法实现了对恒星级黑洞天鹅座X-1的高分辨硬X射线成像，并在此基础上提出了建造和发放世界最高灵敏度和最高空间分辨本领的硬X射线调制望远镜HXMT、实现人类首次硬X射线巡天的建议。可惜的是，由于对新方法的疑虑，HXMT项目立项被长期拖延，而欧洲硬X射线成像卫星INTEGRAL于2002年成功发射上天，发现了几十个以前没有看到的超大质量黑洞。随后，2004年美国又发射了可以实现硬X射线巡天的编码孔径成像望远镜SWIFT。虽然HXMT仍然可以实现灵敏度、空间分辨和曝光均匀性比INTEGRAL和SWIFT更好的巡天，能发现更多的硬X射线天体，但中国实现人类首次硬X射线巡天的机遇已经丧失。

HXMT建议提出3年后，1996年8月初，我在香港召开的"21世纪华人天文学会议"上介绍了这个项目。报告的结束语说："由于在硬X波段具有前所未有的灵敏度和成像能力，HXMT卫星将对空间天文的发展做出重要贡献。对于中国，这是一个难得的机遇去实现人类首次硬X射线高灵敏度和高分辨率巡天，这也是对于中国科学界及其领导者的判断力、自信心与勇气的一个挑战。"报告结束，在美国航空航天局戈达特飞行中心工作的著名理论天体物理学家丘宏义教授从头排的座位站了起来，兴奋地挥动着手臂说："太好了，我们可以把美国人给'毙'了！"他接着讲了一个故事：小田因为发明X射线调制器实现X射线天体定位和第一颗X射线卫星上天而变得很有名气，当他从美国回到日本时，受到天皇接见。天皇问："小田先生，你发明的这个调制器有什么用处？"小田答道："没有什么用处，最重要的用处就是能够得到陛下接见！"

小田提出准直调制方法，在美国光学杂志上发表的文章篇幅不足一页，次年用火箭飞行测得第一个宇宙X射线源，4年后X射线卫星Uhuru就升空了，实现了X射线巡天的开拓。这是美国实现创新开拓的速度。我们在1992年建立直接解调方法,也用了1年时间用气球实现了对天鹅座X-1的直接解调成像。14年后,2007年3月发布的我国《"十一五"空间科学发展规划》宣布,要"自主研制硬X射线调制望远镜,实现我国空间天文卫星零的突破,在黑洞物理研究等领域取得突破"。同年经国务院批准发布的《航天发展"十一五"规划》也明确,要"优先支持面向重大科学问题的自主创新项目,研制硬X射线望远镜"。中国将要发射HXMT卫星的消息以及HXMT卫星的重要科学意义在国际上引起广泛强烈的反响和期待,但到目前为止,硬X射线调制望远镜卫星的工程立项还未能完成。面对激烈的国际竞争,我们仍然在努力着,并期望新方法所提供的科学机遇不至于最终完全丧失掉。

国家的发展已经到了一个新的时期,同时自然科学的发展也到了一个新的时期,需要有新的方法、新的思想、新的理论,需要寻求各个方面的创新和突破。国家发展所面临的问题,包括严重的自然灾害,都是摆在年轻人面前的挑战,需要有新的思维,需要在自然科学、人文科学和国家体制上有新的创新和突破,来一步步地解决。虽然刚刚我们遭受了一个重大的灾难,但我仍然觉得你们是非常值得羡慕的。你们面临重大的挑战,但你们有很多机遇来解决老一辈所没有解决的问题,为国家的发展、科学的发展做出重大的贡献。这就要求大家按照时代的要求,认真地学习和应用知识,注重全面素质,特别是创新能力的培养,同时对建设创新型国家过程中的困难和曲折要有足够的思想准备。我相信我们中国人能够对时代的挑战、大自然的挑战,给出我们自己的回答。

(整理自作者2008年5月在中国科学院"创新案例讲座"中所做的报告"原始创新与创新应用"。李惕碚,中国科学院院士,高能天体物理学家,中国科学院高能物理研究所研究员,清华大学教授。)

我心目中的科学与艺术

严加安

什么是科学？《辞海》中有一个定义：科学是关于自然、社会和思维的知识体系。什么是艺术？《辞海》给出的定义是：通过塑造形象具体地反映社会生活，表现作者思想感情的一种社会意识形态。我觉得这个定义有点抽象，在网上搜索到，托尔斯泰在《艺术论》里把艺术定义为"能够把自己的感悟与别人分享的一种表达"。

艺术是怎么产生的？艺术来自对于美的追求，因为人的感知器官（眼、耳、鼻、舌、身）都是要追求美好感受的，这可能是人类生存和繁衍后代基因的本能，尽管不同人对美的判断标准不一样。人类最早从大自然感受和领悟到一种大自然给予的"天然美"，然后从对"天然美"进行模仿，发展到自觉创造一种"人工美"，于是艺术就逐渐形成了。艺术一词的英文是"art"，来自于拉丁文，原来的意思是"人工技艺"。后来，到了文艺复兴的时候，艺术才慢慢与美等同起来，不是一般的技艺了。艺术的门类很多，绘画、音乐、戏剧、文学、摄影、雕塑、建筑等，都属于艺术的范畴，中国的书法是一门独特的艺术，西方是没有的。

什么是我心目中的科学与艺术？一言以蔽之："大道至简，大美天成。"

所谓"大道至简"，是指"大道理是极其简单的"。许多名著就属于"大道至简"。例如，孔子的《论语》、老子的《道德经》、孙武的《孙子兵法》、王国维的《人间词话》，它们都是比较短小的著作。这些著作之所以成为名著，流传那么广泛，并被大家认可，就是因为它们用简洁的语言来阐明大道理。

"名人名言"也是大道至简。如孔子的"己所不欲,勿施于人",这是儒家思想的精髓,是做人的大道理,连许多外国人都知道孔子的这一名言;又如老子的"知人者智,自知者明",非常富于哲理,"明智"一词就是从这句名言衍生出来的;再如苏轼的"博观而约取,厚积而薄发",这是做学问的大道理。之所以这些话能成为名言,就是因为它们语言简练,但讲的道理都很深刻,言简意赅。古典诗词中的带有哲理的诗句也是"大道至简"。例如,苏轼的"不识庐山真面目,只缘身在此山中"和朱熹的"问渠那得清如许,为有源头活水来",都是蕴含深刻道理的诗句。

所谓"大美天成",是指"大美是纯自然和不加雕琢的"。下面讲一下"大美天成"的艺术,举几个绘画、诗歌和书法方面的例子。我认为八大山人的画是大美天成的,完全不像中国古代的工笔画和西方的油画。他不是完全真实地把客观的东西描绘下来,而是把自己的感悟通过这种方式表达出来,叫"写意画"。齐白石对写意画的评价是——"妙在似与不似之间"。齐白石的虾、徐悲鸿的马、李苦禅的鹰,都属于大写意的风格。与中国的写意画相近的是西方的印象派绘画。印象派的开山之作是莫奈的《日出·印象》,画的好像是一个人在海边看日出,表达海边太阳升起的隐约景象,但这不是写实的,而是把最本质的东西提炼出来的一幅画。再举两首属于大美天成的诗。一首是非常有名的《春江花月夜》,作者张若虚是扬州人,他在历史上留下的诗只有两首,但是单凭《春江花月夜》这首诗,他就在中国诗词史上占据了很高地位。有人评价这首诗是"孤篇横绝,竟为大家""孤篇压全唐"。还有一首是张继的《枫桥夜泊》,这是一首情景交融的佳作,写得自然朴素,情味深远。因为这首诗,枫桥和寒山寺成了苏州的著名景点,是很多人向往的地方。在日本,很多人也喜欢这首诗,所以很多到中国旅游的日本人一定要去枫桥和寒山寺参观。在当代,我认为毛主席是最伟大的诗人,特别是《沁园春·雪》这首词堪称是千古绝唱。在书法艺术方面,王羲之的行书、怀素的狂草也是"大美天成"的。毛主席临摹过怀素的狂草,他的草书具有自己的特殊风格,被书法界誉为"毛体"。

科学也是"大道至简,大美天成"的。杨振宁2015年在中国美术馆主办的"大师讲大美"学术讲坛的一次讲座中说:对于宇宙,其实可以通过一组方程式来了解,包括牛顿的运动方程、麦克斯韦方程、爱因斯坦的狭义与广义相对论方程、狄拉克方程和海森伯方程。这不多的几个方程式主宰了我们所看到的一切非常复杂的现象,当你懂得它们的威力时,就会发现其所散发着的一种物理学的美。

科学与艺术是人类文明的两大支柱,它们有什么共性呢?我认为主要有三个方面。

首先,科学和艺术都追求一种普遍性和永恒性,追求"真"和"美"。它们的普遍性和永恒性是不言而喻的,科学求"真"和艺术求"美"也无须赘言。至于"艺术求真",是艺术家通过自己的感悟把事物的本质揭示出来,这是"源于生活,高于生活"的艺术创作原则。下面具体解释什么是"科学求美"。希腊箴言说:"美是真理的光辉。"真理往往是隐藏在事物后面,但是它发出的光辉是美的,所以杰出的科学家能够通过美的光辉窥探到它背后隐藏的真理,提出猜测。真理的美,主要是和谐之美和简洁之美。一些杰出的科学家,他们从理论的和谐和简洁的要求出发,有时凭一种审美直觉就能提出一个设想和猜测,而这个设想和猜测常常后来被证明是真的。杨振宁在一次公众讲演中讲的狄拉克提出"反粒子"理论的故事就是一个很好的例子。狄拉克1928年发表两篇短文,写下了有里程碑意义的狄拉克方程,文章发表后的几年内由于方程解产生负能现象引起争议。1931年,狄拉克从数学对称美角度大胆提出"反粒子"理论来解释负能现象。这个理论当时更不为同行所接受,直到1932年秋,安德森在宇宙射线中发现了电子的反粒子(正电子)以后,大家才认识到反粒子理论是物理学的另一个里程碑。1933年,31岁的狄拉克与薛定谔共享了诺贝尔物理学奖。

第二，科学和艺术有共同的美学准则，即评价标准。首先，"创新性"是科学和艺术共同的美学准则之一，只不过艺术那里把"创新性"叫作"艺术风格"。艺术家由于生活经历、艺术修养、审美取向以及个性特征的不同，在作品的题材和表现手法方面、在作品的整体风貌及艺术境界方面形成了独特的艺术风格。例如，李白的诗"豪迈奔放，飘逸若仙"，是浪漫主义风格；杜甫的诗则"深沉蕴蓄，抑扬曲折"，是现实主义风格；被誉为"钢琴诗人"的肖邦的钢琴曲"平易优美，饱含诗意"；被誉为"钢琴之王"的李斯特的钢琴曲则"气势恢宏，直率粗犷"。科学和艺术的另一共同美学准则是"境界为先，技术为次"，我是从吴冠中先生一篇关于绘画艺术的采访报道中知道这一美学准则的。无论科学研究还是艺术创作，境界是第一位的。对艺术品来说，不在乎你这个人的技法多高超，关键是看你作品的境界。王国维在《人间词话》中说过："词以境界为最上。有境界自成高格，自有名句。"科学境界在于一个学者选题的学术品位和问题的深度，而不在于论文里面用的技巧有多高，技巧始终是第二位的。

第三，科学和艺术的创作都需要智慧和情感。需要智慧很好理解，为什么还需要情感？就艺术创作而言，艺术家要想把自己的感悟表达得好，首先要有艺术功底，但更需要激情，有了激情才能把自己的感悟加深和放大，尔后将它凸显出来，把内心的情感宣泄出来。这样的作品才能打动人，感染人，这是"源于生活，高于生活"的艺术创作原则。就科学研究而言，真正有大成就的学者都是有激情的，这种激情来自于探求未知真理的好奇和对美的追求。爱因斯坦在一次庆祝会上说："有许多人之所以爱好科学，是因为科学给他们以超乎常人的智力上的快感，科学是他们自己的特殊娱乐，他们在这种娱乐中寻求生动活泼的经验和雄心壮志的满足。"

下面讲科学和艺术的交融。130多年前，赫胥黎在一次题为"科学与艺术"的讲演中说："科学和艺术就是自然这块奖章的正面和反面，它的一面以感情来表达事物永恒的秩序，另一面则以思想表达事物的永恒秩序。"科学与艺术在人类早期是统一和不分的。后来，随着人类社会的进步和科学的发展，科学与艺术才逐步分化。但是科学发展到了当代，与艺术又慢慢交融了，并已成为当今世界科学文化发展的特征之一。法国著名文学家福楼拜早在19世纪中叶就曾预言："越往前走，艺术越要科学化；同时科学也要艺术化，两者在山麓分手，回头又在山顶会合。"现在已经快到在山顶会合的时间了。

李政道先生在给柳城的著作《电影三字经》第二版写的《序言》中写道："我一直有一个信念，那就是科学与艺术是人类认识世界和表达世界的不同道路，这两条道路并不是楚河汉界，也不是泾渭分明，更不是永不相交的平行线。恰恰相反，这两条道路通向一个共同的高峰——真、善、美。作为个体的科学家和艺术家，他们在不同的领域向这共同的目标奋进。"李政道先生的这段话表明科学和艺术是相互交融的。大家知道，李政道先生有很高的艺术修养，他曾出版过《李政道随笔画选》。他一直提倡科学和艺术的交融，20世纪80年代，他曾经邀请很多艺术家、画家，用画笔把物理学中的一些基本理论甚至微观粒子的运动规律表现出来。后来他主编出版了一部大型的画册《科学与艺术》，其中有吴作人、李可染、黄胄、吴冠中等当代中国著名画家的作品。2017年年末，李政道先生还发起成立了中华国际科学交流基金会"科学与艺术委员会"，并担任名誉主席。

其实在我国古代就有科学和艺术交融的例子。例如，爱国诗人屈原在他的长诗《天问》中连接提出了170多个问题，涉及宇宙、自然、社会和人生等未知领域。从广泛意义上来说，《天问》这首长诗就是科学和诗歌的交融。又如唐代的《步天歌》(作者存疑)，也是一种科学与艺术的交融，它是以诗歌的形式介绍中国古代全天星官的著作。

科学和艺术的交融有两个方面。第一，艺术要科学化。这一点大家比较容易接受，而且已经成为现实了，很多艺术创作离不开科学技术，特别是离不开电脑技术。我们知道，两部很著名的电影《阿凡达》和《盗梦空间》，就是利用了电脑技术，取得了商业上的巨大成功。另外，在一门非常抽象的数学中也可以产生艺术品，称作"分形艺术"。它用分形几何理论来产生图像，然后用数学方法对放大区域进行着色处理，就变成了一幅精美的艺术图案。第二，科学也要艺术化。所谓科学要艺术化，我的理解有两点：首先，科普作品要艺术化，要通过艺术的手法，把一些科学和技术知识向广大民众普及。科普作品要写得通俗风趣，最好还要幽默，这样才能够吸引更多人去看，去学习。在历史上有很多优秀的科普作品，最有名的例子是19世纪法国著名科学家法布尔的《昆虫记》，它真实地记录和描绘了昆虫的生活。作品文笔流畅，情节生动，简直就像一首优美的散文诗。20世纪60年代，卡森的《寂静的春天》也是一部艺术化了的科普著作。它以寓言为开端，描绘了一个风景优美、充满生机的小村庄突然跌入一片死寂之中，由此引出了对以DDT为代表的化学药剂如何对自然环境、动植物甚至人类带来巨大伤害的详细阐述，提出人类与环境是相互依存的关系，要心怀敬畏、和谐共生。这部小说推动了全球性的环境保护事业的发展。

霍金是一位杰出的物理学家，他写过很多科普书，最有名的是《时间简史》。他曾经导演了一部科教片，叫《史蒂芬·霍金宇宙大探索》，制作一共花了三年时间。后来记者采访他，问一个科学作品如何才能够变得更受大众欢迎，霍金的回答是："必须引发人们的好奇心和惊异感，就如同我们还是个孩子一样。"科普作品越来越重要，因为现在科学发展太快了。不光青少年和普通大众需要科普，各行各业的人都需要科普。

另外，科幻小说和科幻影视作品在某种意义上也是科学的艺术化。19世纪中叶，法国小说家凡尔纳写了十几部著名的科幻小说。他在这些小说中做的许多大胆的设想和猜测，后来大都成为了现实。据说，潜水艇发明家莱克就坦承他的发明是受到了凡尔纳的小说《海底两万里》中关于"潜水艇"描写的启发。一部好的科幻作品不仅要对现有科学或技术的神奇富有想象，还要大胆设想和预测科学技术未来可能的走向，这样的科幻作品能够激发青少年的想象力。例如，科幻作家刘慈欣写了三部讲述地球文明在宇宙中的兴衰历程的长篇科幻小说，其中第一部《三体》于2015年获得第73届"雨果奖"最佳长篇小说奖。

艺术除了使人们感受到一种愉悦以外，它的社会功能在于丰富和发展人的精神生活，提高人的精神素质（包括人格、情操和教养），教化人的社会行为，在人类精神生活中起潜移默化的作用。一个人的生活有物质和精神两个层面。想要获得幸福，不仅要拥有获得幸福的物质条件，还要拥有体验幸福的感性素质。缺乏感性素质的人幸福感就少。而感性素质的培养，要通过美育与艺术教育来实现。"美育"就是审美教育，美育可以提高一个人对美的感悟能力和对美的鉴赏能力，提高一个人的人生境界。蔡元培是中国提出美育的第一人，他说："美育是最重要、最基础的人生观教育。"又说："一个完整强健人格的养成，并不源于知识的灌输，而在于感情的陶养。这种陶养就在于美育。"所谓"艺术教育"，是指以文学、音乐、美术等为艺术手段和内容的审美教育。笔者认为：每个城市应该重视图书馆和美术馆的建设，鼓励市民通过阅读文学作品和参观美术馆，接受人文艺术熏陶，提高自身的人文艺术修养和精神素质。另外，美育与艺术教育是素质教育的主要组成部分，应该把美育与艺术教育列入中小学素质教育中。

我是从事数学研究的，业余爱好是书法和古典诗词，交了一些书法界和诗词界的朋友。最近，我经常以"我心目中的科学和艺术"为题去大中学校做公众报告。报告结束后常有人问我，能否给出古典诗词对我做科研有帮助的例子，我的回答是：具体例子没有，但艺术修养对我的科研选题和论著写作的影响是潜移默化的。我建议科学家和艺术家多多交流，彼此做朋友。

(严加安，中国科学院院士，数学家。)

科学研究的范围

亨普尔

科学探索的各种不同分支可以划分为两大类：经验科学和非经验科学。前者旨在揭示、描述、解释和预言我们生活在其中的世界的种种事件。因此，它们的陈述必须经受我们的经验事实的检验，而它们是可接受的，只因它们得到经验证据的支持。这样的证据是用许多不同方式而获得的：通过实验，通过系统的观察，通过访问与考察，通过心理的或临床的测试，通过对文献、碑铭、钱币、考古遗迹的仔细查核，等等。这种对经验证据的依赖将经验科学与非经验的逻辑学科和纯数学学科区分开来，这些非经验科学的命题被证明为与经验的发现实质上是无关的。

经验科学进而又经常划分为自然科学和社会科学。这些区分的标准不如经验研究与非经验研究的区分标准来得清楚，并且精确地在哪里划线也没有达成共识。通常自然科学被认为包括物理学、化学、生物学及其边缘领域；而社会科学则有社会学、政治科学、人类学、经济学、史料编纂学以及其他相关学科。心理学有时归入自然科学，有时又归入社会科学，并常被认为是两者的交叉学科。

自然科学哲学与社会科学哲学分别进行讨论。这种论题的分开处理服务于使科学哲学这一大领域有比较恰当的讨论这个实际目的；它并不是想加一个成见于这种问题上来说明这种划分是否也有系统的意义，即在题材、目的、方法和预设上自然科学与社会科学是否有根本的区别。人们广泛地并根据许多不同的、值得注意的理由来断言这些广阔的领域之间有着基本的差别。对这些主张的透彻的探讨要求对社会科学和自然科学作深入的分析。

科学在今天享有很高的声誉,无疑大半可以归之于它在应用方面的惊人成就以及它的应用领域的迅速扩展。经验科学的许多分支已为相关的技术提供基础,这些技术将科学研究的成果付诸实际运用,而后者又常常反过来为纯粹科学和基础研究提供新的资料、新的问题和新的研究工具。

但是,科学除了帮助人们致力于寻求控制他们环境的努力,科学还回应了人们的另一种虽然无实际利害关系但仍是深刻和持久的驱动:那就是对他们自己所处的世界获得越来越广泛的知识和不断增长着的理解的愿望。

(摘编自《自然科学的哲学》,中国人民大学出版社2022年4月出版。亨普尔,Carl Gustav Hempel,德裔美籍科学哲学家,美国艺术与科学院院士。)

关于科学与科学传播的三个问题

刘 兵

一、科学的"不确定性"与科学传播

曾有人讲过一个故事:一个专家向公众进行科普,说吃苹果应该削皮,因为苹果皮上沾有农药洗不干净,所以需要削了皮吃才安全;另一个专家也向公众进行科普,说吃苹果不要削皮,因为苹果皮中含有大量的维生素,吃了对人很有好处。结果呢,公众在听了这两个专家科普之后,反而不知道该听哪个专家的话了,也不知道究竟应该怎么吃苹果了。

这个故事里所说的公众,在面对同一件事,听了不同说法的专家的科普之后,之所以会感到困惑和不知所措,其实是有其背后更深层的前提预设的,即认为在科学面前,对于任何一件事,都应该有一个正确的、唯一的标准答案,或者说是所谓的"真相"。也就是说,认为科学研究的结果是客观的、确定的,无可置疑的。

然而,前面的故事却恰恰表明,在面对现实时,虽然都是有科学依据的科普,有时却并不一定能够给出一个唯一确定的答案。在我们所说的科普,或者科学传播中,对于科学之不确定性的关注,应该是一个非常值得注意的重要问题。

前些年,曾有一本由几位美国人所编著的科学传播研究著作被翻译成中文出版,这本书的书名就叫《传播不确定性——对新兴和争议性科学的媒体报道》。实际上,此书是由世界著名一线科学记者和科学家集体撰写的,在撰写过程中,参与讨论的专家包括诺贝尔奖获得者、美国国家科学基金会的主任,也包括了其他一些科学家和研究科学、伦理和公共政策问题的社会学家。书中指出,其实不确定性本是生活的一种常态,在日常生活中似乎大部分人都对之已经习惯了,并不会被其困扰。但在面对科学的问题时,科学的不确定性就很难为人们所接受了。

讲到科学的不确定性,其来源可以有很多,这里先就可能想到的简单罗列一下。

其一,从历史发展来看,科学的知识和结论是一直在发展变化的,后续的发展总是在否定或修正以前的知识和结论,这表明在特定时期科学的结论并不就是最终的确定的真理。

其二,近现代科学研究的重要特点之一,是其对研究对象的理想化,也即科学理论大多呈现为理想化的、抽象的形式,而实验室研究则成为对科学理论进行验证的重要基础。但实验室是与真正现实的自然有所不同的,是将现实的自然界中诸多的复杂因素排除在外,以便在理想甚至是孤立的条件下进行实验研究。这样,当科学研究的结论被应用于现实的自然时,被实验室中的实验所排除的诸多复杂因素又会产生实际的影响,因而带来了与理想化的结论有所不同的不确定性。

其三,即使在理想化的实验室的研究中,由于受"观察渗透理论"的影响,实验观察者并不能够保证其观察结果是绝对的中性,也会受到实验技术的完善性等限制,会带来观察误差。甚至像经济条件、考核压力等多种外部社会因素,也会带来对作为研究内容的观察结果的选择。这些也都会带来研究结果的某种不确定性。

第四,由于科学的发展性和阶段性,在特定的时间,对于某些问题的科学研究在科学家群体中可能还未形成共识,也还存在着不同的观点、不同的结论和争议。

第五,从科学理论在现实中的应用来说,究其后果,也因现实中应用者的使用目标、政治理论、经济利益、价值取向等的不同,会有不同的使用方式,会带来不同的应用后果,尤其是对于社会上不同公众的意义和影响不同。这也是一种不确定性。

但是,在许多情况下,当科学家在表述其研究结果,例如发表论文时,经常会将一些偶然的、不确定的因素排除出去,从而在形式上建构出一种科学之确定结论的形象。再加上随着科学的发展和其力量的体现而在社会上形成的某种科学主义的科学观,更加加强了这种科学的确定性的形象。

人们在现实中面对科学的不确定性,还更集中在所谓"争议性科学"的问题上。例如,核能、转基因技术、健康饮食、疫苗、药物和医疗(也包括像中西医之争)的有效性等科学现实应用问题,以及像气候变暖、宇宙起源与演化、进化论等更为理论性的科学争议问题。在社会层面的科学传播中,这些问题长期以来一直是争议的焦点,自然这也是源于前述原因带来的科学的不确定性。

我们可以看到,许多的科学传播者,在进行科普或科学报道时,由于各种原因,经常是有意无意地强化了公众对于科学之确定性的信念。但这显然是有问题的,也正是因为这种对于科学之确定性的信念,与在现实中科学之不确定性的冲突,导致了在社会层面上诸多的争议,并让公众在"科普"的指导下难以做出个人的选择。

那么,这个问题应该如何解决呢?

首先,科学传播者应该注意和意识到科学的不确定性的存在,并在科学传播实践中也对之有所传达,以提升公众对于科学之不确定性的认识。其次,公众应改变那种将科学视为绝对正确的科学主义的科学观。这也可以算是科学素养的重要组成部分,体现出对于科学的本质的恰当理解。当然,在面对更有学识、对科学本身更有理解的专家时,也不宜只采取简单迷信的态度,而是在尽可能获得更全面的信息的前提下,能够根据具体的语境,具体分析和理解事物的复杂性,并做出个人的选择。

二、地方性知识、多元科学观与科学传播

对于科学传播(包括更有中国特色的科普)来说,传播者的立场和科学观是非常重要的,在传播的内容上,这涉及"传播什么"和"为什么传播"的问题。传统中,尤其是在早期阶段,科普这个概念所隐含的立场,主要是一种一元论的偏向于科学主义的立场,即认为只有一种科学,而且这种科学代表着解释事物的真理,是唯一客观、正确、有效、普遍的知识。而这种科学,特指的往往就是西方近现代科学。后来,随着概念的发展,科学传播这一概念在很多场合已经与科普概念有了很大的重合,其所指的传播内容也出现了很大程度的变化,在更官方的表述中,除了科学知识,科学精神、科学思想和科学方法也被包括进来。但在这样的规定中,"何为科学"仍然是一个没有明确定义的问题。

其实,在将"如何定义科学"作为其核心任务之一的科学哲学这一学科中,即便将科学限定在西方近现代科学的范围内,至今仍未有一个得到普遍认可的对科学的标准定义(或者说是将科学与非科学区分开的"划界"标准)。

随着人们越来越意识到在科学传播中将科学文化与人文文化相结合的重要性,对于像科学史这样更有人文立场的科学的研究成果,也成为科学传播的重要组成部分和内容来源。不过,近些年的科学史研究,其范围却是越来越突破了传统的只对西方近现代科学历史的关注,众多非西方传播的"科学"的历史,也成为其研究的内容。

比较典型的,可以以中国古代科学史为例。人们当然知道,中国古代科学史中诸多的内容,是属于与西方科学不同的传统。其实在这样的研究中,就已经带有了不止一种的科学理解。而像这样的内容,在普及的意义上,通常也成

为被认可的科学传播的重点内容之一。这就给科学传播中如何理解和定义其传播的"科学"提出了挑战,科学传播者只有改变最早那种认为只有一种西方近现代科学才是科学的理解,才能自圆其说。

要想做到这一点,就需要有一种新的科学观,而且也需要有支撑这种科学观的理论。就此来说,近几十年来出现的关于"地方性知识"的理论,显然是可胜任的理论之一。

由西方人类学家吉尔兹最先提出的"地方性知识"这一概念,现在已经被谈论得很多了,但在许多时候,对其理解上却存在着某种误解。例如,将"地方性知识"看作仅在某地方有效的知识,而西方近现代科学则是一种放之四海皆适用的"普遍性知识"。其实,从哲学上严密的分析讨论来看,在作为西方近现代科学之唯一基础的人们的有限经验验证中,是不可能得出科学的理论是一种终极可靠的普遍性知识的结论的,也早就有学者提出,西方近现代科学其实也是一种"地方性知识"。

在联合国教科文组织的网页上,对于地方性知识是这样定义的:"关于自然界的精致的知识并不只限于科学。来自世界各地的各种社会都有丰富的经验、理解和解释体系。地方性知识和本土知识则指那些具有与其自然环境长期打交道的社会所发展出来的理解、技能和哲学。对于那些乡村和本土的人们,地方性知识告诉他们有关日常生活各基本方面的决策。这种知识被整合成包括了语言、分类系统、资源利用、社会交往、仪式和精神生活在内的文化复合体。这种独特的认识方式是世界文化多样性的重要方面,为与当地相适的可持续发展提供了基础。"虽然这一定义很好地说明了地方性知识的特点和内容,但仍将它与"科学"(其实那也只不过是最狭义定义的西方近现代科学而已)相区别。如果坚持这样的区别,我们还是无法将在这种定义中所谈及的内容合法地归入"科学传播"的范围。

其实,在"科学文化"圈里,关于科学的定义,也存在着被冠之以"宽/窄面条"隐喻的争论。前者,是试图扩大"科学"的定义范围,把过去许许多多不被承认为科学的东西纳入到科学当中。最宽泛地讲,几乎可以把人类各种严肃地认识自然的系统或准系统性知识,以及用于改变自然的生活经验,都归到科学之中。后者,"窄面条"派,则坚持传统对科学的狭窄定义,但与此同时,却并不否认那些没有被归入科学定义范围的东西的价值,也不认为传统中狭义定义的科学,要比这些"非科学"更为正确。

不过,如果按照"地方性知识"的理论,我们实际上可以把人类关于自然的那类知识(人的自身的一部分也是自然))都归于一种广义的"科学",包括西方科学在内的各种相应的"地方性知识",也就都成为这种"多元"的科学的组成部分。这样,就形成了一种"多元"的科学观。这也正如西方科学哲学家哈丁所说的:"不存在唯一的科学方法,不存在单一的'科学',也不存在单一形式的好的科学推理;因为无论是欧洲科学还是其他文明的科学,在不同的时代都是用不同的方法和不同形式的推理来探索解释自然规律的系统模式。"

在这样的框架中,那些在一元科学框架中被认为不属于最狭义的科学之内容的许多知识系统,例如中国古代科学、中医等,也就被包容进来,而合法地成为科学传播的合法内容了。

以这样的方式,现实的科学传播中的许多内容,便可以合情合理地被纳入科学传播或科普的范畴;而且,像这样的科学传播,其社会意义和价值,也是极其明显的。

三、"科学的本质"与科学教育

随着2022年4月《义务教育课程方案和课程标准(2022年版)》的正式颁布,关于新课标的讨论又变得热闹起来。在这当中,《义务教育科学课程标准》

中的一个概念,也即"科学的本质"(或"科学本质"),是非常值得关注的。它在新课标中不同的地方多次出现。我们可以将其被提及之处一一列举如下:

1. "课程性质"部分:"义务教育科学课程是一门体现科学本质的综合性基础课程"。

2. "课程目标"的"总目标"部分:"初步认识科学的本质"。

3. "核心素养"部分:"科学观念……也包括对科学本质的认识,如对科学知识的可验证性、相对性、暂时性的认识……态度责任是在认识科学本质及规律,理解科学、技术、社会、环境之间关系的基础上,逐渐形成的科学态度与社会责任"。

4. "教学提示"部分:"引入科技史的素材,帮助学生体会科学本质……1—6年级……初步了解科学的本质""7—9年级……进一步认识科学的本质"。

5. "教材编写建议"部分:"合理选择科技史素材。教材要结合科学探究和实践活动,合理选择科技发展史中具有深远影响的重大事件、经典实验、重要理论和思想、代表性人物,以及中国古代和近现代科技成就,让学生理解科学本质,体会科学思想,学会科学方法,形成科学态度"。

既然在课程性质和课程目标中就提及要认识科学的本质,而在作为课程标准所强调的课程"旨在"要培养的核心素养中,在教学提示里也反复涉及对科学的本质的认识,这个问题的重要性是显而易见的。它不只限于对某个核心素养的培养的意义,而是贯穿于以核心素养为基础的各项课程目标,是一个更为上位的概念。这对于让学生从整体上、全面地理解科学具有特别重要的意义。由于这种对科学的整体性的"本质"之理解,也让科学本质成为一条贯穿、融合在整个科学课程教学中的主线,除了是一个在构成科学的各学科之间的"跨学科"概念之外,也是一个跨越科学和人文社会科学的"跨学科"概念。

由于新课标并没有明确地对之给出一个"定义",尽管可以理解为这也表明了科学课标对之的理解是具有开放性的,但这在一定的程度上会影响到使用者对此概念的明确理解,因而,是有必要对之进行一些分析讨论的。

可以说,科学本质是当代科学教育中被突出关注的核心问题之一。大约从20世纪中叶开始,国际上开始注意科学教育中"科学本质"的概念,尽管与此相关但并未明确提及此概念的研究可以追溯到更早的时期。直到20世纪80年代以后,尤其是伴随着美国"2061计划"中明确地在对科学素养培养的要求中提出对科学本质理解的要求以来,国际国内对于在科学教育中的科学本质问题的研究形成热潮,至今,对于在教育中要传达的对于科学本质之理解的内容,既有一些共识,也存在着部分的分歧和争论。

例如,1989年美国科学促进协会在《面向全体美国人的科学(2061计划)》中提出,应该从科学的世界观、对科学探究的认识和对科学事业的认识这三个维度来理解科学本质。科学的世界观:世界是可被认知的,科学理念是会变化的,科学知识的持久性,科学不能为所有问题提供完整答案。对科学探究的认识:科学需要证据,科学是逻辑和想像的结合,科学解释和预见,科学家要努力鉴别、避免偏见,科学不仰仗权威。对科学事业的认识:科学是一项复杂的社会活动;科学由学科内容组成,由不同机构研究;科学研究中有着普遍接受的道德规范;科学家在参与公共事务时,既是科学家也是公民。

到了2013年,在美国的《下一代科学教育标准》(简称NGSS)中,又提出了理解科学本质的8个基本方面:科学研究要使用多种方法,科学知识是以经验证据为基础的,科学知识在新的证据下不断修正,科学的模型、定律、解释方法和理论可以解释自然现象,科学是一种认知方式,科学假定在自然系统中存在某种秩序和一致性,科学是一项人类的事业,科学致力于解决有关自然和物质世界的问题。

类似的在其他的权威性的研究中,还有更多不同的说法。有人甚至通过比较分析8种较权威的国际科学标准文献,从中总结出来其对于科学的本质的一致性看法,居然可达14条之多。这里就不一一列举了。

澳大利亚的科学教育家马修斯曾讨论过相关的不同观点,把对科学本质的研究总结区分为规范研究和实证研究两类,并提出用"科学的特征"来取代"科学的本质"的设想。

了解在科学课程中关于科学本质问题的争议和复杂性,形成对科学本质的认识,对教师的教学来说显然是有益处的。只有这样,科学教师才能在教学的各环节中充分意识到其教学内容与科学本质的关联性,才可能在教学实践中有效地达到对科学本质的教育目标的要求。除了有助于对学生科学素养的培养,也为教师的科学教学提供了更大的发挥空间。

作为结论,就个人的认识而言,大致可以说在科学教育中,关注对科学本质的教育就是要让学生"形成对于'科学是什么'的总体性理解"。这包括:科学的特点是什么,科学知识是如何被研究出来的,科学有什么功能,科学的规范是什么,以及科学的价值和社会影响等内容。最后值得提及的是:人们对科学本质的认识,是随着科学哲学、科学史、科学社会学、科学伦理学等学科的研究和发展而不断得到深化的。这也是科学教师在个人发展中所应追求的充实人文素养的方向。

(摘编自作者于2022年至2023年发表在《晶报》上的文章。刘兵,清华大学教授,科学史理论家,科学传播研究学者。)

学习科学史的意义

吴国盛

今天,不大可能有人问科学有什么用了。科学的实际用处随处可见。我们享受着科技文明的成果,谁也不会怀疑科学的用处。相反,当代中国人已经充分意识到科技对于发展生产力、发展经济的决定性意义。

约400年前,科学的用处远未变得像今天这样显明,但英国哲学家培根提出了"知识就是力量"的口号。这是一句脍炙人口的名言,近代自然科学已经一步步向世人展示了这句名言的真理性。不过,培根还有另外一段关于知识的名言值得引用:

阅读使人充实,会谈使人敏捷,写作与笔记使人精确……读史使人明智,诗歌使人巧慧,数学使人精细,博物使人深沉,伦理之学使人庄重,逻辑与修辞使人善辩。

在科学已经渗透了人类生活各个层面的今天,我们不再对身边的科学表现出惊奇,我们已经对科学无动于衷,而恰恰在此时,我们需要回顾科学的历史,因为读史使人明智,阅读科学的历史将使科学时代的人们变得深思熟虑、深谋远虑。

一、了解科学史有助于理科教学

尽管直到20世纪科学史才受到人们的广泛关注,正式成为一门学科,科学史的研究却一直受到不少科学家的重视。他们在向学生讲授专业知识时,为了增强趣味性,总是愿意略微提一下这门学科的历史。

历史故事总是使功课变得有趣。我们在儿时谁没有听过几个科学家的传奇故事?阿基米德在浴盆里顿悟到如何测量不规则物体的体积之后,赤身裸体地跑上街道大喊大叫"尤里卡"(我发现了);牛顿在一个炎热的午后躺在一株苹果树下思考行星运动的规律,结果一个熟透了的苹果掉下来打中了他,使他茅塞顿开,提出了万有引力定律;瓦特在外祖母家度假,有一天他偶然发现烧水壶的壶盖被沸腾的开水所掀动,结果他发明了蒸汽机……

这类科学传奇故事确实诱发了儿童对神奇的科学世界的向往,对于正规的理科课程学习却并不见得有很大的帮助。甚至,某些以讹传讹的传奇故事对于深入理解科学理论还是有害的。再说,传奇故事往往过于强调科学发现的偶然性、随机性,使人们容易忽略科学发现的真实历史条件和科学工作的极端艰苦。

除传奇之外,科学史所能告诉人们的科学思想的逻辑行程和历史行程,对学习科学理论肯定是有益的。当我们开始学习物理学时,我们为那些与常识格格不入的观念而烦恼,这时候,如果我们去了解一下这些物理学观念逐步建立的历史,接受它们就变得容易多了。科学家们并不是一开始就这样"古怪地"思考问题,他们建立"古怪的"科学概念的过程极好理解而且引人入胜。

以"运动"为例。物体为什么会运动呢?希腊大哲学家亚里士多德说,运动有两种,一种是天然运动,另一种是受迫运动。轻的东西有"轻性",如气、火,它们天然地向上走;重的东西有"重性",如水、土,天然地向下跑。这些都是天然运动,是由它们的本性决定的。如果轻的东西向下运动、重的东西向上运动,那就不是出自本性的天然运动,而是受迫运动。物体到达自己的天然位置之后,就不再有运动的倾向了,如果它这时候还在运动,那也是受迫运动。受迫运动依赖于外力,一旦外力消失,受迫运动也就停止了。

伽利略从一个逻辑推理开始批评亚里士多德的理论。他设想一个重物（如铁球）与一个轻物（如纸团）同时下落。按亚里士多德的理论，当然是铁球落得快，纸团落得慢，因为较重物含有更多的重性。现在，伽利略设想把重物与轻物绑在一起下落会发生什么情况。一方面，绑在一起的两个物体构成了一个新的更重的物体，因此，它的速度应该比原来的铁球还快，因为它比铁球更重；但另一方面，两个不同下落速度的物体绑在一起，最终会达到一个平衡速度，这个速度比原来铁球的速度小，但比原来纸团的速度大。从同一个理论前提出发，可以推出两个相互不一致的结论，伽利略据此推测理论前提有问题，也就是说，亚里士多德关于落体速度与其重量有关的说法值得怀疑。从逻辑上讲，解决这个矛盾的唯一途径是：下落速度与重量无关，所有物体的下落速度都相同。

当然，科学的进步并不完全是凭借逻辑推理取得的。伽利略这位真正的近代科学之父，近代实验科学精神的缔造者，并未满足于逻辑推理，而是继续做了斜面实验。他发现，落体的速度越来越快，是一种匀加速运动，而且加速度与重量无关。他还发现，斜面越陡，加速度越大，斜面越平，加速度越小。在极限情况下，斜面垂直，则相当于自由下落，所有物体的加速度都是一样的。当斜面完全水平时，加速度为零，这时一个运动物体就应该沿直线永远运动下去。斜面实验表明，物体运动的保持并不需要力，需要力的是物体运动的改变。这是一个重大的观念更新！

这个关于"运动问题"的科学史故事，对读者深入学习牛顿力学知识是有好处的，因为在回顾这个观念如何更替的过程中，我们自己的观念也不知不觉地发生了改变，这当然比直接从概念、定律和公式出发去学习牛顿力学要生动有趣得多，而且印象深刻得多。当然，前面所讲的极为简短，实际发生的还要复杂得多。

追究科学史的用处，使我们有必要在"知道"和"理解"之间做出区别。为了掌握一门科学知识，我们大多不是从阅读这门学科的历史开始，相反，我们从记住一大堆陌生的符号、公式、定律开始，然后在教师和课本的示范下，反复做各种情形下的练习题，直至能把这些陌生的公式、定律灵活运用于处理各种情况，我们才算掌握了这些知识。但我们真的"理解"这些知识吗？那可不一定。理解这些定律的含义完全可以是另一回事。我知道一位非常年轻的大学生，他高考的物理成绩几乎是满分，但是在兴高采烈地去大学报到的旅途中，他却一直在苦苦思考一个问题：为什么人从轮船和火车上跳起来时，仍能落回原处，而轮船或火车在他跳离的这段时间里居然没有从他脚底下移动一段距离。可怜的孩子，他在轮船上试了好几次，情况都差不多，轮船一点也没有将他抛离的意思。后来，他突然想起，地球时时刻刻都在转动，而且转速极大，也从来没有发生过跳起来落不回原地的事情，这是怎么回事呢？想着想着，高分的大学生睡着了。直到后来，他读了一本有关的科学史书，懂得了牛顿第一定律的真正含义，他才恍然大悟，痛骂自己愚昧无知。

这个故事应该很恰当地说明了"知道"与"理解"的区别。这是一个真实的故事，因为这位年轻大学生的故事正是我自己早年的经历。有了知识并不等于理解，会解题不意味着掌握了物理概念，在深入地理解物理定律的本质方面，科学史是有用处的。

不幸的是，教科书大多不谈历史，如果有也只是历史知识方面的点缀，诸如牛顿的生卒年月等。把科学史有机地糅进理科教科书中，是当代科学教育界所大力提倡的，但做起来很困难，而且效果不好。但教育界仍在努力。当代美国著名科学史家、哈佛大学物理学和科学史教授霍尔顿从20世纪60年代开始主持"哈佛物理教学改革计划"，陆续编写出版了《改革物理教程》作为新的中学物理教科书。此外，他还写出过供大学文科学生阅读的物理教科书《物理科学的概念和理论导论》，这些书贯彻了史论结合的原则，而且是以史带论，极大地影响了美国的物理学教学。这两套书我国都出了中译本。不过，似乎都未产生积极有效的反响。

二、了解科学史有助于理解科学的批判性和统一性

也许是文化传统的关系,中国教育界盛行的依然是分数教育、技能型教育。这种应试教育的一个消极后果是培育了不少科学神话,树立了不正确的科学形象,形成了对科学不正确的看法。首先是将科学理论固定化、僵化,使学生以为科学理论都是万古不变的永恒真理;其次是将科学理论神圣化、教条化,使学生以为科学的东西都是毋庸置疑、神圣不可侵犯的;最后是将科学技术化、实用化、工具化,忽视了科学的文化功能和精神价值。

当代科学的专门化、专业化带来了高等教育严重的分科化。分科教育很显然是为了造就专门人才,但在中学和大学低年级,通才教育是更有实际意义的。只有少数人将来会成为科学家,但即使对于他们,狭窄的专门训练也不利于培养创新意识和创造潜力。大多数人真正需要的是领会科学的精神、掌握科学的方法、树立恰如其分的科学形象,以便在这个科学时代理智地对待科学、对待社会、对待生活。

在教科书中纷至沓来的新概念、新术语、新公式、新定律面前,学生逐渐形成了这样的观念:这就是真理,学习它,记住它。久而久之,历史性的、进化着的科学理论被神圣化、教条化。人们不知道这个理论从何而来,为什么会是这样,但我们仍旧相信它是真的,因为它是科学。这种教条的态度明显与科学精神格格不入,但却是目前的科学教育导致的一个普遍的态度。它不自觉地剥夺了学生的怀疑和批判精神,而怀疑和批判精神对于科学发展恰恰是不可或缺的。

科学理论不是一成不变的,它是发展的、进化的。几乎没有什么比科学史

更能使人认识到这一点了。不仅如此，自然科学各个分支领域相互联系，这在按学科分块的教科书中肯定得不到体现，而科学史却能够给出一个综合。我想举热力学第一定律为例，说明科学史何以能够体现科学的统一性。这个定律又称为能量守恒定律。就我自己的经验，从教科书中我始终未能获得关于这个定律的完整理解，因为它涉及的面太广了。从历史上看，它首先来自运动不灭原理，虽然古代哲学家们已经提出过运动不灭的思想，但只有给出了运动的量度，运动不灭原理才可能成为一个科学原理并付诸应用。有意思的是，运动的量度一开始就出现了分歧，有人把质量与速度的乘积作为运动的量度，也有人认为运动量应由质量与速度的平方的乘积来标度。经过长时间的争论和力学本身的发展，人们在18世纪发现了机械能的守恒定律。

能量守恒原理的最终确立有赖于更多领域里相关研究的出现。首先是对热与机械运动相互转换的研究。当时，人们连热究竟是怎么一回事都不清楚。开始人们以为热也是一种物质，一种特殊的、看不见的、无重量的流体，仿照物质守恒原理，有人还提出了热质守恒原理。可是，美国人本杰明·汤普森（又称伦福德伯爵）在德国从事炮膛钻孔实验时，发现只要不停地钻，几乎可以不停地放出热。这么多热从哪里来呢？若用热质守恒说根本解释不通，这促使人们研究热量与做功之间的关系，并定量测定其转化系数。这一工作的最终完成，也就是能量守恒定律的正式确立。

第二是化学和生物学上的研究。德国化学家李比希设想，动物的体热和活动的机械能可能来自食物中包含的化学能。此外，俄国化学家赫斯发现了化学反应过程中的能量守恒定律。

第三是电学和磁学的研究。德国物理学家楞次研究电流的热效应，发现通电导体放出的热量与电流强度的平方、导体的电阻以及通电时间成正比。这在今天被称为焦耳-楞次定律，这一定律直接导向能量守恒定律的精确形式。

如果不了解科学史，我们无法理解"能量"这一概念的普遍性。"能量"概念提醒我们自然科学的统一性，提醒我们不要深陷在各门学科的技术细节中，忘记了自然科学的根本任务是为人类建立一个关于外在世界的统一的整体图像。在学科分化愈演愈烈的今天，人们尤其需要这种统一的图像。

三、了解科学史有助于理解科学的社会角色和人文意义

我们的时代是一个科学的时代。今天，我们对许多科学的东西耳熟能详，我们觉得许多科学的道理理所当然。但正如黑格尔曾经说过的，"熟知"往往并非"真知"。一切理所当然的东西都逃避了理性的反思，反而成为一种盲目的东西。科学对人类的命运影响如此之大，而我们对科学的本质也许还缺乏认识，这应该引起高度警醒。了解科学史可以帮助我们理解科学的社会角色和人文意义。

在诸种科学神话中，关于科学家的神话也许是流传最广的。很长时间以来，科学家被看作在某一方面有惊人才智的天才，掌握了与自然界进行对话的神秘钥匙，但在日常生活中完全是个低能儿，而且表现得离奇古怪。另一方面，科学家在他的研究工作之外，与常人并无不同，在参与社会文化生活和从事艺术宗教活动方面，并不比一般人出色。

这一点有必要大大强调，因为我们陷入这类科学家神话中太深了，不仅歪曲了科学家的形象，而且对培养自己的科学家相当不利——年轻人往往照公认的科学家形象规范自己。实际上，真正的科学家不仅增长人类的自然知识，还传播独立思考、有条理地怀疑的科学精神，传播在人类生活中相当宝贵的协作、友爱和宽容的精神，是最富有人性的。真实的、富有人性的科学家形象只有在科学史中才能得到恢复，因为在学习科学理论时，我们可能完全不知道该

理论的创造者是一个怎样的人。

说到科学家的形象,我们不免会想起科学的技术化和科学的实用化、工具化问题,因为前面那种看似传奇实则愚蠢的科学家形象,是与错误的非人性的科学形象相适应的。无疑,科学是有实用意义的,特别是在当代,这种实用意义相当显著,但是,科学不只有实际用途。它既有物质的方面,也有精神的方面;它既有认识和改造世界的方面,也有锻炼人性的方面。一味强调一方面而忽视另一方面,科学的生命就要完结。今天,科学正在发挥着从前人们难以想象的实际作用,科学召唤出来的力量已经大到令人类无法驾驭的程度。核能的开发是一个伟大的科学成就,但造出的原子弹令人担忧,当今世界各国存有的核武器足够把地球炸毁好几次。此外,科学带来了经济的高速增长、物质财富的极大丰富,但也带来了环境污染和能源短缺。这一切的根源均在于过分把科学工具化、实用化,唯有激活科学的精神方面,建立健全的发展思路,才有可能最终解决这些问题。

固然,技术上的不良后果只有通过更新技术来解决,但技术上的解决并不能触及根本的问题,那就是,究竟为什么要发展科学?要发展什么样的科学?要回答这些问题,我们首先要回溯科学的本质。科学不只是一些方法性、技巧性的东西,它是一种文化。它既面对自然,以理性的态度看待自然;它也深入人性,在科学活动中弘扬诚实、合作,为追求真理而不屈不挠的献身精神。其次,不可以视科学为一种手段,一种为达到某种目的(比如发展经济)而采取的手段,相反,科学自身就可以作为目的。"为科学而科学"长期以来受到批判,现在应该承认它有合理之处。诚然,生产上的需要促成了科学的产生和发展。同样,为了求知,为了解开自然界的奥秘,人类也致力于发展科学。亚里士多德提到科学和哲学产生的原因时说:

古往今来人们开始哲理探索,都应起于对自然万物的惊异;他们先是惊异于种种迷惑的现象,逐渐积累一点一滴的解释,对一些较重大的问题,例如日月与星的运行以及宇宙之创生,作出说明。一个有所迷惑与惊异的人,每自愧愚蠢(因此神话所编录的全是怪异,凡爱好神话的人也是爱好智慧的人);他们探索哲理只是为想脱离愚蠢,显然,他们为求知而从事学术,并无任何实用的目的。

受中国传统文化中实用理性的支配,中国人不大能接受"为科学而科学"的说法。不过,对我们中国人而言,比较缺乏的也许恰恰是"为科学而科学"的精神。在科学的历史中,我们将看到,这种精神如何成为科学发展的原动力。

今天,理解科学成了一项迫切的任务,因为科学在社会生活中已占据相当重要的位置,而人们对它又太缺乏了解。仅有的了解常常是片面的、不正确的。正在成长的一代年轻人将主宰未来的社会发展,如果一开始他们通过熟悉科学的历史全面地理解科学,那么,科学就能更好地为人类造福。

(摘编自《科学的历程》,湖南科技出版社2018年8月出版。吴国盛,清华大学教授,国际科学史研究院通讯院士、科技哲学专家、科学史家。)

科学是人类心智最伟大的成就之一

格里宾

　　文艺复兴是这样一个时代：西欧人对古代文明失去了敬畏，并且意识到他们必须像古代希腊人和罗马人一样极大地贡献于文明与社会。以现代眼光看来，让人费解的并不在于这原本就应当发生，而在于人们会花如此之久的时间才失却他们的自卑感。但是，关于黑暗时期（约公元400—900年）甚至中世纪（约公元900—1400年）的人们的感受何以如此，任何探访过地中海沿岸古典文明遗址的人都可以窥见其中的原因。时至今日，像罗马万神殿和大角斗场这样的建筑仍令人生出敬畏之心，而当所有关于如何建造这些建筑物的知识丧失殆尽后，它们看起来必然像是完全异于凡品的另类，即诸神之作。表明古代人的技艺看起来有如神启的实物证据有这么多，再加上当时新近发现的文献又显示了出现在拜占庭的古代人的才智，人们很自然会接受的观点是，这些古代人在智力上远比随后那些平庸之士出众得多，并将诸如亚里士多德、欧几里得这样的古代哲学家的教义视若某种无可置疑的圣经。这实际上就是文艺复兴初起时的情形。由于罗马人对于如今可被称作科学世界观的论述并无多少贡献，这也就意味着，直到文艺复兴时期，自伟大的古希腊时代到哥白尼登上舞台之前的大约1500年间，被普遍接受的关于宇宙性质的知识基本上没有什么变化。

　　但是，一旦那些观念受到挑战，进展就会惊人地迅速——在15个世纪的停滞不前之后，从哥白尼时代到今天还不到5个世纪。有一句话虽有几分老生常谈却颠扑不破：一个来自10世纪的典型的意大利人可能在15世纪会感到非常舒适自如,但是一个来自15世纪的意大利人会发现,21世纪对他们来说,还不如恺撒时期的意大利来得那么熟悉。

哥白尼本人在科学革命中是一个介于两个时期之间的人物,而且很重要的是,他更像是古希腊的哲学家而非现代科学家。他不进行实验,甚至不亲自进行天空观测(至少没到视之为特别重要的程度),而且也并不指望其他任何人来设法检验他的想法。他的伟大的想法纯粹只是——想法,或是今天有时被称为"思想实验"的东西,它提供了一个新的而且更简单的有关天体运动模式的解释方式,而托勒玫设计的用以解释同一模式的体系则更为复杂。如果一位现代科学家对宇宙运行方式有了一个绝妙的想法,他或她的头等任务就是找到一种方法以实验或观察去检验这个想法,以弄清楚它作为一种对宇宙的描述是多么令人满意。但是这一在科学方法逐渐形成过程中的关键步骤在15世纪尚未被人采用,而且哥白尼也从未亲自或是鼓励其他人进行新的观测,以检验他的想法——他的关于宇宙运行方式的思想模型。对于哥白尼来说,他的模型比托勒玫的模型更好,因为——用现代的说法——它更为简洁。对于一个模型的有效性来说,简洁性通常是一种可靠的指导准则,但并非绝对有效。不过在这一个案中,它最终证实了哥白尼的直觉是正确的。

毫无疑问,托勒玫体系缺乏简洁性。托勒玫(有时被称作亚历山大的托勒玫)生活在公元2世纪,并在曾长期受到希腊文化影响(正如记载中他所生活过的城市的名字一样)的埃及长大成人。关于他的生活,人们所知甚少,但在他流传于世的著作中,有一部伟大的天文学概要,它以希腊500年间的天文学与宇宙论思想为基础。该书为人所知通常是由于它的阿拉伯书名 *Almagest*(《至大论》),意思是"最伟大的"。这名字也能给你一些概念,让你对随后几个世纪的人们如何看待它有所了解,而它最初的希腊原名只是将其描述为"数学汇编"。但它所描述的天文学体系与托勒玫本人的思想相去甚远,尽管他似乎是要调整并发展古希腊的思想。不过,与哥白尼不同,托勒玫看来的确对行星运动亲自进行了大量观测,并且利用了前人的观测(他还汇编了重要的星图)。

哥白尼于15世纪末登上了舞台。到他完成博士学位之时,哥白尼已经被他的舅舅卢卡斯任命为波兰弗龙堡大教堂教士——这是个不折不扣的裙带关系的例子,这一关系给了他一个相当于闲职的位置,而终其一生都在这个位置上。直到1506年,他才永久地回到波兰(由此你可以明白这个职位是多么容易做),在那里,他担任舅舅的医生和秘书,直到他舅舅于1512年去世。在舅舅去世后,哥白尼在他作为大教堂教士的职责上投入了更多的注意力,而且行医并主持过不止一个小型民法事务所,所有这些都给了他大量时间维持他对天文学的兴趣。但他有关地球在宇宙中位置的革命性思想在16世纪头10年末时就已被构想出来了。

这些想法并不是凭空冒出来的,而且甚至在他对科学思想的主要贡献(有时也被看作对科学思想的最主要贡献)中,哥白尼也仍然是他那个时代的一分子。下面这一事实无疑使得科学的连续性(以及历史起始时间的随意性)得到突出强调:强烈影响了哥白尼的一本书出版于1496年,这也正是这名23岁的学生开始对天文学发生兴趣的时候。这本书是德国人约翰内斯·米勒(他更广为人知的称呼是雷格蒙塔努斯,这是他的出生地的拉丁名字)撰写的,它发展了他的年长的同事与老师乔治·波伊尔巴赫以及久远年代中的其他人的观点,而波伊尔巴赫(当然)受到过其他人的影响。波伊尔巴赫已开始着手做托勒玫《至大论》的一个现代(即15世纪)的删节本。当时所能得到的最新版本是12世纪由克雷莫纳的杰拉尔德所作的拉丁文译本,它是从一个阿拉伯文版本翻译过来的,而该阿拉伯文本则译自很久以前的希腊文版本。雷格蒙塔努斯完成了《概要》,该书不仅概述了《至大论》的内容,还补充了后来对星空观测的详细内容,修订了托勒玫曾做的一些计算,而且在文本中加入了一些重要的注释。雷格蒙塔努斯于1476年去世,而他的《概要》直到20年后方才出版,并在彼时让年轻的哥白尼思考。如果它在雷格蒙塔努斯去世前即已出版,那么极有可能会是其他什么人——而非哥白尼（1476年他年方3岁）——接过这根接力棒。

哥白尼本人也并未仓促发表他的观点。我们知道哥白尼的宇宙模型到1510年的时候就在一部名叫《短论》的手稿中基本完成了，因为在那之后不久，他就在几个亲密的朋友中间传阅一份有关这些观点的摘要。并没有证据显示哥白尼极为担心如果更正式地发表其观点会有遭教会迫害之虞，那么他为什么延迟出版呢？有两个因素。首先，哥白尼相当忙。说他作为大教堂教士的职位是闲职可能与事实完全相符，但这并不意味着他乐得尸位素餐，也不意味着他可以醉心于天文学而不理身外的世界。作为一名医生，他不但要为弗龙堡大教堂周围的教区服务，还要为穷人服务（当然，这是不支薪的）。作为一名数学家，他还为一项货币改革计划而工作（一位著名科学家来承担这一角色，这在历史上不是最后一次），而他在法律方面所受到的训练也被主教教区充分利用了起来。当条顿骑士团（类似于十字军战士的一个宗教军事教团，控制了波罗的海东部国家以及普鲁士）于1520年入侵这一地区时，哥白尼还意外被征召入伍。哥白尼被授予了奥尔什丁一座城堡的指挥权，并带领小镇抵抗入侵者达数月之久。他的确是个大忙人。

但他不愿出版著作还有第二个原因。他想要一个模型，所有天体都在这个模型中围绕唯一的中心以不变的速度运行，而他之所以做如此之想，审美的原因与其他任何原因同样重要。他的模型就是作为达成这一目标的途径而设计的，但就这一目的而言，它未能达成目标。

哥白尼宇宙观的最大难题是恒星。如果地球绕日运行，而恒星被固定在最遥远行星所在的天球之外的水晶天球层上的话，那么地球的运动就应当引起恒星本身明显可见的运动，这一现象也就是人们所知的视差。如果你坐在一辆沿道路行驶的汽车里，你就会感觉好像外面的世界向你后面移动了。如果你待在一个运动的地球上，为什么你没有看到恒星移动呢？唯一的解释看来是恒星必定比行星远得多，至少远几百倍，以至于视差效应太小而无法看到。但是为什么上帝要在最远的行星与恒星之间留出一个巨大的空间，至少比行星之间的间隔大几百倍呢？

地球是运动着的还会带来其他一些令人困扰的问题。假如地球是运动的，那么为什么没有一股持续不变的风向后吹送，就好像你坐在一辆行驶在高速公路上的敞篷车里，风就会将你的头发向后吹送？为什么该运动并未导致海洋溢出，从而产生巨大的潮汐？从实际情况来说，为什么该运动并未将地球摇晃成碎片？记住，16世纪时，运动意味着骑在一匹疾驰的马背上或是坐在一辆在车辙纵横的路上被拖曳行走的马车上。平滑运动——即使是像一辆行驶在高速公路上的汽车那样的平滑运动——的概念如果没有任何直接体验的话必定很难理解。迟至19世纪，还有人因为以火车的速度——可能高达每小时25千米——行进可能会对人体健康有害而忧心忡忡。哥白尼不是物理学家，甚至并未尝试回答这些问题，但他知道（以16世纪的眼光来看）它们会使人们对他的观点产生怀疑。

还有另一个问题，它完全超出了16世纪的知识范围：假如太阳位于宇宙中心，那么为什么所有的物体并没有向它那里掉落呢？哥白尼所能设想的全部就是"土地的"物体趋向于落向地球，太阳的物体趋向于落入太阳，与火星具有亲密关系的物体则趋向于落向火星，等等。他真正的意思是"我们不得而知"。自哥白尼以来的数个世纪中，人们所学到的最重要经验之一是：一个科学模型不必解释一切，不必成为一个面面俱佳的模型。

除极少数例外，历史上的科学家对自己的工作成果精益求精，并不是为了名利，而是为了满足自己对世界运作方式的好奇心。正如我们已经看到的那样，一些人会采取一种极端方式，把自己的发现藏于心底，对于他们所找到的一些特别谜题的答案及其相关知识乐在其中，而觉得没必要夸耀其成就。虽然每一位科学家——每一代科学家——在其所处的年代生存并工作，在当时可用的技术的帮助下、在前人所建立的基础上工作,但作为个体的人,都作出了自己的贡献。

虽然研究科学的过程是一种个人行为,但科学本身基本上是不以个人意志为转移的。它涉及绝对的、客观的真理。科学研究过程与科学本身之间的混淆,导致了科学家是一台冷血的逻辑机器的普遍迷思。但是,科学家们在追求寻找终极真理的同时,他们也可以是热血的、无逻辑的,甚至是疯狂的。以一些标准来看,牛顿是疯狂的,无论其对一系列兴趣(科学、炼金术、宗教)的极度痴迷,还是其对个人仇怨耿耿于怀;而卡文迪什绝对是怪人一个。

在我看来,科学的发展基本上是渐进的、一步一个脚印的。科学进步的两个关键似乎是,在科学发生以前的个人接触以及其体系的逐步建立。科学由人来创造,而不是人由科学创造。在一定程度上,科学与世界大范围的经济与社会动荡相分离,而它确实是一种寻求客观真理的活动。

没有经过科学研究训练(或没有科学研究经历)的历史学家或社会学家有时候会认为,科学真理并不比艺术真实更为有效,并且(说句不好听的话),爱因斯坦的广义相对论也可能过时,就像维多利亚时代艺术家们的绘画会过时一样。但事实绝非如此。要取代爱因斯坦理论的任何宇宙模型描述,必须超越该理论的局限性,而且该描述本身也要包含前一理论的所有成功之处,就如同广义相对论本身包含了牛顿的引力理论一样。绝不会有一个成功的宇宙模型描述认为,在任何一处已经被证实的区域中,爱因斯坦的理论是错误的。这是一个真实不虚的客观事实,例如,当光经过恒星(如太阳)附近时,会出现一定量的"弯曲",而广义相对论能告诉你这个弯曲的量有多少。

字词仅仅是我们用起来方便的标签,但一朵玫瑰纵有万千个名字,它照样芬芳。这就是为什么科学家故意选择使用毫无意义的"夸克",作为粒子理论中一个基础实体的标签,以及为什么他们使用颜色(红、蓝、绿)的名称来标识不同的夸克。他们不认为夸克真的是以这种方式来着色。苹果如何落地的科学描述,与苹果如何落地的神秘性描述之间的不同之处在于,不管给现象起个什么样的名称,在科学上是可以通过一套精确的法则(在这种情况下就是平方反比定律)将它描述出来,而且同样的定律可以适用于苹果从树上掉落、月球保持其轨道环绕地球的运动方式,以及深入到宇宙中的所有东西。对于一位科学家来说,"引力"这个词能唤起他丰富多彩的理论和定律,同样的道理,对于一位交响乐团的指挥家来说,《贝多芬第五交响曲》也能唤起他丰富的音乐体验。重要的不是标签,而是潜在的普遍定律,给科学一种预测的力量。我们可以肯定地说,围绕其他恒星旋转的行星(以及彗星),也都遵循着平方反比定律,不管你是把这个定律归结为"引力"抑或"神力";而且我们可以肯定,任何栖息在那些行星上的智慧生物,都将会测量并发现同样的平方反比定律,尽管毫无疑问地,他们会用一个与我们不同的名字来称呼它。

正是因为有最终的真理在,科学才会首尾一致、互不冲突。激励伟大科学家的东西,并不是对名利的渴望(尽管对那些次一流科学家来说,这可能是一块诱人的香饵),而是费曼所说的"发现之乐"。这种快乐能让人如此满足,以至于那些伟大的科学家,从牛顿到卡文迪什、从达尔文到费曼,甚至都没有为发表他们的发现而烦心(除非是他们的朋友推动他们这样做),而是怀着一颗视发现真理如命的快乐的心。

关于我们在宇宙中的位置,科学教会我们的最重要的一点是——我们并没有什么特别之处。这一过程伴随着哥白尼的工作而开始,并因伽利略而势头大增:16世纪,哥白尼的工作暗示了地球并不位于宇宙的中心,而伽利略在17世纪初利用一架望远镜获得的至关重要的证据表明,地球实际上是绕日运行的一颗行星。在随后几个世纪连续不断的天文发现热潮中,天文学家们发现,正如地球是一颗普通的行星一样,太阳只是一颗普通的恒星(银河系中数以千亿计恒星中的一员),而银河系本身也不过是一个普通的星系(可见宇宙中的无数星系之一)。20世纪末,他们甚至认为,宇宙可能也不是唯一的。

与此同时,生物学家试图找到将生命物质与非生命物质区分开来的特殊"生命力"存在的某种证据,但是失败了,从而推断出生命不过是一种相当复杂的化学形式。一种历史学家乐见的巧合是,人体的生物学研究开创之初的里程碑事件之一是维萨里的《人体的构造》于1543年出版,那正是哥白尼最终出版《天体运行论》的同一年。这个巧合使1543年成为一个信手可得的标志性年份,标示出科学革命的开端,这一革命此后将首先改变欧洲,随后则改变了世界。

根据在科学上占有一席之地的个人,如哥白尼、维萨里、达尔文、华莱士及其他人物的工作来记述关键性事件,这是很自然的做法,但这并不意味着科学是作为一系列无法替代的天才人物的工作成果而发展进步的,这些天才对宇宙的运行方式拥有一种特殊的洞察力。这些人物也许是天才(尽管并不总是),但肯定不是无法替代的。科学的进展是一步步推进的,而且正如达尔文和华莱士的事例所显示的,当时机成熟之际,两个或更多人可能会各自独立地向前推进。谁会作为一种新现象的发现者而名留青史,这是中彩票般的运气或历史的偶然。远比人类天赋重要得多的是技术的发展,所以并不令人惊讶的是,科学革命的开始是与望远镜和显微镜的发展同时发生的。

牛顿显然是某种特殊的情况,这不仅因为他的科学成就的范围之广,还因为他以一种清晰的方式确立了科学活动所应遵守的基本规则。但是即使牛顿也有赖于他的前辈,尤其是伽利略和笛卡儿,在这种意义上,他的贡献自然也是在前人的基础上发展而来的。假如牛顿从未来到过这个世界,科学的进展可能会滞后几十年。但也只是几十年而已。哈雷或胡克也许会完美地提出著名的引力平方反比定律;就实际情况而言,莱布尼茨的确与牛顿各自独立地发明了微积分(而且做得更好);而惠更斯颇具优势的光的波动说则因为牛顿对作为竞争理论的粒子说的支持而被阻碍了发展。

西方科学得以创立,是因为文艺复兴的发生。一旦科学得以创立,通过赋予技术以推进力,它确保了自己能一直保持平衡前行。在这一过程中,新的科学理论构想导致了技术的改进,而改进的技术则为科学家们提供了以越来越高的精确性来检验新理论构想的手段。技术先行一步,因为在未能充分理解机器借以运行的原理时,通过试错来制造它是行得通的。但是,一旦科学与技术双剑合璧,发展就会突飞猛进。

我想要说的是,科学革命并不是孤立发生的,也肯定不是作为变革的主要动力而启动的,尽管科学在很多方面(通过它对技术以及对我们的世界观的影响)成为西方文明的驱动力。我对要突出强调的事件的选择必定是不完整的,而且因此在某种程度上带有主观色彩,但我的目标是对约450年间的科学做出一个完整的快速扫视,这会带着我们从我们认识到地球并不是宇宙中心而人类"仅是"动物,一直走到大爆炸理论以及完整的人类基因组图谱。

在《最新科学指南》中,阿西莫夫说,向非科学家试图解释科学之历程的原因在于:

身处现代世界,除非对科学的历程有所了解,否则没有人能够真正感觉轻松自如,并对问题的性质以及可能的解决方法做出判断。而且,对宏伟的科学世界有初步的了解会带来巨大的审美上的满足感,使年轻人受到鼓舞,满足求知的欲望,并对人类心智的惊人潜力与成就有更深的理解与欣赏。

我自己不可能说得比这更好了。科学是人类心智最伟大的成就之一(是否是"最"伟大的成就则尚存争议),而且,科学的进展很大部分实际上是由智力平平的人基于其前辈们的工作一步步推进的,这一事实让科学的故事更加不同寻常,而非相反。几乎任何一位本书的读者,如果在合适的时间身处合适的地点,都可能做出书中记述的伟大发现。既然科学的发展决不会停步,那么你们中的一些人也可能会参与到这个故事的下一个阶段。

(摘编自《科学简史——从文艺复兴到星际探索》,上海科技教育出版社2022年8月出版。格里宾,John Gribbin,英国著名专业科普作家。)

走进科学,提高科学素养

王谷岩

一、科学是什么

1609年伽利略用望远镜观看月球,这个事件成为现代意义上的科学开端。明朝末年,天文学和数学传入我国,徐光启借用孟子《大学》当中的"格物致知"一词,把science译成"格物穷理之学",以后被简称为"格致""格物"或者"格致学"。1895年严复又特别使用了"西学格致",因为它是从西方传来的。拉丁语称"知识"为scientia,由这个演变来的science便成为现代最受敬重的那一部分知识的名称。后来汉语把science翻译成"科学",这个译名是1897年康有为从日语中引入的,日语当中"科学"一词的意义是"分科之学"。1915年一批留美学生在上海创办了一本杂志叫《科学》,从此"科学"一词在我国广泛地流传起来了。

科学是什么呢?科学是一种探讨自然规律、阐明物质运动本质的知识体系,科学要通过实验不断完善、不断接近真理,形成系统的概念、定理(定律)和理论。

科学的发展对人类产生着重大影响,科学的概念和理论已经深入到社会生产和生活的各个方面。因此,走进科学,了解科学,就成为每个人的需要。教师们尤其需要,因为教师的职责是传授科学知识。

二、20世纪重大科学事件

1. 世界上第一架动力飞机为人类插上了翅膀

1903年12月17日,美国莱特兄弟发明了世界上第一架动力飞机,它用内燃机带动螺旋桨,当时叫"飞人号"。"飞人号"一共飞行了4次,最成功的一次是59秒,200多米。那时的飞行跟现在的飞行当然不能比,但是这次飞行证明人类已经能够实现自己多年的愿望,离开地面,飞上天空。这个事件成为人类航空史上的一个重要里程碑,开创了人类的航空事业。今天飞行在世界各地航线上的各式飞机,已经成为人类文明不可缺少的运载工具,深刻影响着人类社会和人类生活。

2. 人造地球卫星的发射,让人类冲出了地球

1957年10月4日,苏联发射了世界上第一颗人造地球卫星"斯普特尼克1号"。卫星在飞行119天后返回,在地球大气层当中烧毁,标志了人类航天时代的到来。早期发射的卫星因为回收技术还不行,都是在大气层中烧毁的,现在我们的回收技术已经很成熟了。我国的"东方红一号"卫星是1970年4月24号发射的。今天太空中有数千颗卫星为人类了解地球、探索宇宙和通信联络做着重要贡献。

3. 原子弹的爆炸

就像打开了一个潘多拉魔盒,第一颗原子弹爆炸震惊世界。1938年起,德国科学家哈恩、施特劳斯、海森伯以及美国科学家费米等,相继研究铀裂变现象和链式反应,1941年12月美国开始实施"曼哈顿计划",1945年7月造出了三颗原子弹。1945年8月6日,美国在日本广岛投下了一枚原子弹,叫"小男孩",死伤20多万人;3天后又在长崎投下一枚"胖子",死伤7万人。"胖子"投下后的

第二天，日本投降。还有一颗原子弹叫"大男孩"，是做实验用的。原子弹成功制造之后，实际投入使用的就是"小男孩"跟"胖子"。1948年苏联、1963年中国也相继制成了原子弹。

4. 阿波罗登月，让人类走出了一大步

1969年7月20日，美国航天员阿姆斯特朗、奥尔德林走出了"阿波罗11号"登月舱，首次将人类的脚印留在了月球上。两人在月球上停留了2小时40分钟之后，乘登月舱离开了月面，与留守环月飞行的指挥舱会合，并且返回了地球。"阿波罗登月计划"是世界航天史上具有划时代意义的科学事件，正如阿姆斯特朗所说，对他来讲在月球上迈出的是一小步，但是对全人类来说是一大步。"阿波罗登月计划"中共有12人登上月球，而参与计划的工作人员超过40万，耗资250亿美元。

5. DNA双螺旋结构模型的建立和人类基因组计划的实施，使人们认识生命更为深刻了

1953年，美国的沃森和英国的克里克提出了DNA分子双螺旋结构的模型。DNA双螺旋结构模型的提出轰动了科学界，标志着分子生物学时代的到来。

基因是在染色体上的DNA片段，如果找出人类基因在24条染色体上的位置，并且测出每个基因的核苷酸序列（测序），就掌握了人类的遗传秘密。美国科学家1986年提出并于1989年实施了"人类基因组计划"，经过了十年时间，耗资30亿美元，到2000年6月26日，完成了覆盖人类基因组97%的工作框架图。"人类基因组计划"是美国继"曼哈顿计划"和"阿波罗登月计划"之后的第三个大科学计划。

6. 克隆羊多莉的初试,标志着人们研究生物繁殖技术的突破

1997年2月23日,人类首次用体细胞克隆技术,繁殖出一只名叫多莉的克隆羊。这个消息的惊人程度不亚于当年的原子弹爆炸,很快克隆成为家喻户晓的科学名词。只采用了一个体细胞,用体细胞克隆产生出一个新个体,的确是繁殖技术的突破。动物克隆繁殖技术经历了几代科学家的共同努力终于实现了!与卵细胞和胚胎细胞克隆技术相比,体细胞克隆技术是生物繁殖技术的一次重大突破。

7. 青霉素的发现

青霉素以及其他一系列抗生素的发现与发明,使人类的传染病遇到了克星,大大地提高了人类的健康水平和生活质量。1928—1929年,英国科学家弗莱明发现了青霉素。1940—1941年,英国科学家钱恩和弗洛里进一步研究并提纯青霉素。1942年开始大量生产青霉素。青霉素从发现到大量生产共经历了14年的时间。青霉素的发现,开创了用抗生素治疗疾病的新纪元,挽救了无数人的生命。正是因为这样,1945年,3位科学家荣获了诺贝尔生理学或医学奖。

8. 晶体管和芯片的发明

1947年12月23日晶体管的诞生开创了固体电子技术时代,发明者布拉顿、巴丁和肖克利荣获了1956年的诺贝尔奖。1958年,美国青年基尔比发明了集成电路,2000年获得了诺贝尔物理学奖。如果没有晶体管,没有集成电路,没有后来的芯片,我们的电子时代、多媒体时代就不会到来。晶体管和集成电路技术不断发展,我们现在可以将数百万个晶体管集成在一个小小的芯片上。芯片是20世纪又一项伟大的科学成就,有了芯片,才有了电脑的小型化和移动电话的微型化。

9. 计算机和互联网

1946年2月15日,莫克利等人设计制造出了世界上第一台电子计算机,这台计算机用了18 000个电子管,占地167平方米,重30吨,耗电150万千瓦,成为人类计算技术发展史上的一座丰碑。在那之后的50多年,计算机体积和耗能大大减小,而且软件的开发同步发展,多媒体电脑广泛地应用到社会生产和生活的各个方面。20世纪60年代后期,人们开始实验性地把分散在各地的计算机通过通信线路连接成远程网络。1969年10月29日,美国加州大学洛杉矶分校的计算机系教授克兰罗克和他的助手克莱恩,在使用分组技术连接的4台远程计算机的阿帕网上实现了通信。正是这次通信宣告了互联网的诞生。计算机和互联网将人类带入了信息时代。

10. 激光器的发明

激光器的诞生源于1916年爱因斯坦提出的激光辐射理论。1958年,美国科学家汤斯和肖洛提出了激光器设计原理。1960年,美国物理学家梅曼用红宝石制成了激光器,首次获得了人造激光,标志着人类新文明的降临。此后科学家又相继制成了氦氖等各种激光器,可以产生从红外到紫外波段和X射线各个波段的激光。激光的高定向性、高单色性、高相干性、高亮度和可调谐性使它得到了广泛应用,比如全息照相、激光照排。另外激光与光纤结合的光通信技术,以及在存储光盘、激光刀等方面的应用扩展,都对21世纪人类生活产生了深远的影响。

三、20世纪的伟大科学家

1. 爱因斯坦

20世纪最伟大的科学家。他创立了相对论,修正了牛顿的引力理论,预言了光线引力弯曲现象,开创了宇宙学研究。他还提出了光量子假说,奠定了量子力学的基础;正确解释了布朗运动。他推导出著名的公式 $E=mc^2$,虽然很简单,却说明了很重要的问题。爱因斯坦在科学思想上的贡献只有哥白尼、牛顿和达尔文可与之媲美。

2. 普朗克

量子力学之父。1900年在德国物理学年会上,普朗克做了题为"正常光谱辐射能的分布理论"报告,宣告了量子理论的诞生。他的理论打破了能量的辐射是连续的这一传统观念,指出能量是以一定数值的整数倍跳跃式变化的。也就是说,能量不是无限可分的,而是有一个最小的单元,这个单元叫作能量子或者量子。

3. 玻尔

原子物理学的奠基人。他创造性地把普朗克的量子说和卢瑟福的原子核概念结合起来,引入了定态概念,提出了量子不连续性概念。玻尔提出的一整套关于原子运动的新观点为现代微观物理研究开辟了道路,为量子力学的最终建立做出了杰出的贡献。

4. 希尔伯特

20世纪最伟大的数学家。希尔伯特的许多研究成果是现代科学家必不可少的重要工具。他的巨著《几何学基础》提出了更为严谨完整的几何公理系统。1900年8月在巴黎国际数学家大会上,他提出了新世纪数学家应努力解决的23个问题。这些问题的研究有力地推动了20世纪数学的发展。

5. 摩尔根

现代遗传学的先驱。摩尔根创立了基因学说,揭示了基因是组成染色体的遗传单位,为20世纪遗传学的发展奠定了基础。他通过果蝇突变实验验证了孟德尔遗传定律,并确认了染色体是基因载体,推算出了各个基因在染色体上的位置。从此,遗传学的重大发现接踵而至,成为20世纪最为活跃的研究领域。

6. 伦琴

现代物理学的揭幕人。伦琴发现了X射线,推动了物理学的发展,打破了当时的原子是组成物质的最小微粒、核物理学已经发展到了顶峰等观点,最终导致了一个新科学体系的诞生。伦琴的伟大发现使人们掌握了一种透视物质内部奥秘的有力工具,从而获取了有关分子和原子结构的大量知识。包括DNA的结构等重大发现,都与X射线的应用密不可分。沃森和克里克发现了DNA的双螺旋结构,原有实验数据都是应用X射线得到的。另外X射线在医学上的广泛应用,挽救了无数人的生命。

7. 魏格纳

现代地质学的奠基人。魏格纳创立的大陆漂移学说可以与日心说和进化论齐名。1910年他偶然发现,大西洋两岸轮廓跟南美洲和非洲的轮廓如果拼合起来,是正好吻合的,因此他在头脑中形成了一个大胆的假设——是不是原始的泛大陆是一整块大陆,后来才分开的。1912年他做了题为"大陆与海洋的起源"演讲,正式提出了大陆漂移假说,在地质学界引起了轩然大波。当时他面临着一片反对声,但是他以科学家坚韧不拔的精神继续搜集证据,4次考察格陵兰。20世纪50年代以后,科学家找到了大量证据证明魏格纳的假说是正确的。大陆漂移说开创了地质学的新时代。

8. 卡森

环保运动之母。1962年,卡森出版了《寂静的春天》一书。《寂静的春天》犹如一声呐喊,改变了历史的进程,开创了现代环保运动的新纪元。正是在她和其他科学家的共同努力和呼吁之下,全世界的人们开始重视环境保护,避免了地球环境的继续恶化,拯救人类于毁灭中。

9. 霍金

爱因斯坦的继承者。霍金是当代著名的理论物理学家,在量子力学的研究上取得了重大成果,重塑了人类的时空观和宇宙观,为人类理解宇宙提供了非同寻常的理论依据。从宇宙大爆炸到黑洞的辐射机制,霍金对量子宇宙论的发展做出了杰出贡献。他的科普著作《时间简史》已用33种文字出版,发行550多万册。

10. 爱迪生

最伟大的发明家。爱迪生的发明数不胜数,他发明了留声机、白炽灯、电话、高效率发电机等对人类生活影响巨大的产品。他发现的热电子发射现象为微电子工业,尤其是无线电技术和电视的发展奠定了基础。他的著名格言"天才是百分之一的灵感加上百分之九十九的勤奋",激励了一代又一代的年轻人。在他的葬礼上,全美国熄灯一分钟,用这种方式作为献给他的无言赞歌。

我们讲了20世纪十件重大的科学事件,也介绍了十位伟大的科学家,从中可以了解20世纪的科学发展和科学人才涌现的一个概貌。

科学之所以是科学,在于它本身是不断地发展着的,科学知识的增长并不是单单指观察资料的积累,更主要是指不断扬弃一些旧的理论,用一些新的理论取而代之。科学的发展和知识的增长往往始于问题,又终于问题。一个理论对科学知识增长所能做出的最持久的贡献,就是它所提出的新问题。

科学家之所以是科学家,在于他们总是不断地探索,提出一个个问题,解决一个个问题,去构建一个个阐释这些问题的新理论。科学家所进行的是一种接力式的工作,谁能达到巅峰不仅仅取决于他的能力跟水平,还取决于他的机会。科学家们在集体构筑着科学大厦。实事求是、坚韧不拔、勤于思考、敢于创新,是科学家应具备的素质。

四、重大科学理论、模型和高新技术

1. 四大基础理论

在现代科学发展中,对人类思维方式和认识方法有着深远影响的理论,是描绘人类所认识的自然界图景的四大基础理论。第一是量子理论,许多科学家对量子理论的建立做出了重要贡献。第二是爱因斯坦提出的相对论。第三是信息论。第四是基因理论。

2. 五大模型

现代科学发展形成的四大基础理论粗略地描绘了人类所认识的自然界的图景,同时还建立了更详细的描述自然图景的五大模型。

它们是:第一是宇宙演化的大爆炸模型,第二是粒子物理的标准模型,第三是遗传物质DNA双螺旋结构模型,第四是信息处理的计算机模型,第五是地壳构造的板块模型。

3. 六大高新技术

现代科学发展推动的现代技术已经发展成为一个庞大的复杂系统,20世纪中叶集中形成了具有知识密集性、创新性、带动性和战略性特征的六大高新技术：第一是信息技术,第二是生物技术,第三是材料技术,第四是能源技术,第五是空间技术,第六是海洋技术。

五、了解科学,提高科学素养

科学发展越来越快,对于科学发展历程的理解变得更为必要,同时也变得更为复杂。随着科学研究成果的激增和知识的爆炸,增进对科学的理解,特别是不断提高科学素养,就成为每个人至为重要的必修课。

目前国际上有一个科学素养促进研究中心,主任米勒教授曾经提出科学素养的三个标准。第一是理解基本科学技术的术语和概念的含义,简称为理解科学知识。第二是理解科学研究的过程和方法的本质,简称为理解科学活动。第三是理解科学对社会的广泛影响和对公众个人的影响,也就是说理解科学对社会的影响。

六、做好准备,投身到科学中

在科学高速发展的情况下,我们怎么做好准备,投身其中？我们需要做的准备很多。我也是从学生时代过来的,我觉得有三点要做好准备。第一,掌握科学的学习方法,具体的技术问题会有很多,但是关键是要在理解的基础上记忆,在记忆中理解,不能死记硬背,不理解的东西记忆的时间不会长。第二,培养学习兴趣,增强自我学习的能力,要学会看书。遇到了一些问题,知道到什么地方去找,到什么书上找。在一本很厚的书中怎么找到需要的部分,这是很重要的。第三,增进对科学的了解,提高科学素养。学习必须有基础,现代科学的高度发展,如果对科学没有了解,没有提高自己的科学素养,就不能很好地适应将来社会的各个方面。因此,增进对科学的了解,提高科学素养尤为重要。

（整理自作者2004年12月在"科学名家讲座"上所做的报告。王谷岩,中国科学院生物物理研究所研究员,科普作家。）

如何成为一名科学家

郭传杰

我想从怎样成为一名科学家的角度来谈一谈以下四个问题：一是什么样的人可以称为科学家，二是中国现代化需要大批的科学家和工程师，三是怎么样才能成为一名科学家，四是大家都可以成为科学家。

一、什么样的人能称为科学家

首先，我们要弄清楚一个概念，那就是科学家和工程师的异同。从工作目的上来看，科学家是要认识自然现象，揭示客观规律，而工程师是要运用科学知识，解决实际问题；从工作领域来看，科学家是科学研究，而工程师是工程技术；从工作方式来看，科学家是发现和实验，工程师是发明和试验；从工作成果的表现形式来看，科学家是理论、规律和学术论文，工程师是技术、产品和方案报告。尽管有不少差别，但随着科学技术的不断进步，科学家和工程师越来越不可分割，工作交叉越来越多。正是基于这一点，本篇提到的科学家，是科学家和工程师的统称。

那么，在我国什么样的人可以称为科学家呢？一般而言，具有副教授或副研究员以上职称的人员都在此列。在我国的科学家中，最高的学术荣誉称号是院士，它包括中国科学院院士和中国工程院院士。根据科学研究的特点和对中国科学院科研人员结构的分析，我们不难看到，从事科技活动的人员中，从初级、中级、副高级到正高级、再到院士的人数,如果用图表来表示的话,是一个典型的金字塔形结构。

二、中国现代化事业需要大批科学家、工程师

1. 中国科技发展的简要回顾

回顾一下中国2000多年的科技发展史,我们可以用几句话来表达:历史辉煌、近代落伍、百年奋斗和科教兴国与国兴科教。

在这个历程中,我们中国历史上的辉煌是非常显著的。英国著名科学家、英国皇家科学院院士、中国科学院外籍院士李约瑟先生在他所著的《中国科学技术史》中,对中国的发展有非常高的评价,他说"中国古代的发明和发现往往超过同时代的欧洲,特别是15世纪以前更是如此,这可以毫不费力地加以证明""从3世纪到13世纪,在整个欧洲还处于中世纪的时候,中国保持一个让西方人望尘莫及的科学知识水平"。

但是到了15世纪明末清初以后,由于封建社会生产力的落后,生产关系的落后,再加上严重的闭关自守,中国科学技术的发展与国际上科技迅猛发展的潮流完全隔离了,导致了近代300多年科学技术的大大落后。就在我们刚开始用"科学"这个词的时候,西方科学已经发展到了非常高的水平,就在同一时期,卢瑟福已经发现了α、β射线,其他的科学技术也都已经有了很高的科学成就。就在国外的科学技术已经非常发达的同时,我们的一位清朝末年的中学教师还在用自己的辫子——用辫梢当作圆规在黑板上讲几何。由此可见,我们当时和国际上的差距是何等之大。大家也许都知道"李约瑟难题",中国的科学技术在明末清初以前非常发达,遥遥领先于全世界,为什么清朝以后的300年里却如此落后?这是李约瑟提出的一个问题,后来被国际上称为"李约

瑟难题",有很多人在这个问题上进行研究。有的从政治方面,有的从经济方面,有的从文化方面,有的从人才方面,因为这里边确实有不少东西值得我们深省。

在最近的100年里,中国科学技术发展经过了一个百年奋斗的历程,特别是近50年有了蓬勃的发展。

2. 现代化的关键是科技现代化

中华人民共和国成立一个月以后,中国科学院成立,1955年国家又发出"向科学进军"的号召,迎来了新中国的第一个科学春天。正像邓小平所说的,四个现代化的关键是科学技术的现代化,没有现代科学技术,就不能建设现代工业、现代农业、现代国防。

3. 科技发展的关键在人才

科技发展以人为本,现代化的建设需要大批的科技人才,我们当代科学事业的发展也为人才辈出创造了最佳时机和合适土壤。为了实施国家科教兴国战略,党和国家在近20多年的时间里,采取了许多有效的措施,使我国的科技教育水平有了明显的提高。在中国科学院的知识创新工程试点工作中,我们深切地感到科技事业的发展需要大批的人才,科技事业的发展也为优秀人才的脱颖而出创造了良好的条件与难得的历史机遇。

三、怎样成为一名科学家

怎样成为一名科学家?这是一个很复杂的问题,要回答好它,可能不是那么容易。今天我想从科学家应具备的基本素质入手,结合我们身边科学家的成长之路来与大家一道探讨这个问题的答案。

关于科学家应该具备的基本素质,我想归纳起来可以表述如下:热爱祖国,热爱人民;心存大志,立意高远;兴趣强烈,好奇制胜;勤奋执着,持之以恒;认真观察,注重实践;辩证思维,独立思考;理性怀疑,创新超越;善于合作,团队协调。下面我结合身边的例子就这些方面给大家做一点介绍。

1. 热爱祖国

每一位伟大的科学家,都把自己的事业和国家的需求、国家的尊严联系在一起。对祖国和人民的挚爱,是所有杰出科学家共同的品格。"科学无国界,但科学家有祖国。"苏联的低温物理学家卡皮察在获得诺贝尔奖后的致辞中说道:"我们科学家首先是爱国主义者和自己祖国的公仆。"我想这句话本身就很好地表现了一个科学家的品质。

关于这个方面的感受,许多科学家都有亲身体会。"两弹一星"的元勋之一陈能宽先生曾说:"新中国是我的祖国,我没有办法不爱她,这种诚挚的爱,就像被爱神之箭射中了一样,是非爱不可的。正如鲁迅的诗句所说,我是'灵台无计逃神矢'啊!"著名科学家、教育家,首位被英国大学聘为校长的华人杨福家院士在芬兰留学的时候引用了玻尔的一段话,玻尔说"丹麦是我心中世界开始的地方,也是实现我人生追求的地方",杨福家先生把"丹麦"两个字改成"中国",说"中国是我心中世界开始的地方,也是实现我人生追求的地方"。

2. 志存高远

志向是事业的桅帆,胸襟是事业的容器。这志向就是希望国富民强,这事业就是科学技术的发展。

现在社会上有极少数的人想把科学研究当作致富的工具,当作谋生的手段,实际上是对科学不了解。作为一名科学家,就必须将科学当作自己追求的崇高事业来做。当然,科学家应该有较体面、有保障的生活,但纯粹为了谋生、谋财而做科研的人,难以成为真正的科学家。

当然,作为一名工程技术界的工程师,情况不完全一样,因为他必须在取得技术成果之后,努力使之产业化。也许他们会因此而成为富翁。另外,有些科学家在自己取得科研成果后转向市场,他也会成为富翁。

大家知道,最近我国有两位科学家获得国家最高科学技术奖的殊荣,一位是吴文俊,一位是袁隆平。其中吴文俊先生是中国科学院数学与系统科学研究院从事应用数学研究工作的院士,当有记者问他为什么会得到这样的大奖时,他用一句非常平淡但富于哲理的话回答:"不能为得奖而工作,得奖是因为我们工作做得好。"还有一些科学家,像著名的半导体学家林兰英先生常说:"我这个人就是这个倔劲,国际上有的我有信心搞出来,国际上没有的,我也有信心搞出来。"也正是这种远大的志向,使一名女科学家在半导体和微重力研究领域做出了突出成就。

3. 兴趣强烈

作为一名科学家,必须要有很强烈的兴趣。为什么呢?因为科学本身在外行人看来是枯燥无味的:搞化学合成的一天到晚就是和瓶瓶罐罐打交道;搞高能物理实验的就是整天同一大堆仪器周旋;搞天文的有时为了观测一个天文现象,需长时间地重复一种劳动;如此等等。但是如果有了强烈的兴趣,并且对某项科学研究已经入了门,在其中他就会感受到常人感觉不到的快乐与兴奋。所以我们常说,推动科学发展有两大动力,一个是经济、社会需求的动力,另一个是强烈的个人兴趣和好奇心。在古代,第二个动力对科学家的影响更大,而现在则是第一个动力起更大的作用。有了强烈的兴趣就会产生对它的热爱,热爱一门事业就会产生强大的动力,激励着一个人去实现某种理想。

值得一提的是,除了科学研究方面的兴趣和爱好,许多科学家还有不少其他方面的爱好。有不少科学家,同时也是艺术家、文学家、诗人、足球迷、音乐迷、武侠迷。像爱因斯坦、钱学森就是音乐迷。由于科学与艺术间的天然联系,使不少科学家与艺术结下了不解之缘。杨振宁先生最近在南京大学还谈到,艺术与科学的灵魂都是创新。李政道先生在科学与艺术结合的方面有不小的功绩,他经常邀请著名的艺术家联合作画,借艺术家的手,表达他想表达的科学思想,已经创作了不少精品,给人以很深的启迪。由此我们也可以得出一个结论:也许在各方面都有广泛的爱好,并且对科学本身的爱好又特别执着的人,才更容易成为一名伟大的科学家。

4. 执着勤奋

作为一名科学家,必须有执着勤奋的精神。如果我们分析一下"研究"一词的英文research,就会发现要不断地从事某种实验或工作,这也就是该单词中"re"(再、重新、重复)的意义所在。这样的例子非常之多。

在科学研究中,往往有很多真理是被现象所掩盖,要探究这些现象背后的真知,必须靠执着的追求与实践。有句俗语说到,天才是1%的聪慧加上99%的汗水,因此,在科学的道路上,走了99步是成功的一半,最后1步是成功的另一半。一个例子是,著名科学家居里夫人的女儿伊雷娜·居里和她的丈夫已经观察到了中子的现象,但是没有将它深究下去,留下了终生的遗憾。不过,后来伊雷娜·居里夫妇因发现人工放射性也获得了诺贝尔化学奖。这样的故事还有很多很多。

5. 大胆质疑

中国有句古话:"于不疑处有疑,方是进也。"黑格尔也说过一句话:"在相同的东西里边,你能够找到不同,这才是你的本事。"所以在没有疑问的地方有人提出问题来了,这个就是进步。"真理往往诞生在100个问号之后",也是这个道理。

爱因斯坦在《物理学的进化》中写道:"提出一个问题往往比解决一个问题更重要。因为解决一个问题也许是一个数学上或实验上的技巧,而提出新的问题,新的可能性,从新的角度看旧的问题,却需要创造性的能力,而且标志着科学的真正进步。"如果要谈国内的科学家,我想给大家介绍一下王淦昌院士。他是提出我国著名的"863计划"的四位中国科学院院士之一,曾于20世纪30年代留学德国。他说:"我从年轻时就敢于对前人的工作质疑,特别是那些与实验不符的结果,常在我脑中打个问号。"1934年他在出席一次国际学术会议时,当时有一个叫波特的人提出他在轰击铍时,发现了伽马射线。王院士当时就觉得不可能是伽马射线,因为它没有这么强的能量,没有这么大的穿透力。他跟导师讲,希望重新设计这个实验,证实自己的判断。可惜未得到支持。第二年查德威克重做这个实验发现了中子,因为中子和质子的质量一样,但是不带电所以就很难被发现。查氏因此而获诺贝尔奖。因此,从事科学研究,切不要盲从权威,不要盲目迷信"常理"。

6. 多思善思

作为一名科学家,还要善于思考,勤于思考,因为思考才可以使我们找出问题,找出解决问题的关键,有时产生顿悟。这种顿悟往往是在很长一段时间围绕某一个问题进行非常入迷的思考之后,突然放松一点时而出现的一种所谓的"灵感"。

在有机化学中,大家都很熟悉苯环结构,但谈到开库勒提出苯环结构的过程,也许大家不是很清楚。根据当时有机化学已有的支链结构,苯(C_6H_6)的结构怎么都排不出来。这件事让开库勒费尽了心思,在思考中还发生走路撞树的事。直到有一天晚上,他在思考中迷糊睡着了,然后梦到一条蛇,蛇头和蛇尾相连。醒来后他马上就联想到了苯环的结构,苯的结构问题也就随之而解决了。

除了多思善思,还必须富于想象。爱因斯坦所曾说过:"想象力比知识更重要,因为知识是有限的,而想象力概括着世界上的一切,推动着进步,并且是知识的源泉。"在思考问题的时候,有一个方面非常重要,那就是交叉学科尤其值得引起我们重视,正像控制论的创始人维纳曾经说过的那样,"在学科发展上,可以得到最大收获的领域是在各种已经建立起来的部门之间被忽视的无人区"。他的第一篇重要论文的题目就是《控制论——关于在动物和机器中控制和通信的科学》,是一篇典型的交叉科学研究成果。在近年的诺贝尔经济学奖成果中,有不少就是经济学与生物学、数学、医学等领域的交叉成就。在我国,对于交叉学科的重视程度也在日益提高,尤其在国家创新体系的建设中,国家在考虑重大科研项目的立项时,更是如此。

7. 观察入微

作为一名科学家,还需要非常细致地观察某些细小的现象。因为真理常常被一些复杂的表面现象所掩盖,必然存在于一些偶然的现象之中。

比如,奥地利有一名医生,一次很偶然的机会,他发现儿子睡觉时眼睛不闭,眼珠还在转动。他感到很有意思,就把儿子叫醒,问他刚才在做什么。他儿子说刚才做了一个梦。后来这名医生就经常观察这个现象,而且很多次都得到了同样的结论,即睡觉中眼珠转动的时候,就是人在做梦。这个发现为研究神经生理学提供了一些很好的帮助。这个例子说明,偶然发现后经过细致入微的观察,就能得出科学结论。

8. 团队精神

作为一名科学家,还需要有很好的团队精神。著名地质学家李四光曾说过:"分科的知识已经发展到这样一个阶段,我们必须面对成群的问题,而这些问题的解决需要多学科联合的努力。"这段话,我们可以用无数的例子来加以说明。就拿发表科技论文的作者数量的变化而言,统计分析从20世纪40年代到90年代的所有科技论文,一个人、两个人等由少数人署名发表的文章数量占当年论文总数的比例,随着时代的变化在日益减少;相反,署名3人或更多作者的论文比例在日益增加,尤其在20世纪80—90年代以来更为明显。并且以团队名义发表的论文数量也在不断增多,甚至有的大型科研项目需要众多国家、众多领域的科学家共同参与。如人类基因图谱计划的完成,就凝聚了6个国家、16个实验室、上千位科学家的共同智慧与劳动,在成果发布时,不可能只列出几位科学家的名字。对于一位科学家而言,如果没有良好的团队精神,要想成为一名大科学家和大工程技术的组织者是越来越不可能,因为团队精神是一个人成为科技将帅之才不可缺少的优秀品质。

培养良好的团队精神,还需要学会处理继承与创新的关系。正像牛顿所说的那样,要尊重别人,承认站在巨人的肩膀上。同时还要心胸豁达,切实做到"有容乃大"。要深刻认识到"物体的温度不是由少数分子的运动决定的,而是由物体的全部分子的动量决定的"。集体的活力取决于全体成员的热情。

关于科学家应具备的素质,还有很多很多方面,我只是简要地从以上几个必不可少的方面来加以阐述,其他方面就不一一展开。

四、你也可以成为科学家

时间是不可能随人的意志而倒退的,未来属于你们年轻的一代。从科学研究的规律来看,最具创新能力,能作出非凡科学成就的也普遍在青年时代。就拿我们对100年来获得诺贝尔奖的科学家作出其获奖成就时的年龄(不是获得诺贝尔奖的年龄)分析来看,30岁以下的就占了27.8%,40岁以下的占

66.2%，51岁及以上的仅占11.7%。因此，年轻是最重要的资本，而怎样使这个特殊的资本发挥出最大的效益，还需要个人的勤奋与努力。

当前的中国正处在改革与发展的关键时期，正在建设中国特色社会主义的大道上稳步前进，中国在世界范围内的地位和作用日渐凸显，一个强大的民族正在世界上再次快速崛起。这为我们集中精力做好科学研究工作提供了一个很好的条件。国家科教兴国战略的实施为大家成为科学家提供了空前的机遇与巨大的舞台。在这个庞大而又复杂的创新体系建设过程中，需要大批的科技英才去为之奋斗，同时也必然会促使更多的科技将帅之才脱颖而出。

（整理自作者在2001年5月全国"首届科技周"上所做的科普报告。郭传杰，中国科学院研究员，国际欧亚科学院院士。）

第二篇
科学素养是什么

科学一直在推陈出新,常常带来颠覆性变化。标准答案只是基本合格答案,如果没有非标准答案,永远不会有卓越全面的答案。非标准答案是比标准答案更珍贵的答案,因为其具有批判性、创造性以及个体艺术性。

当前科学教育的核心,是要培养学生以科学精神为灵魂、以科学思维为核心、以科学知识为基础,通过科学方法自主地探究世界、创造知识、应用实践的能力。

新科学教育:从思想到行动*

朱永新　王伟群

一、反思科学教育存在的问题

近年来,在国家的大力扶持下,我国的科技有了迅猛的发展。美国国家科学基金会2016年初发布的《美国科学与工程指标》显示,中国已成为世界第二研发大国,中国科技在全球的地位日益突出。航空航天、人工智能、深海探测、生物医药、桥梁高铁等技术在世界上有了一席之地。但是,我国的科学教育仍不尽如人意,表现在国家科技人才还比较紧缺,国民总体科学素养不高。2015年PISA测试显示,中国科学教育与世界先进水平仍然存在较大差距,科学素养呈现出一定的"高成就低兴趣"倾向,"喜欢学习科学的指数"排名13,"将来有从事科学事业愿望"的学生比例为16.8%,远低于美国的38%和欧盟国家的24.5%。世界经济论坛《2017—2018全球竞争力报告》显示,尽管中国全球竞争力的排名有所上升,但中国的创新水平、技术就绪度、高等教育与培训等仍低于亚洲新兴和发展中国家的平均水平。而在137个国家和地区的数学与科学教育质量排名中,中国大陆仅列第50位,这些年呈现下降趋势,更是远落后于排名第一的新加坡。科学素养的差距反映了我们科学教育的差距。

1. 科学教育目标功利化

基础教育阶段科学教育的目标是"提高全体学生的科学素养",但这个目

---

* 为方便阅读,本篇所摘录的文章均已略去参考文献,有需要的读者可查阅原始期刊。——编者注

标在中小学已经严重窄小化。小学科学教育呈现明显的弱势,表现在课时少,已经少得可怜的课时还时常被占用;专职教师的比例低,有的学校甚至由音乐教师上科学课;专用的科学实验室少,仪器、材料缺乏。而中学的科学教育以应试为主要目标,考什么教什么,不考什么也就不教什么。如2008年江苏的高考方案中,把物理、化学、生物、地理等科学科目作为选考的科目,分数以等级算而不计入总分,导致学校对这些科目的教学很不重视,高考中报考科学的人数急剧下降,各类奥赛中获奖人数也急剧下降。而这种情形在2017年浙江的高考改革方案实施后同样发生了。由于纸笔测试很难考查学生真实的实验能力和实践能力,所以目前中学的科学教育中实验、实践教学功能弱化,视频实验、黑板实验屡见不鲜,"做"得很少。

2. 科学教育对象精英化

既然科学教育的目标是"培养科学素养",面向所有人就显得非常重要,科学教育不应只是培养科学家的教育。但是,我们的科学教育在很大程度上表现出精英化倾向,千军万马过独木桥,重应试而轻视对公民的科学素养教育,影响了全体公民的科学素养。

科学教育精英化的态势体现在,当城市的孩子在学编程、人工智能时,农村的孩子关于自身健康知识的科普教育还远远没有跟上。地区之间、人群之间、性别之间存在科学教育的不均衡,不能做到"为每一个人的科学教育"。

3. 科学教育内容片面化

重视"双基"(基础知识和基本技能)是我国基础教育的传统。加之应试的过程中,知识是考核的最重要内容,因此,"课程过于注重知识传授""课程结构过于强调学科本位、科目过多和缺乏整合""课程内容难、繁、偏、旧和过于注重书本知识""课程实施过于强调接受学习、死记硬背、机械训练""课程评价过分强调甄别与选拔的功能"。目前,这种情况虽有所改善,但科学教育中学习目标重视知识、学习过程强调记忆、学习内容脱离生活、学习结果用于解题、题海战术训练的现象依然普遍,这种见题不见人的高强度、枯燥训练,导致学生最初对世界的好奇、对科学的兴趣在题海训练中一天天减少。

4. 科学教学方法形式化

在各种各样的展示课、优质课评选和比赛中,各种新型的课堂教学层出不穷:快乐学习、探究教学、翻转课堂、STEM(科学、技术、工程和数学)。各种技术涌入学校,使学校、教室的形态也发生了很大的变化。这一切对科学教育的改革无疑是十分有益的。但也有不少教师在改革中只重形式,缺乏对科学本质的理解,使得有些科学课堂轰轰烈烈走过场,只有游戏、没有思考,只有形式、没有深入,特别缺乏的是给学生在真实情境中解决复杂问题的机会。中国科普研究所对我国学生的科学态度调查发现,学生的科学态度有虚高的成分,对于科学学科及一些主题的具体含义认识不够深入。许多学生表示他们参与了较多的科学活动,但是结果显示深度不够,并没有获取更多有价值的内容,更没有围绕具体问题形成更为深刻的认识。这种活动有余、思维不足、缺少思维容量的"虚假探究",是无法发挥科学教育价值的。

5. 科学教育资源分散化

尽管科学教育的社会资源和学校资源都比较丰富,但利用率不高。以重庆三峡博物馆为例,实行免费开放以后,博物馆年均观众在160万人左右,其中18岁以下的观众只有24万人,占全部观众的15%左右。而作为学校团体预约的观众只有13次,约1万人。这与国外中小学生是参观博物馆的主要观众这一情况形成鲜明的对照。学校科学教育、家庭教育和社会教育的资源分散及资源割裂,导致大多数人把科学教育的场所限于学校,限于教室。科学教育环境的封闭,导致科学教育资源被浪费,科学资源的价值很难充分体现。

6. 科学教育教师非专业化

谁站在讲台前,谁就决定着教育的品质。科学教师的素质是决定科学教育品质的关键。目前科学教师数量不足、水平不高、专业化程度差,已经成为制约科学教育的重要因素。据调查,在全国科学教师"国培计划"的培训班上,"有一部分是兼职教师,有一部分是因为无法胜任语文、数学等课程,而改为教科学课";一个简单的科学概念,竟然有一半以上的科学教师都理解错误。在昆明教师科学学科培训中,有1500名语文教师参加,而科学教师只有96人。在"国培计划"中,科学教师占全体教师的比例为0.75%。

教师的专业水平更是令人担忧。有调查显示,小学科学教师在科学知识和科学方法上存在很多缺陷,在科学性质的认识方面问题尤其严重,导致一些教师在教学中出现不科学甚至伪科学的做法。中学理科教师科学素养的总体水平良莠不齐,在所测试的科学素养中,教师对科学知识的掌握相对较好,但在科学方法、科学性质这两个维度上较为薄弱。对科学本身的认识不够是科学教师专业发展过程中需要引起重视的问题。

二、新科学教育的基本理念

由上,我们提出新科学教育。新科学教育提倡研发卓越课程,课程的根本目的不是传授知识,而是形成运用知识的能力和统领知识的智慧,诱导人的创造力量。在这个过程中,智识教育要以"知识"为媒介,让知识拥有温度,也就是要从知识走向智识,走向智慧。

1. 让科学知识有温度，奠定学生未来生活基础，满足和保持儿童天生的好奇心

科学教育的目的不是实现科学知识的复现，而是复活。这不仅因为科学知识总是在不断变化中，还因为纯粹的知识既枯燥无味，又带有惰性，无法激发学生的学习兴趣和热情。德国哲学家胡塞尔指出："科学的'危机'表现为丧失其对生活的意义。因此，从文化的意义上看，走出科学危机乃至社会危机的出路是让科学回归生活世界。"教育中要使科学知识复活，赋予它温度，同样要通过科学知识与人的生活的对话实现。特别是在今天这个到处充满科技的世界，没有科学知识，一个人几乎很难生存，也无法有合适的工作机会。而当科学知识与儿童现实生活相通，与社会生活相通，与人类命运相通时，很容易引发学生学习的好奇心，引导学生探索知识的奥秘，引起学生对知识学习的渴望。

2. 让科学智识有力度，养成学生理性思维习惯，体验探索世界的理智感

"科学教育的最大特点，就是使心智直接与事实联系，并且以最完善的归纳方法来训练心智。也就是说，从对自然界的直接观察而获知的一些个别事实中得出结论。"无疑，归纳法是科学逻辑思维中的一种方法。正是科学的思维方法，使得科学具有强大的解释力、预测力。科学教育中对学生的思维训练就是对学生的智能进行开发，不仅可以让学生的思维能力、想象能力和创造能力得到发展，为终身学习奠定坚实的智力基础，而且理性的思维习惯能提高学生辨别是非、判断和评估事物的能力。这种智能的训练，也会带给人探索世界的理智感或者智慧的享受。费曼在《科学的价值》中从科学家的角度阐明了这种感受："科学的另一个价值是提供智慧与思辨的享受。这种享受在一些人可以从阅读、学习、思考中得到，而在另一些人则要从真正的深入研究中方能满足。这种智慧思辨享受的重要性往往被人们忽视,特别是那些喋喋不休地教导我们科学家要承担社会责任的先生们。"很多青少年也因少年时的科学探究经历获得快乐的体验,由科学的兴趣发展为志趣,把科学作为终生的事业。

3. 让科学智慧有深度,提高学生发现美好事物的能力,发展学生的创造力

科学教育有助于发展学生对物的创造。借助于科学的慧眼,学生能把世界看得更清楚、更明白,发现更多美好的事物,包括自然的美丽和奥秘。而科学发现和发明的创造力,是激发学生创造的重要动力。在过去的几百年里,科学对物质世界的改造和创造是科学的立身之本。科学的实践活动不仅改造着自然的物质世界,还创造出自然世界不存在的物质,使得今天的世界已完全不同于过去的莽荒之地。科学的这种创造力,决定了它必将是人们未来解决环境、能源、材料、生命等复杂问题的首选方法。科学教育对人自身的生命创造也有重要价值。赫胥黎在把科学引进教育时,就认识到科学教育不应仅满足于日常生活的实用需要,还影响人的精神生活。杜威也认为,"倾向于信仰""轻信"是人性固有的弱点,要克服人性的这些弱点必须依靠科学教育。科学是防止这些"自然倾向"以及由此而产生的恶果的工具。

4. 让科学信念有高度,提高学生对于科学与人类文明、科学与可持续发展关系的认识,形成社会责任感

科学精神的培养是基础教育阶段科学教育最重要的目标。科学的信念不断规范着科学家的行为,让科学家保持对自然和生命的敬畏与崇拜,努力规避科学对社会的负面影响,最终调整着科学对社会的作用,使得科学在人类文明的进程中发挥越来越重要的作用。科学技术如今已经成为第一生产力,而科

学精神也成为人类精神财富的重要组成部分。提高学生对于科学与人类文明、科学与可持续发展关系的认识,理解科学的价值,合理地利用科学,具有现代公民对于社会和谐、生态环境、人类和平的高度责任感,是科学教育的职责。

5. 让科学教育有长度,提供学生拓展、活化、应用课内所学知识的机会,促成终身发展

课堂的时间是有限的,而学生的发展是终身的。科学教育不能止步于课堂上的40分钟,更不应该止于考试结束之时,应该延伸至课堂后,延伸至日常生活、社会生活的方方面面,或解释更多未教过的自然现象,或解决更多未教过的真实问题。新科学教育特别重视"家校合作共育"行动,努力开发各类科学教育资源,为学生提供拓展、活化、应用课内所学知识的机会,包括将课内所学拓展为研究课题,或者为学生提供可关注和讨论的与科技有关的社会问题等。我们应使学校的科学教育与家庭、社会的科学教育结合,形成科学教育的合力。一旦学生学习有了自主性,学习便是无限的,终身的发展就有可能实现。

三、新科学教育的实施路径

新科学教育提出的实施路径是"读中思、做中学、写中悟",目的是让学生在科学教育中领悟科学的魅力,体验到科学实践的完整性,更深刻地理解科学的本质,使科学教育发挥积极、有效的作用。

1. "做中学"是科学教育的核心

从杜威的"教育即生活"到陶行知的生活教育理论,"做中学"是一个基本的教育原则。这里的"做"指的是生活社会实践。中国的"做中学"项目是由韦

钰院士积极倡导、教育部和中国科学技术协会共同发起的一项幼儿科学教育改革计划,它是在传统探究式学习的基础上发展起来的,字面的翻译是"基于动手的探究学习",因此这里的"做"指的是基于动脑、动手的科学探究,强调在动手做学习中让学生建构自己的科学概念和认知模型。"做中学"针对我国科学教育长期存在的重知识轻能力、重结果轻过程、重教师传授轻学生探究、重实用价值轻科学精神等弊端,成为我国科学教育改革的一大亮点,特别是在小学、幼儿园产生了广泛影响。

新科学教育中的"做中学"是基于科学实践的科学学习,它是科学教育的核心,因为科学最重要的两大价值在于认识自然和创造世界。在这种认识和创造活动中,科学实践活动与其他活动最本质的区别在于物质性,科学实践使用的工具、仪器、设备等手段是物质的,科学实践的对象是物质性的自然,科学实践的结果虽有精神的,但最重要的也是物质的。我们把人与物质打交道的过程称为"做"。科学实践的主体是人,这种"做"的活动不仅涉及双手、感官、肌肉、骨骼等的活动,还会涉及大脑,因为人进行活动都是有目的、有意识的。今天的科学实践活动与人类的生活有着越来越密切的关系,科学改变着今天的世界,人类的生活已离不开科学和技术。

基于科学实践的"做中学",一方面是活动要与师生的生活、社会实践联系,反映科学在真实世界中的活动和经验,另一方面是活动具有科学的探究性。多样性的探究活动包括带着学生走进自然,学会科学地观察自然,发现自然的神奇和变化的奥秘;设计动手实验,释放孩子好动的天性,学会科学地控制条件,获得物体变化的证据,探索物体变化的本质;融合科学和技术,为解决问题进行工程设计和创作,创造自己心中的世界;结合生活开展主题性综合科学活动,提供用科学解决生活中复杂问题的机会,从而更全面地理解科学生活的意义和价值等。

2. "读中悟"是"做中学"的引领

阅读本身是科学家科学实践的重要环节,科学家在进行科学研究时,要通过查阅相关文献,了解课题的研究历史、现状,找到解决问题的方法和思路,探索课题开发的新用途。科学教育中的科学阅读,除了让学生体验科学实践的阅读环节,还有教育的作用。

科学阅读不仅是科学知识的获得和累积过程,还是科学兴趣、科学信仰、科学方法、科学态度、科学价值的养成过程。这是因为科学阅读的材料多种多样,有工具类的教材和教辅,有文学类的科普作品,还有研究类的科研文献等。通过引导,不同类型的科学阅读可以达到不同的目的。

趣味性的科学阅读,以引起思考的兴趣为目的,指的是让学生通过阅读科学童话、自然画册等,在优美的语言和精美的画面中,了解自然的神奇和美丽,理解科学发现的神圣和魅力,引起孩子对科学的兴趣,激发他们对自然的好奇心,给孩子开启认识世界的另一扇窗。

方法性的科学阅读,以学习科学思考方法为目的,通常是指在阅读研究文献或科学家传记的过程中,梳理知识的来龙去脉,了解前人对这些问题的认知方法、实验方法或实践方法;挖掘这些方法背后的思想,比如思考为什么科学家会用这样的实验方法,如何从实验获得证据、得出结论,以及能否模拟科学家的研究过程,做自己的科学探究。

创造性的科学阅读,以学习创造知识为目的,指的是不去膜拜教材中的知识,而是在阅读中运用已有的知识和方法发现问题,敢于质疑,敢于提出自己的观点,进而养成阅读中思考的习惯。或是通过对科幻小说或科学推理故事等的阅读,展开充分的想象,激发科学创造的勇气,体验思考的力量。天文学家萨根说过,科幻小说作为科学的引入物,常常能让读者爱上科学,并在今后跟科学之间的交往中发现,科学其实比科幻小说还要神奇。可见,引导学生进行深入的科学阅读,可以激发探究的欲望,拓宽探究的视野,打开探究的思路,坚定探究的意志,使"做中学"深入开展。

3. "写中思"是"做中学"的升华

语言是重要的沟通交流工具,写作是将个人思想以文字或符号形式表达出来,并以此与他人进行交流沟通的一种方式。它是一种创造性的陈述,也是一种自我对话的历程。通常人们把写作的人称为作家,认为这是人文社会学科工作者的工作,但实际上写作也是科学家的必要工作。科学写作是科学家表达思想和思维的方式,是展示科学研究成果的手段,也是与科学共同体和公众交流的媒介。科学写作是科学实践的重要环节。约尔和汉德等明确指出,"科学共同体成员运用语言来从事科学及建构科学主张,并以独特的辩论模式沟通探究历程及其科学理解,所以语言是科学和科学素养整合的部分"。正因为写作在科学教育中具有特别的作用,国外有学者和机构把STEM发展成为包括写作(Writting)和艺术(Art)在内的STREAM。

新科学教育把科学写作作为学生重要的科学习得能力。科学写作是学生对科学知识的自我建构。因为在这个过程中,学生需要将头脑中的科学知识重新梳理、解释、组织、回顾或反思,并将这种思维过程用特定的符号表达出来。学生写作时必须对知识有自己的理解,才能以清晰、简洁的方式,传达复杂的科学概念和信息。科学写作的过程是学生高层次心智的历练过程,因为它对学生的要求不只是纯粹把所学的信息、数据拷贝出来,而是要通过分析、推理、讨论、陈述、解释、综合、评估及诠释,提供新旧经验之间的联系,并在此基础上建立个人的科学理解,或者说是对已有经验知识在某种情境中的独特创造。科学写作是学生交流和表达的重要训练方式。在科学写作过程中,学习者除使用文字外,还可使用非语言形式,如图形、数字、表格、多媒体等形式呈现。

四、新科学教育的课程教学改革

课程的丰富决定着生命的丰富，课程的卓越决定着生命的卓越。新科学教育同样把落脚点放在课程和教学，创新科学课堂教学，研发特色的校本课程，最终使科学教室成为发现美好事物的中心，让科学教育在提升学生科学素养的同时，成为激发学生生命创造的原动力。

第一，创新科学课堂教学。课堂是文化传承的核心地带，是课程实施的主要渠道，是学校机体的中枢神经，是师生成长的关键路径。科学课堂教学是以国家课程为基础的，围绕科学的核心概念，在"做中学、读中悟、写中思"的基础上对科学教材进行二次开发与整合创造，通过新教育理想课堂"六维度"（参与度、亲和度、自由度、整合度、练习度、延展度），达到"落实有效教学的框架，发掘知识这一伟大事物的内在魅力，实现知识、社会生活和师生生命的深刻共鸣"的新教育理想课堂"三境界"，进而提升学生的科学素养，激发学生的创造力。

第二，探索科技类项目课程。科技类项目课程是多学科融合的科学融合课程，由于以项目学习的方式开展学习而命名。其中多学科融合是指将科学、技术、工程、数学、艺术、历史等进行整合。项目式学习是一种以学生为中心，以解决真实情境中的问题为目标的科学教育方法。科技类项目课程强调从一个具有现实意义的问题开始，引导学生调查收集信息，构思设计方案，制作产品或开展实验，测评和优化，展示和分享，以此来解决问题。在这个学习过程中，不仅要求学生能够综合应用所学的各种学科知识解决问题，还要培养全面的科学素养，一般情况下包括合作能力、交流表达能力、领导能力、批判性思维、创造性思维等。

第三，构建科学教育资源库。今天，科技无处不在，具有广泛性，也使得科学教育的资源极其丰富。新科学教育要在学校科学教育的体系之外，努力以家校共育为特征建立资源库,使科学学习从封闭的教室中走出,走进社会,走到家庭,构建科学教育合力。与正式学习环境中的教学资源相比,这些资源具有丰富性、趣味性、开放性、分散性、复杂性等特点。使这些资源在科学教育的开展中产生合力,关键是要进行合理的设计和引导,使学生在非正式学习环境中也能主动地进行深度学习。

第四,改革科学教育评价。评价对教育不仅是一种标准,也有重要的导向作用,"教-学-评的一致性"是新一轮课程改革追求的目标。新科学教育要实现自己的目标,必须改革评价。(1)要研究科学课程的核心内容与关键能力,建立科学素养的基本标准。考查科学素养,是重点考查学生运用科学知识发现问题、分析问题、解决问题,以及理解和决断通过人类的科学活动影响自然世界的能力。(2)要改革纸笔测验的单一方式。单一的纸笔考试难以全面考查科学素养,而实质性地开展活动表现评价、学习档案袋评价等多元评价方式,应当成为科学素养考查的有机组成部分。

(摘编自《教育研究》,2019年第2期。朱永新,教育家,第十四届全国政协副主席;王伟群,苏州大学新教育研究院教授。)

是时候锻造新的科学教育了

钱旭红

自近代科学诞生以来,科学教育就成为教育的重要内容。

从历史来看,我国过去的科学教育,培养了大批具有一定科学知识和先进技能的产业工人,推动我国迅速从一个传统农业国转向一个工业大国,也从侧面培养了群众的科学思维和科学精神,取得了积极的成效。

但我国的科学教育已经越来越不能跟上时代发展的要求了,亟需新的理念、师资和体系。

一、仍只注重传授知识,甚至是陈旧的知识

我国科学教育的最大问题是,囿于知识传授,远离最新前沿,甚至传授的还是陈旧的科学知识。当科学教育变成"老生常谈"和"追古怀远",而不是展现世界上正在进行的激动人心的前沿科学竞争时,学生何来现实的临场感和求知的兴奋感?

比如,很多教师向学生传授平面几何,却不知为何人人需要学习平面几何。其实学生要学的是其中的形式逻辑,要培养的是形式逻辑思考能力。而到正式教授形式逻辑时,教师又忘记去关联最新的量子逻辑。我们长期教授以笛卡儿、牛顿为代表的经典科学和经典思维方式,对量子科学日新月异的进展介绍很少。其实这方面研究我国已处于世界前列,如果及时传播,能让学生

有新鲜代入感,让他们有初步的量子概念和量子思维模式。

又如,我们在化学方面大量教授基于瓶瓶罐罐实验装置的"静态化学",而对"动态化学"涉及很少。"动态化学"包括最新的微流化学、芯片实验室等,其特点是安全、绿色、环保,极易与人工智能对接,正急速改变当今的科研范式和产业形态。

不可否认,随着科学技术的快速发展迭代,传统的以知识为主要内容的科学教育已经无法追赶技术更新的脚步。课堂上传授的知识或许在学生毕业的那一刻就已经被更新替代。

二、分科教育和标准化带来的负面影响

我国科学教育的形式,主要呈现为分科教育和标准化两大特点。

分科教育的优势是能最大化巩固学科知识,其弊端则是人为地对学科进行划分,不利于学生采取更关联的视角来理解科学的整体意义,也限制了学生用多学科知识解决具体问题的可能性。

标准化以"课标"和"知识点"为代表,所有的教学、考核内容都围绕知识点展开,然后根据知识点设定标准答案。这种模式有助于学生对知识的掌握,却割裂了"知识"与"真实世界"的有机联系,科学实践被彻底忽视。

科学一直在推陈出新,常常带来颠覆性变化,标准答案只是基本合格答案,如果没有非标准答案,永远不会有卓越全面的答案。非标准答案是比标准答案更珍贵的答案,因为其具有批判性、创造性以及个体艺术性。就像所有非标的零件设备都很昂贵,而标准的比较便宜,因为后者可以简单大规模工业化生产。

人所认为的真相,可能只是真实世界的"冰山一角"。科学是一个动态概

念,是在不断进步的相对概念。所谓科学就是能够证伪,能明确告知哪里是失效的边界和有效的前提条件,否则就成为神学或者迷信。任何一个简单问题都可能是复杂问题,任何一个复杂问题也可以"大道至简"。

比如,大家熟知的热胀冷缩是通常规律,源自经典的热运动、布朗运动。但这是有认知局限的规律。水在低温下,即在接近零摄氏度的一定温度范围内是冷胀热缩,之所以如此是因为有量子性的氢键的存在,有氢键的液体都应该有类似的规律和现象。而如果在受限的空间达到微纳尺度以下,在大多数温度下,水的热运动、布朗运动可能会消失,体积可能缩小,能量变化不再通过热而变成远红外线,从而充分体现量子性而呈现超流规律和现象。

分科教育和标准化,给当前愈发重要的学科交叉和科学应用带来了严重的负面影响。我国的科学教育亟待重塑。

三、科学教育的真正核心:思维与精神

当前科学教育的核心,是要培养学生以科学精神为灵魂、以科学思维为核心、以科学知识为基础,通过科学方法自主地探究世界、创造知识、应用实践的能力。

科学精神的树立,是科学教育的灵魂。对科学精神有许多不同的解释。我认为,在中国当前的文化语境下,科学精神应该包括三个方面,即以独立判断为代表的质疑精神,以谦逊包容为代表的开放精神,以想象创造为代表的探索精神。

在培养训练科学精神方面要找到合适的切入点,比如,从地心说、日心说、黑洞说等故事或者观察切入,从巫神、瘟疫、显微镜、病毒等故事或者实验切入,就是一些可取的方式。

科学思维的养成，是科学教育的核心。科学思维包括多个方面，我认为主要有逻辑思维和形象思维，以及在此基础上的批判性思维和创造性思维。前两者是基础，后两者是在此之上的提升。这四者缺一不可——仅有逻辑没有形象，就会缺乏创造；仅有形象没有逻辑，则是空想。这都不是科学。当然，科学思维还应包括最前沿的量子逻辑等。

科学方法的掌握，是科学教育的关键。科学教育不能仅仅是理论上的教育，还应该是科学实践的教育，特别要鼓励亲自动手和观察，将身边的事物作为对象和材料。科学精神、科学思维、科学知识只有应用于科学实践才能体现出价值。科学实践，包括但不限于科学实验、发明创造、创新创业等形式。只有让学生积极投身科学实践，才算是完整的科学教育，如此才能进入创造型社会、研究型社会。而这也是我们当前的科学教育最为缺乏的部分。

在科学实践教育方面，我们可以借鉴相对成熟的STEM/STEAM教育。STEM是Science（科学）、Technology（技术）、Engineering（工程）、Maths（数学）这四个单词首字母的缩写。STEM教育起源于美国，它所着力培养的是由科学素养、技术素养、工程素养和数学素养组成的STEM素养，而所谓STEM素养并不是上述四种素养的简单组合，而是学生在杂乱无章的学习情境中的问题解决能力。

新世纪的第二个十年，人们日益认识到科学技术与人文之间的紧密关系，因此又把Art（艺术）置入其中。美国30年的STEAM发展呈现出两大趋势：一是从高等教育走向基础教育，二是从分科走向融合。《2015年地平线报告：K—12版》提出，"STEAM学习的崛起"将成为"未来一至两年技术驱动K—12教育的重要趋势"。这些趋势对我国科学教育发展有着极大的借鉴作用。

值得注意的是，科学教育不仅涉及自然科学，也应包括工程科学，以及社会科学、人文科学，是实现人才培养目标的重要内容和重要途径。

一方面，从现代社会的发展来看，自然、社会、人文、工程已经越来越紧密地结合在一起。比如,启动一个工程项目要进行环境评估,要征求群众的意见。另一方面,社会人文对自然、工程的发展有着重要影响。科技和艺术人文发展的核心都是创造力,而创造来源于想象,人文艺术可以提供给人们无尽的想象。同时,科技也需要人文来制约平衡,否则就会变成脱缰的野马,带来严重的伦理问题。

四、科学教育师资培养:走新路

科学教育和人才培养是一个系统性的工程,需要我们研究人才成长的规律、科学教育的规律,研发优质的科学教育资源,培训科学教育的师资等。

具体到科学教育相关师资培养的方式,应该注重两个方面的教育,一是思维教育,一是创新创业教育。

思维教育,有别于一般的通识教育,应更加关注学生对科学、文化发展过程中形成的各种思维模式的掌握。华东师范大学开设了"人类思维和学科史论"系列课程,就是让学生对各学科历史发展中具有重要意义的思维突破和转折有所了解,让学生知道一个学科发展的思维脉络,进而提炼总结科学规律、方法,提升学生的思维能力。我们要面向全社会的创新、创造需求,为大学基础阶段和中小学基础教育培养具有思维教育、通识教育能力的未来新师资。

开展创新创业教育,不是为了孩子创业或者真能做出什么创新,而在于激发孩子的探索精神,特别是探索与基础科学相关的领域,并防止简单地局限于传统的科学分科,弥补单科、分科教育的不足,形成全科、跨学科的氛围。重在发掘学生兴趣和实验、实践及动手能力。要防止与大学的分科教育简单重复或者对应,在启发理论思考的同时,锻炼动手能力。

要在现有的创新创业教育的基础上,形成综合性、项目制的科学创新课程,将科学教育作为综合性的、跨学科的、培养兴趣和能力的项目制课程,以该理念培养具有企业家精神、科学家能力、教育家情怀的卓越师资,人数不在于多,而在于精。华东师大2018年开始高度重视创新创业教育,后来居上,不仅位居师范类大学第一,在全国各类高校中也名列前茅。

在此基础上,可以将创新创业教育向基础教育适度延伸。比如,华东师大二附中提出,该校所有的学生要参与小课题研究,这就是很好的基础教育领域创新创业教育内容。

(摘编自《中国科学报》,2022年6月21日。钱旭红,中国工程院院士,华东师范大学校长。)

切实提升青少年科教工作者综合素质的四点建议

武向平

党的二十大报告明确指出,"要坚持教育优先发展、科技自立自强、人才引领驱动",推进实施科教兴国战略、人才强国战略、创新驱动发展战略。党和国家对高质量科技创新人才培养的高度重视,直接推动了近年来基础教育阶段科学教育改革的不断深化。学校是科学教育的主阵地,校外同样是学生科学素养形成和发展的重要场所,提高校外科学教育工作者职业素养,提升校外科学教育资源研发水平,推动校内外科学教育的高质量融合发展,是推进科学教育改革的重要举措。

多年来,在中国科学技术协会(以下简称"中国科协")的领导下,各级科协和相关社会团体、科技场馆、科研院所、科普教育基地及其他校外机构等,开展了形式多样、内容丰富、各类群体广泛参与的校外科学教育活动。这些活动往往具有跨学科、综合性、重实践和问题导向的特点,成为校内科学教育的重要补充,在科学教育体系建设中发挥了重要作用。

近年来,各级科协青少年科学教育管理部门、各级青少年科技教育工作者协会、科技辅导员协会和科学教育协会,联合科研院所、师范院校和校外机构,在促进科技辅导员专业能力发展方面开展了大量工作,也在实践过程中发现了一些问题。例如:由于参与校外科学教育的人员专业背景多样,科学素质和教学实践能力参差不齐,影响了科学教育活动和课程资源的质量水平;校外科教工作者专业发展支撑体系尚未建立,对校外科学教育工作者应具备的专业知识和能力标准缺乏深入研究,相关培训课程和资源开发缺乏规划;支持专业发展的学习资源还未能形成规模,供给严重不足,尤其是农村地区科技辅导员能获得的学习培训资源极为有限,无法满足专业发展需求等问题亟待解决。

未来,为了回应党和国家,以及全社会对校外科学教育的更高要求,解决现实中存在的诸多问题,切实提升科教工作者的专业素质和能力,可从以下几个方面开展工作。

一、加强理论与实践研究,为校外科教工作者筑牢专业发展根基

推动校内外科学教育的高质量融合发展,关键在于提升校外科学教育工作者的科学素养、理论研究水平与实践能力。相关部门可针对科学教育中存在的现实问题、科教工作者专业发展面临的薄弱环节,开展有针对性的培训,促进科教工作者在学习、研究和实践中持续发展。

在当前背景下,以落实《义务教育课程方案和课程标准(2022年版)》为契机,深入学习理解和掌握科学、信息科技、物理、化学、生物学等相关学科课标内容和育人理念,吸收借鉴学习科学、博物馆教育等领域的科学教育研究新成果,针对在科技场馆、科普教育基地、校外机构等典型非正式科学学习环境下,学生核心素养发展规律、教学环境设置、课程内容结构等关键问题,开展理论与实践研究,为校外科教工作者提升专业素养筑牢根基。

二、打造全方位支撑体系,建设科教工作者专业发展新生态

首先,要做好顶层设计,完善标准体系建设。第一,修订完善《青少年科技辅导员专业标准》,明确不同阶段科教工作者应具有的知识和能力水平,为科教工作者专业发展设定目标。第二,研究制定《青少年科技辅导员学习大纲》,梳理提出科教工作者应具有的知识体系和实践能力,并以此指导学习资料和培训课程的开发。第三,修订《青少年科技辅导员培训大纲》,规范和指导培训工作的系统开展。

其次,建立内容广泛、能灵活适应各种需求的课程体系。校外科教活动内容广泛、形式多样,而相关人员的教育背景和工作经验差别极大,因而对专业发展的需求也是复杂多样的。例如:同是新手科技辅导员,既有师范院校和非师范院校刚毕业的新教师,也有在非科教领域已经从业多年、工作经验丰富但刚刚加入科教领域的辅导员。为此,须建立资源共建共享机制,充分利用师范院校、科研院所、相关团体、企业、机构的已有课程资源,鼓励社会多方参与新资源的开发,不断丰富和完善能满足校内外科教工作者多种需求的课程体系。

再次,加大科技辅导员学习培训资源供给。由相关部门牵头搭建线上线下相结合、覆盖面广、易于获得的学习培训平台网络,提供足够的学习培训服务以支撑科技辅导员职业发展。尝试建立学分制,并促进不同学习培训平台的学分互认。鼓励不同社会机构结合自身优势研发培训课程和学习资源,在提高供给总量的同时要加大对农村科技辅导员的课程服务支持力度。

最后,在已开展的科技辅导员专业水平认证工作的基础上,开展科教工作者的科学教育水平认证工作。认证工作既能通过设定标准来提升科教工作者的专业能力,从而整体提升科学教育的质量,同时也是对科教工作者专业水平的认可,增强校内外科技辅导员的获得感,激发其持续学习和提高专业水平的

热情;尝试开展培训课程认证工作,激励多种社会机构尤其是企业参与高质量培训课程和资源的供给与开发。

总之,应努力形成一个多方参与、目标明确、体系完整,既能满足科教工作者专业发展的多样需求,又能让其专业水平得到认可、企业和机构的参与得到回馈的富有活力的科教工作者专业发展新生态。

三、广泛调动社会资源,构建高效协同的校外科技教育工作者共同体

随着科学教育得到越来越多的社会关注,参与到这个领域的人员和机构也愈加多元化,大量教育研究者、科研院所的科研和工程技术人员、学术团体和各类社会组织、企业纷纷加入,结合自身兴趣和专业特长开展相关工作。

未来,应进一步推动形成校外科教工作者共同体建设,通过建立学会联合体、工作联盟联合开展工作,定期举办沙龙、讲座、研讨会等交流活动,通过报刊、网络讨论和分享领域研究成果和实践经验等,在科学教育核心问题上形成共识,探索出行之有效的解决办法,并围绕青少年科学素养提升和科技创新人才培养的核心目标,结合各主体自身优势,根据不同的领域、主题、区域、服务对象等,形成网格化的工作体系,既有共同的目标,又能自主发展、相互推进、形成合力。在共同体内加强人员合作与资源整合,既能从人员、课程资源等方面服务校内科学教育的需求,又能通过基地、场馆活动、媒体平台等服务于校外科学教育活动,实现校内外科学教育的融合发展。

四、加强国际合作,推进"一带一路"科学教育资源共建共享

科学教育国际交流合作由来已久。未来,我国在学习和借鉴国外优秀研究成果和实践经验的过程中,可大力推动与发展中国家的合作,分享我国科学教育的成果和经验,共同推动科学教育不断发展。中国科协每年举办多种形式的交流活动,与共建"一带一路"的国家和地区在教师培训、资源共享、联合开展科教活动等方面展开了富有成效的合作,形成了一批共建共享的科教资源。通过国际交流与合作,有助于推动各国科学教育质量不断提升,促进科教工作者对不同文化的理解与尊重,并对各国培养未来能够尊重世界文明多样性的社会公民、形成包容发展的理念起到重要的促进作用。

面向广大青少年开展科学教育不仅是中小学科学教师的事,也是科技界和全社会的共同责任。各级科协、科教工作者协会,以及致力于开展校外科技教育的团体、机构,必须抓住时代发展契机,加强资源整合与合作,全方位构建校外科教工作者专业发展支撑体系和新生态,切实提升科教工作者的专业素质与能力,从而提供高水平的校外科学教育活动和课程资源,实现校内外科学教育的高质量融合发展。

(摘编自微信公众号"中国基础教育",2023年2月27日。武向平,中国科学院院士,中国科学院国家天文台研究员,中国青少年科技教育工作者协会理事长。)

科学与科学教育

倪闽景

要给科学下一个妥帖的定义十分困难,虽然对科学的起源地,学术界普遍认为是古希腊,但是其他古代文明为什么没有孕育出科学思想和方法,这是非常值得探讨的。科学始于对自然的观察,但是如果这种通过观察产生的知识,是以实用为归宿和目的的,那就不算科学。柏拉图在《理想国》中写过一段影响很大的话,讥讽了那种认为研究几何学或者天文学应该服从农业、军事、航海或编制历法需要的说法。柏拉图坚持认为,对自然知识的追求必须脱离琐屑的技艺和技术活动。中国古代有着十分灿烂的技术,包括四大发明,但却基本上没有科学,就是这个原因。比如,在1000多年前的宋代,许多建筑上已经开始使用避雷系统(图1)。这和现代的避雷系统在技术上并没有两样,但是我们的祖先没有从科学原理的角度去追究原因,而是把它归因于这套东西可以辟邪,装上了就不招雷劈。

科学本身自成体系,不是为其他生产生活解决技术问题,纯粹是自然哲学家为了满足自己的好奇心和探究欲望,享受智慧与思辨的快乐才有了真正的科学。古希腊"七贤"之一的泰勒斯,就曾经被女仆嘲笑说他在观察星星的时候,一直抬头仰望,掉到了井里。正是因为古希腊的自然哲学家专注于观察自然并进行理性思考,所以在那个时候,他们就已经推断出地球是一个球体,甚至已经能够通过测量估算出地球的半径,误差不到10%。亚里士多德是科学史上耸立的一座丰碑,但是在我们的科学课堂上有时会成为一个反面人物。亚里士多德的许多研究结论现在看起来是十分错误的,但是其理性思考的方式却是整个科学研究的基础。当然,古希腊的自然哲学家并非真正的科学家,他们停留在观察和思辨的层面,直到2000年后,伽利略提出"观察—假设—实验验证"的探究方法,现代科学才真正确立。伽利略对科学真理的判断,到现在依然是科学最好的注解——"科学的真理不应在古代圣人的蒙着灰尘的书上去找,而应该在实验中和以实验为基础的理论中去找。真正的哲学是写在那本经常在我们眼前打开着的最伟大的书里面的。这本书就是宇宙,就是自然本身,人们必须去读它。"显然,从人类的进化历程中可以看出,科学之"无用"反而更加凸显了其巨大的应用价值和精神价值。

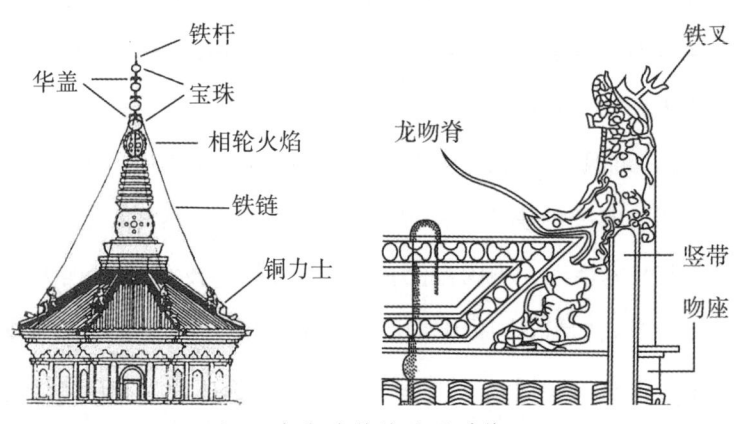

图1　宋代建筑的避雷系统

　　科学教育是传承科学知识和方法的重要途径。古代的科学教育更多的是一种自然哲学层面的学习,甚至很长一段时间里,科学教育是神学的一部分,科学研究是为了证明上帝的存在。直到伽利略以后,科学成为真正的科学,才有了真正意义上的科学教育。

　　当前的现代科学教育的改革,起始于1960年前后的美国,它以提高国民的"科学素养"为目的,注重实现"概念性知识""科学的本性""科学的伦理"等教育价值,以后又逐渐发展出新的内涵,开始注重"科学与社会""科学与人文""科学与技术"等范畴。当前的教育界对于科学教育形成了以下共识:

　　①科学教育应从强调知识内容向培养学生获取知识的能力方向转变;

②强调不同学科、不同领域之间的沟通和渗透,使科学在一个十分开阔的背景上加以呈现,开拓学生的视野和思维空间;③强调诱发学生学习的主动性和对自然的科学态度、兴趣,突出发展学生的个性和科学素养;④强调教学与最新科技发展及实际生活间的联系,强调多种教学媒体的运用。

学生的科学兴趣和能力是童子功,如果一个孩子在高中阶段前没有形成科学学习的基本能力,那么很难在以后的学习生涯中形成正确的科学精神和持续探究的能力,也就丧失了在科学层面的创造力。近年来,科学教育在基础教育阶段有所弱化,主要是科学教育功利化导致的。如果科学教育成为升学工具,那么科学教育就失去了应有的价值。

科学教育应该带给孩子什么?

一、科学课堂应像科学家探究一样,从观察开始,形成自己的假设,然后去验证

笔者曾经作为一名科学教师在美国费城的一所中学观察9年级的科学课教学。整整一个月,每天一节2个小时的课,孩子们一直在研究颜色层析的问题。一开始老师带了一些巧克力、口红等有颜色的东西,还准备了水、丙酮、酒精等液体,让孩子用白色的试纸沾上有颜色的东西放在不同液体里观察层析现象,然后记录。接下来几天,孩子们带来了各种各样生活当中的物品,来观察它们在不同液体里的溶解速度和在试纸上的层析过程。我观察到,有一个孩子带来了一些绿色的树叶,想办法榨出汁后,发现树叶的绿色层析出了黄色、红色,于是他猜想:是不是绿色里边包含了红色,所以到了秋天树叶就变红了?一个月后就到了深秋,他采摘的那棵树的树叶真的变成了美丽的红色,他十分高兴,认为自己的猜想得到了证实。

这些学习内容在我国的科学课堂上估计只需要一节课，许多老师甚至不做实验，只是做一个PPT给孩子们介绍一下就结束了，看上去我们的科学课效率很高，实际上却忽略了科学课程最重要的探究过程。美国孩子的学习虽然看似效率低下，甚至有些研究结果是错误的，但是让孩子自己经历了一个完整的科学探究过程，因为科学过程才是科学教育的核心，而非科学结论。

科学的惊奇不是教师在课堂上变科学魔术，而是学生在自主探究中自我发现，这种发现的惊奇才是科学教育需要追求的本真。

二、要让学生知道科学不是结论，而是发现问题，理解科学自身依然在不断发展

科学体系中没有一个规律或结论永远是绝对正确的。经典力学几乎全部建筑在牛顿绝对的时空观上，但爱因斯坦的相对论证明牛顿力学在物体高速运动时和微观世界里有误。就长期而言，几乎可以确定爱因斯坦的相对论也一定会出现问题，就如他证明之前的牛顿力学是有错的一样。

有同学会问，所有科学规律不都是得到实验证明的吗，为什么会出错？你就要告诉他：实际上，科学规律是通过实验探究归纳出来的，不可能每一次验证都是绝对正确的，也许下一个实验就会发现这个规律的表述是有缺陷的，所有科学实验永远是不完全归纳法，是有条件的。从这个意义上来说，实验是检验谬误的唯一标准！我们可以很容易证明一个规律是错的，但不可能证明一个规律是永远对的。科学哲学家波普尔甚至认为，所谓的科学就是能够被证明是错误的理论，如果无法证明它是错的就不是科学，科学不代表正确，而是代表可以被证伪。

学生平时做实验和做科学习题，总是相信有一个唯一正确的结果，但如果

他们知道科学本身还有许多问题,需要不断探索的话,他们学习科学时的感觉也许会很不相同。要让他们知道:犯错并不是发生在科学家身上最坏的事,最糟的事可能是"连犯错都不够格"!(著名物理学家泡利语)

科学是有生命的,它还在不断加速成长发育。科学规律和体系是这个活体的骨架,科技发明是这个活体的四肢,不断开展的新实验和发现的新现象是这个活体的血和肉,而科学家则是这个活体的大脑。我们懂的东西越来越多,掌握的科技越来越先进,有趣的是,与此同时,我们不懂的东西反而更多,面临的挑战也更严峻。超导超流、纳米技术、生命现象、思维智能、材料能源、时空本原等一大堆东西正在困扰着当前最聪明的科学家。在中学生中间,物理被称为"考古学",因为其中的知识离现在最近的也要超过100年了。我们的科学教育已经与科学发展完全脱节,甚至许多科学课程当中的表述,已经不再反映科学界的观点。

三、让孩子体会科学知识内在联系带来的美感和幸福感

科学很美,科学的美是简洁的,是富有想象力的。我们回顾一下人们对微观世界的认识过程,看看科学家是如何描述原子的。汤姆孙一发现原子可以分成带负电的电子和其他正电物质,马上用一个美味的撒满葡萄干的蛋糕来作比喻。蛋糕就是原子的本体,葡萄干就是电子,因此汤姆孙像是个美食家。卢瑟福用实验发现原子里应该有个核,电子绕核旋转,就像行星绕太阳旋转一样,一个原子就像一个太阳系!这样描述原子,使得卢瑟福像个修辞学家。后来人们发现电子根本没有沿着一定的轨道绕核旋转,原子中的电子就像云雾般弥漫在原子核外的空间,就是所谓的"电子云"。电子云的意境是不是就像一首飘逸的朦胧诗呢?

科学是一种生活方式，这并不是在说科学为我们的日常生活带来了多少实惠，而是在说科学中蕴含的感情、哲理和态度对我们生活的影响。科学最注重的就是怀疑的态度，如果总是相信一切已知的事实，科学就不会是今天的样子。我们平常生活中如果没有怀疑和思考，那么就没有发展的基础。科学讲究互补，容纳多元。比如，光可以像波，也可以像粒子。不要以为生活中的事物不是黑的，就是白的。和真理对立的不见得就是异端，因为真理可能有许多不同的面向。

科学并不总是证明因果关系，而更多的是描述事物之间的相关性，因为科学中到处存在着"不确定"和"混沌"。就像地震前有动物出现异常和地震这两件事之间只是相关，而不是因果。奇怪的是我们总是在让学生相信任何事的发生都有理由，所谓"无因不生缘，无缘不成果"，以至于大多数学生相信努力学习必然会带来好成绩。可惜的是，这两件事之间也只有相关性，而没有因果必然性，生活中大多数事情都是这样的。

如果在很多孩子的眼里，科学学习就是做科学习题，那么我们的科学教育肯定是失败的。假如学生开始厌倦思考，仅仅满足于考试得到高分，周围的一切显得越来越理所当然，不再为自然的美所感动，总觉得科学老师像个老妇人一样絮絮叨叨，没有新鲜的东西，那么他们可能正在越来越远离可爱的科学。这也许意味着他们正在逐渐丧失一种真正有价值的生活态度，开始沦落到一种被价格化了的人生；更可怕的是，也许他们不再能感受到生命的全色，就像色盲一样。

（摘编自《学习的进化》，上海科技教育出版社2022年6月出版。倪闽景，上海科技馆馆长。）

素养本位的单元设计，
助力各国进入"素养时代"

崔允漷

21世纪以来，世界各国的课程改革都以核心素养的培育为目标，进入了素养时代。随着课程目标由知识本位转向素养本位，传统的基于"课时""知识点"的教学设计难以匹配素养目标，素养目标需要与之相匹配的单元设计。"单元"是指依据统摄中心，按学习的逻辑组织起来的、结构化的学习单位，是实现素养目标的一种微型课程计划。已成国际趋势的单元设计主要包括教育技术、建构主义，以及将两者相整合的三种思路，并都积累了丰富的国际经验。

一、素养时代呼唤变革基于"课时""知识点"的教学设计

世纪之交，一些有前瞻性的国际组织提前建构社会想象，并依据想象的社会要求以教育来回应"培养什么样的人"这个问题。"核心素养"就是这样建构出来的一种能够适应社会变革、促进社会进步的人的理想品质。21世纪以来，许多国家或国际组织纷纷把"核心素养"作为育人目标的"大观念"，建构了一套完整的目标体系。新的目标体系需要重新定义学习内容与学习方式，重建教师日常的专业生活，素养本位的单元设计由此应运而生。

核心素养之所以能风靡全球，首先当归功于欧洲经济合作与发展组织

(OECD)的率先提倡与持续推广。1997年底,OECD和瑞士联邦统计署(Swiss Federal Statistical Office,简称SFSO)赞助了一个国际性的跨界合作项目,即"素养的界定与选择:理论和概念的基础"(Definition and Selection of Competencies: Theoretical and Conceptual Foundations,简称DeSeCo)。在之后出版的关于核心素养的研究报告中,OECD确定与选择了三大类核心素养:互动地运用工具(如语言、技术),与异质群体互动,自主行动。进而将每类核心素养分解成三种能力,再将每种能力以列举的方式分解成具体的行为和技能,这样,就形成了OECD的核心素养三级框架,堪称核心素养研究的经典。

OECD还据此推进后续的核心素养国际调查与评价,即国际学生学业成就项目(通常所说的PISA),并进行大规模的国别或地区排名。由于国际性的团队运作、高质量的研究成果,加之PISA排名的政治影响,OECD提出的核心素养迅速成为全球热点话题。欧盟(EU)、联合国教科文组织(UNESCO)等国际组织,以及各个国家或地区随后纷纷提出21世纪核心素养模型(表1),并借此驱动课程改革。核心素养被誉为"课程改革的DNA",成为21世纪课程改革的最强音、主基调。

随着世界课程改革进入素养时代,作为课程改革灵魂的核心素养指引着后续一系列的课程发展,尤其影响着教学的设计与实施。新课程实施以来,我国颁布了新中国成立以来第一套《义务教育课程标准》,课程目标从"双基"走向了"三维目标"。然而,第一套课程标准只有内容标准,没有教学标准和学业质量标准。受限于理论研究的滞后与实践引领的缺乏,一线教师难以正确理解与把握"三维目标"的规范与要求,通常只以三条目标(每个维度一条)的形式来叙写和呈现。如此叙写,"双基"不折不扣地得到了落实,但过程与方法维度则存在多种理解,变得可有可无;情感态度与价值观维度综合成一条且无法评价,失去了目标的意义。

近年来,新修订的《普通高中课程标准》(以下简称"新课标")一改之前以

表1 部分国际组织、国家或地区关于核心素养的观点

国际组织、国家或地区	主要观点
OECD(2005)	能互动地使用工具,能在社会异质群体中互动,能自主行动
欧盟(2005)	母语交流,外语交流,数学素养和科技素养,数字化素养,学会学习,社交和公民素养,主动和创业意识,文化意识和表达
新西兰(2006)	使用语言、符号和文本,自我管理,人际关系,参与和贡献,思考
澳大利亚(2008)	成功的学习者,自信而创新的个体,积极而有文化的公民
新加坡(2010)	自信的人,自主学习者,积极贡献者,热心的公民
美国(2011)	21世纪技能
日本(2012)	21世纪型能力:基础能力,思维能力,实践能力
UNESCO(2012)	基本技能,可迁移技能,技术和职业能力
法国(2013)	《重建共和国基础教育规划法案》共同基石,即七项能力
韩国(2015)	创造性思维,审美感性,沟通,共同体,知识信息处理,自我管理
世界经济论坛(2016)	基础素养,核心素养,品格
课程重建中心(CCR)(2015、2021)	知识(我们所知、所理解的东西),技能(我们怎样应用所知),品格(我们怎样做人并融入世界),元学习(我们怎样反思并改进)(2015) 有意识、明白、系统地将素养嵌入学科,提出了将技能、品格与元学习三类12种素养嵌入各个学科的框架(2021)
中国(2016、2017)	《中国学生发展核心素养(2016)》以培养"全面发展的人"为核心,分为文化基础、自主发展、社会参与3个方面,综合表现为人文底蕴、科学精神、学会学习、健康生活、责任担当、实践创新等六大素养,具体细化为国家认同等18个基本要点 《普通高中课程标准(2017年版2020年修订)》建构了学科核心素养,每个学科提炼本学科要培育的核心素养,如语文提炼了语言建构与运用、思维发展与提升、审美鉴赏与创造、文化传承与理解等4个学科核心素养

"内容标准"为核心的样式,创建了"以学科核心素养为纲"的"内容标准+教学要求+学业质量"新样式,让一线教师首先明确本学科落实立德树人根本任务的独特贡献与育人价值,明确"从期望的课程目标到过程性的内容标准,再到终结性的学业质量标准"的素养目标体系。新课标要求一线教师超越原先单纯的知识点的要求,提升至学习结果的综合表现或整体刻画;关注知识点的习得、运用与迁移,重视知识点的联系与整合,以及真实情境中解决问题的能力;强调学生通过特定课程的学习逐步养成关键能力、必备品格与价值观念。

新课标给原有教学体系带来了巨大的冲击。我国在20世纪上半叶的教学大纲时代重基础知识与基本技能,教学设计集中在对"教"的设计,且以"课时""知识点"为设计单位,即以教材中细小的知识点为单位,分课时设计教师的教学过程。由于没有课程的知识基础,因此也没有目标意识,通常以目的替代目标,知识点非常细小,但目标写得非常宏大,美其名曰"高大上",其实全是"假大空"。没有目标,何以育人?书教完了,人没有育,教书与育人游离。那种第一课时教知识点A,第二课时教知识点B……然后知识点A考"了解"、知识点B测"识记"的做法,即便学生考了100分,也只能证明对知识的理解与掌握,而无法证明能力与素养是否得到培育,更遑论正确的价值观念养成,从而易导致"高分低能""有知识无文化"的问题。什么样的目标决定什么样的教学设计单位,随着课程目标从碎片化的知识点到导向学业质量的核心素养,素养目标呼唤变革原有的教学设计,重建新的教学体系。

二、素养本位的单元设计:已有的国际经验

如何依据素养目标变革教学设计?其实国际上已有一批课程与教学专家在研究与素养目标匹配的教学系统的迭代发展问题。其中,单元设计就是公

认比较成熟的做法。

"单元"其实并非新词,甚至可以说它比课程的诞生还要早些。早期的"单元"就是教学内容的单位,主要涉及教什么,即教育的前端。一百年前课程诞生之后,特别是受实用主义教育哲学的影响,"单元"一词尽管依然沿用,但其含义有所变化,即从有组织的内容单位走向了经过设计的活动单位,也叫经验单位,可以称之为教育的中端。之后的几十年,"单元"一词在不温不火的状态中度过,直至21世纪核心素养时代来临,人们从"课程视角、学习立场"重新激活了单元概念,让单元成为一个学习单位,对接素养目标。也许此时的单元已经成为"一个教育片段的完整过程"或者说是一个完整的学习故事。它既涉及前端如对教学内容的设计,也涉及中端的整个学习过程,还涉及后端的素养目标是否达成的实践验证。

如前文所述,国际上主要通行教育技术、建构主义,以及将两者相整合的三种单元设计思路。教育技术的思路因循目标导向,常以目标、教学、评价为要素,通过前置评价任务凸显"教-学-评"一致性,以实现教学效果的优化。比如,美国英特尔公司主持的"英特尔教育计划"(Intel Education Initiative)旨在通过基于项目的单元学习方式(Project-based Learning Unit)培养学生的创造性思维和解决真实问题的能力等21世纪技能,帮助学生成为未来的创新者。该单元的基本要素包括单元目标、评估方式与学习计划,与上述单元要素完全一致。

建构主义的思路强调学习者的主动建构,常以主题、探究、表达为核心要素。最典型的是国际文凭(IB)的课程单元设计,在其中学项目课程中,一个教学单元可以被定义为一个以总结性评估为终结的学习阶段,它涉及三个方面:确立单元教学目标,确定通过探究进行教学和学习的流程,对探究的计划、过程和影响进行反思。

在建构主义范式下,还有如科学探究式的主题单元设计,以及基于问题的学习单元设计。其中,后者还有很多变式,如在社会情境中积极思考(Thinking Actively in a Social Context,简称TASC),在积极的问题解决中真实参与(Real Engagement in Active Problem Solving,简称REAPS),多维课程模型(The Multi-dimensional Curriculum Model,简称MdCM),等等。两者整合的思路则以整合课程模型(Integrated Curriculum Model,简称ICM)为代表,目的是将前述不同课程模型的所有重要特征进行提取,打包设计。ICM模型强调对学科体系的正确理解,主要包含三个内在相互关联的维度:第一,强调构成不同学科的高级内容知识;第二,提供高阶思维和加工;第三,围绕主要话题、主题及观点组织有关的学习活动,这些主题和观点要符合对某个学科的理解,并能建立学科之间的联系。

三、单元设计的本土建构:课程视角、学习立场与素养目标

单元设计的国际经验为我们建构指向核心素养的单元设计提供了诸多有益的启示,结合国情,我们需要考虑到教师专业发展"重教学、轻课程"的特点,以及课程标准的"内容标准清晰,学业质量模糊"的实际情况,建构可操作的单元设计本土实践模式。有鉴于此,下面几个方面需要特别予以重视。

第一,要在较为抽象的素养目标与具体的教学内容之间建立一个统摄中心,以便将"眼高(目标)"与"手低(知识点)"建立关联。不然,则易导致"两张皮",即写起目标来"高高在上",一上起课来却只关注知识点的"了解识记"类的低级目标,无关素养;或者"和稀泥",学习没有进阶,没有脚手架,也没有"最近发展区",有悖于学校教育系统性与递进性的宗旨。如果说素养目标是单元的灵魂,那么统摄中心就是单元的骨架。一般而言,目前的统摄中心有"大任务""大项目""大问题""大观念"四种,需要根据不同的素养目标以及学科研究

的不同水平,选择相应的统摄中心来组织单元。

第二,为了强化单元设计与素养目标之间的密切关系,我们将本土建构的单元设计称为"大单元教学设计"。"大单元"的丰富意蕴主要有三:其一,强调其统摄中心之大,即往往由上述"大任务""大项目"等加以驱动;其二,强调教师进行教学设计的站位之"高",即要从整体着眼,从"大"处着眼,超越单一的知识点和技能,而从学科核心素养出发思考课程育人的本质;其三,强调时间维度上学生学习历程之"完整",即避免传统的"课时"逻辑对于学生学习经历的割裂,强调"以学习定时间"而不是"以时间定学习"。

第三,大单元设计要体现课程视角、学习立场,以学生"何以学会"来呈现教学设计,而不是着眼于教师自己如何设计教的过程。我们将这样的大单元设计文本称为"单元学历案"。单元学历案是教师围绕某一学习单元,从期望"学会什么"出发,设计并展示"学生何以学会"的过程,以便学生自主建构或社会建构经验或知识的专业方案。单元学历案由六大要素构成,即单元主题与课时、单元目标、单元评价任务、学习过程、作业与检测、学后反思。不同于传统教案是指向学科内容的,关注的是"教过",即教什么、怎么教,用户是教师。单元学历案指向的是学习经验,关注的是"学会",即学什么、怎么学、学到什么程度、如何判断是否学会,用户是学生;同时注重做中学、说中学、悟中学、教中学(教授他人);贯彻"教-学-评"一致性;是师生、生生互动的载体,是规范或引导学生学习的文本,是学生学习的认知地图,也是学生可重复使用的课程资源。

第四,为了便于操作与推广,我们已经归纳出单元学历案的基本设计流程。主要包括明晰组织单元、确定单元主题/课时、确定单元目标、设计评价任务、分课时设计学习进阶过程、布置作业与监测、设计学后反思七个步骤,如图1所示。第一步,研读教材,对标学科核心素养与学业质量,从大观念、大任务、大问题、大项目中选择一个合适的统摄中心来组织单元;第二步,确定单

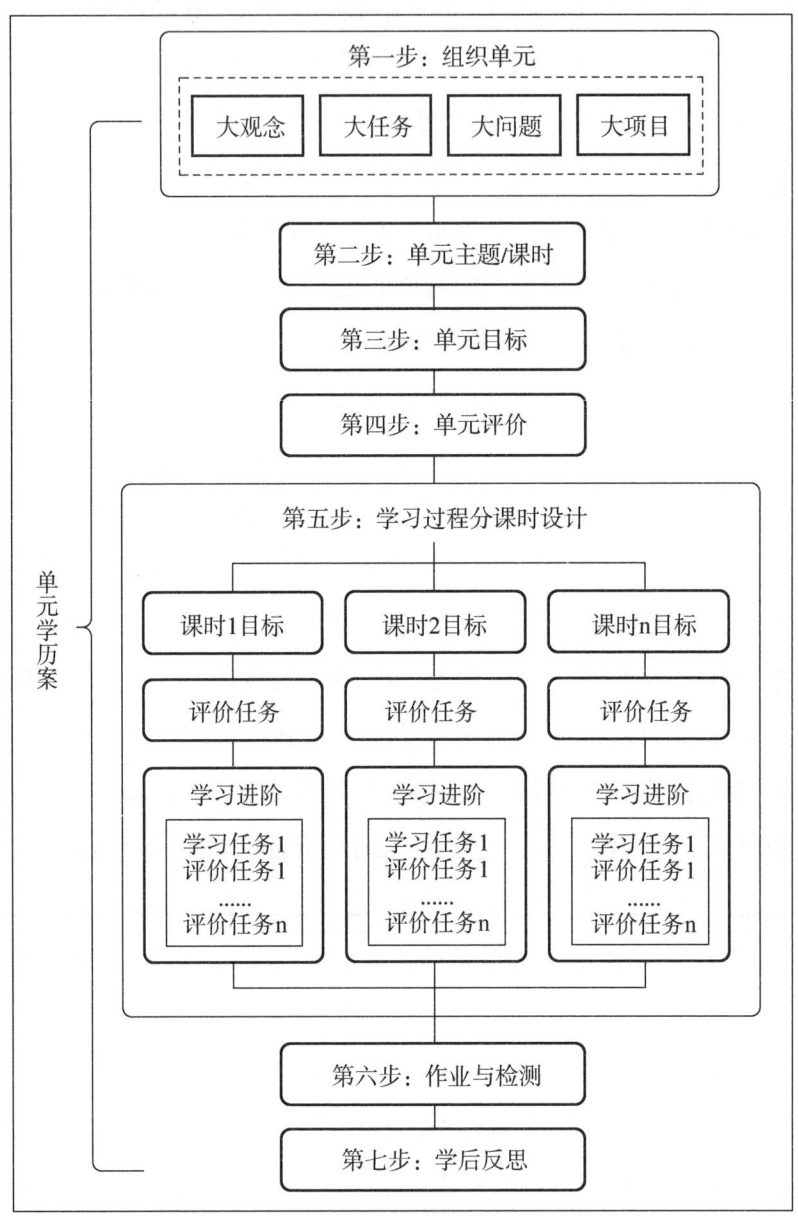

图1 单元学历案的设计模型

名称,规划单元课时安排;第三步,依据素养目标、教材内容、学生情况,确定单元目标;第四步,依据单元目标,设计真实情境下的综合性单元评价任务;第五步,将单元目标细化为课时目标,进而分课时设计评价任务和体现学习进阶与"教-学-评"一致性的学习过程;第六步,整体设计单元作业与检测;第七步,设计学后反思,搭建支持性的反思支架,以实现教下去的是"知识与技能",留下来的是"素养"。

尽管素养本位的单元设计在国内外都取得了一定的进展,但仍然有许多问题有待解决,同时也面临着极大的挑战。例如,新课标中的素养目标本身是否清晰?单元统摄中心是由专家还是教师确定?课时教学经验如何有效迁移到多课时的单元教学上来?如何开展指向素养目标的评价,尤其是高利害的考试命题?等等。期待更多的专业力量投入研究和实践。

(摘编自《上海教育》,2021年第32期。崔允漷,教育部人文社科重点研究基地华东师范大学课程与教学研究所所长,教授,博士生导师。)

科学课程与教学改革的未来走向

胡卫平

一、素养立意

任何一门课程的改革,首先要重视课程的目标。为深入贯彻党的十九大精神和全国教育大会部署,中共中央、国务院于2019年6月23日发布了《关于深化教育教学改革全面提高义务教育质量的意见》,提出"坚持立德树人,着力培养担当民族复兴大任的时代新人","坚持'五育'并举,全面发展素质教育"。为了落实立德树人的根本任务,我国提出了发展学生的核心素养。核心素养是学生在接受相应学段的教育过程中所形成的、适应个人终身发展和社会发展需要的必备品格(包括正确的价值观)和关键能力。核心素养可以为学校育人画像,为教师教学架桥,为学生发展导航。因此,科学课程的目标也应发展核心素养。

制定一门课程,需要考虑课程的目标、内容、实施及评价,实施中最核心的就是教学,评价主要看核心素养的达成度。在课程目标确定后,课程设计最关键的是课程内容与课程教学的设计。从教学改革来讲,涉及教学内容和教学方法。因此,课程与教学改革的重点基本一致,都是内容与教学的改革。我国的科学课程与教学改革,吸收了以往经验,反映了国际趋势,发展核心素养,聚焦概念,进阶设计课程,注重思维型探究。

从目标来讲,未来的课程改革要立足于素养立意。在义务教育阶段,学生具有基础性和发展性的特点,素养内容要体现时代性和综合性,研制过程应具有科学性和政策性。关于科学到底是什么，不同人有不同的观点，我们认为，科学是人类在研究自然现象、发现自然规律的基础上形成的知识系统，以及获得这些知识系统的认识过程和在此过程中所利用的方法。这个关于科学的定义包括了学生需要发展的三个方面的素养：知识系统、认识过程和科学方法。知识系统反映科学观念，认识过程反映科学思维，科学方法反映探究与实践。为此，我们从以下几个方面进行了系统的研究：国际科学教育趋势分析，国际科学课程标准和教材的比较，国家科学教育政策分析，以及国家科学课程标准分析，同时还作了利益相关者的访谈和学生素养的表现性评价。

国际科学教育的价值选择（见表1）的基本规律可以概括为：工业革命之前重视人文价值；18世纪到19世纪末重视实用价值；20世纪前半叶，实用价值与人文价值并重；20世纪中叶重视社会本位；20世纪末重视人的发展本位；21世纪开始，由于强调核心素养，既重视人的发展本位，也重视社会本位。我国百年以来科学课程标准中的有关目标与国际趋势是基本一致的（见表2），这是因为我国科学教育理论主要是从西方国家引进的，共同的特点是持续关注人地关系（人文系统与自然环境系统动态关系的简称——编者注）。我们对一些相关者进行了访谈，涉及52位不同领域的专家，访谈结果的统计分析表明：一级指标包括科学观念、科学思维、态度责任和科学探究四个方面，态度责任受关注程度最高，其次是科学思维，然后是科学观念，最后是科学探究。同时，我们也对学生的发展进行了一对一的测试，每个领域设计一个问题，每个问题测试时间为一小时，在一个多月的时间里测试了200多人。对数据进行分析后，得到了观念理解与应用、科学探究与交流、科学思维与创新，以及科学态度与责任四个维度。最后形成的科学课程核心素养由四个方面构成（见图1）：科学观念是科学课程本质属性的集中体现，是其他素养的基础；科学思维是关键能力，是素养的核心；探究实践也是一种能力；态度责任是必备品格，反映了科学课程的方向性。

表1　国际科学教育的价值选择

时期	科学教育价值观	科学教育目标
工业革命之前	从生存到理性,重视人文价值、理性思想	进行正确的思维、理解、判断,获得身心自由发展
18世纪到19世纪末	为人的未来生活做准备,以及社会救亡价值等实用价值	心智、技能训练,强调科学知识
20世纪前半叶	实用价值与人文价值并重,既指向个体的物质生活与精神需求,又指向社会的物质生产发展与思想观念转变	从"知识唯上"开始强调方法、思维、精神、态度、能力等方面的目标
20世纪中叶	社会本位:满足社会生产需要和政治实用需要	培养科学家和科学精英 使学生能够进行一般的调查和探索自然现象,强调科学探索过程而不是零碎的知识内容,强调问题解决和批判性思维等
20世纪末	人的发展本位:面向全体大众,同时满足个人与国家发展的需要	科学素养 给予每一个人适应改善生活质量所需的知识、技能和态度
21世纪以来	人的发展本位+社会本位:个人、社会和职业	核心素养 发展个人调动心理和社会资源、知识、技能和态度处理问题和复杂需求的能力,具有终身学习和高度专业化的趋势

表2　中国科学教育的价值选择

价值	时期	国际趋势	我国科学学科核心素养
实用价值	癸卯学制时期（1904、1912）	为人的未来生活做准备,以及社会救亡价值等实用价值	"以备日用生计之用""可适于日用生计及各项实业之用"
实用价值与人文价值并重	新学制时期（1923、1929、1932、1936、1942、1948、1950）	实用价值与人文价值并重,既指向个体的物质生活与精神需求,又指向社会的物质生产发展与思想观念转变	科学知识:"对于自然物和自然现象的基本知识""获得基本的自然科学常识" 科学方法与实践:"增进利用自然以解决物质和精神生活问题的智能"

(续表)

价值	时期	国际趋势	我国科学学科核心素养
			"改善国民生活、国家经济等的知识和能力""指导儿童探求科学知识的基本方法""增进用科学的思想方法和态度,以观察、研究、实验、创造的兴趣和能力" 科学态度和兴趣:"欣赏自然,研究自然和爱好田野生活的兴趣""养成对于科学的研究态度和试验精神""克服对自然的神秘迷信"
社会本位	中华人民共和国成立初期(1956、1963、1977、1978)	社会本位:为满足社会生产需要和政治实用需要	由"双基"(基础科学知识、基本科学技能)向兼顾态度和方法转变:"了解人能征服自然,使自然为人类服务""为儿童进一步学习和将来参加劳动准备必需的基础""培养儿童的辩证唯物主义世界观的基础,破除迷信和偏见""培养儿童的观察力,发展儿童的语言和逻辑思维的能力""教给学生一些浅近的自然科学知识,指导学生初步认识自然界和人对自然界的利用改造,扩大学生的知识领域"
科学素养	"科技是第一生产力"时期(1986、1988、1992、1994、2001)	面向全体大众,同时满足个人与国家发展的需要	创新精神、实践能力、科学和人文素养、环境意识:"自然课是对小学儿童进行科学启蒙教育的一门重要基础学科""提高整个中华民族的思想道德素质和科学文化素质"(1986年首次提出);"指导儿童初步认识自然界,初步了解人类对自然界的探索、利用、改造和保护""培养学生学科学、用科学的能力,主要是观察能力、实验能力、动手能力、逻辑思维能力和想象能力,启发他们的创造精神"(1988年)
科学核心素养	"立德树人"时期(2017)	多元价值,兼顾个人、社会和职业	科学知识目标,科学探究目标,科学态度目标,科学、技术、社会与环境目标

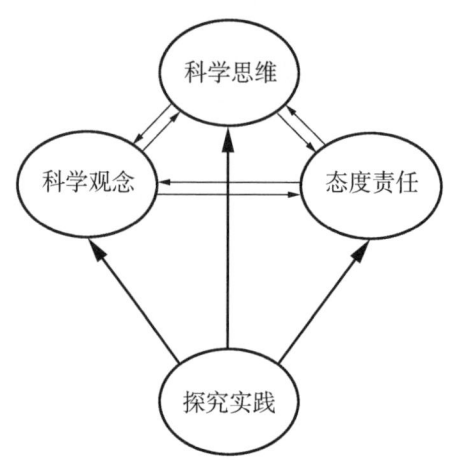

图 1 科学课程核心素养

如果要进行课程改革,除关注科学的独特价值之外,还要反映出科学课程能够培养的共通核心素养。我们把科学课程要培养的核心素养与学生发展核心素养作了一些比较,发现我们所制定的核心素养可以反映学生发展核心素养的主要内容(见表3)。

表3 学生发展核心素养的体现情况

科学课程要培养的核心素养	文化基础					
	人文底蕴			科学精神		
	人文积淀	人文情怀	审美情趣	理性思维	批判质疑	勇于探究
	价值判断	人地协调 道德规范 家国情怀	创新思维	模型建构 科学推理 科学论证	科学论证 质疑创新	探究实践
	自主发展					
	学会学习			健康生活		
	乐学善学	勤于反思	信息意识	珍爱生命	健全人格	自我管理
	探究兴趣	学习能力 科学探究	科学探究中的信息意识	珍惜生命	人地协调	学习能力

（续表）

社会参与					
责任担当			实践创新		
社会责任	国家认同	国际理解	劳动意识	问题解决	技术应用
社会责任	家国情怀	合作分享 人地协调	探究实践	探究实践	技术与工程实践

素养立意，也就是说要以凝练地反映科学课程全面育人价值的核心素养为纲，统领科学课程标准的制定和修订，基于科学课程要培养学生的核心素养的内涵、要素及学段特征，确定课程总目标和学段目标，选择课程内容，制定学业要求和学业质量标准，引领育人方式的转变和考试评价的改革。

二、加强综合

综合性既是培养学生核心素养的需要，也是国际科学课程改革的趋势。研究表明，综合性有利于学生创造力的发展。十九届六中全会提出要"推进科技自立自强"，自立自强的关键在于拥有大批科技创新人才。义务教育阶段是科技创新后备人才成长的关键期，加强综合，注重让学生从整体上认识世界，发挥不同知识领域的教育功能和思维发展功能，是培养科技创新后备人才的必然要求。为此，科学课程与教学改革要聚焦核心概念，同时注重内容与经验的结合，动手与动脑的结合，知识学习与社会实践的结合，理解自然现象和解决实际问题的结合，科学课程与并行开设的其他课程相互渗透。

综合性的课程有很多优势，主要包括：①体现了义务教育基础性的基本要求，是基于核心素养改革的必然要求；②有利于学生对科学本质的深度理解和系统认识；③有利于学生形成合理的知识结构，提高创新能力；④有利于开展基于项目的科学探究和实践活动;⑤符合国际趋势。1984年,联合国教科文组织对161个成员国的调查发现,大多数国家和地区在初中阶段设置综合科学课程。参与调查的亚太地区17个国家和地区中,除了中国和老挝在初中设置分科科学课程,其他15个国家和地区均开设综合科学课程。科学课程作为综合课程,统筹设计,整体规划,强调各领域知识的相互渗透与整合,有助于学生从整体上认识自然和科学。根据统一的科学概念、原理和各领域知识之间的联系建立开放性的知识结构,有助于学生知识的迁移和学习能力的发展,有助于对学生科学探究和实践能力培养的总体安排。2019年,我们对科学综合课程实施的情况进行了调研,调研的结果表明满意率大部分在95%以上,所以,未来的改革要聚焦概念、注重综合。

原来的课程标准分成若干个领域,未来的趋势应该打破领域,因为领域之间的概念是相互关联的。比如"物质和能量",不仅物质科学里有,生命科学、地球与宇宙科学里也有。同时,在重视学科核心概念的同时,也需要高度关注跨学科概念的学习。另外,要基于学科核心概念和跨学科核心概念开展技术与工程实践,这也是STEM教育需要关注的。目前的STEM教育存在较大的问题,是基于产品导向的。STEM教育应以素养发展为导向,同时也要基于学生已有的知识和经验,要遵循学习规律和学生身心发展规律,特别是学生思维的发展规律。

三、进阶设计

人的发展是螺旋式上升、波浪式前进的,这是发展心理学的一个很重要的研究成果。教师在教学过程中要基于学生的身心发展规律,进阶设计科学课程。首先,从核心素养的进阶看,在义务教育阶段,将小学分成1—2年级、3—4

年级、5—6年级三个学段,初中为一个学段;五四学制则需要另行分段。

素养本身是进阶的,课程内容和教学也需要进阶。课程进阶设计要做到"三适合与两遵循",即适合学生的知识经验、认知水平和兴趣特点,遵循学习规律和学科的内在逻辑。作为教师要做到"三个理解",即理解学习、理解学科、理解学生。理解学习包括理解学习的本质、条件和规律等;理解学科包括理解学科的本质、学科思想方法和学科结构等;理解学生就得理解学生的知识经验水平、认知水平、学生的兴趣特点等。总之,学习内容的设计要由浅入深、由表及里、由易到难;学习活动要由简单到综合。同时,要重视幼小衔接,以及义务教育与高中教育的衔接,将学习内容与学习活动有机整合,规划适合于不同学段的、螺旋上升的课程目标和课程内容,设计适合于不同阶段的探究和实践活动,形成有序递进的纵向结构。

进阶设计考虑的因素主要包括以下五个方面:①学生思维的发展;②学习方式的改变;③学生知识经验的丰富;④学生兴趣的发展;⑤解决问题的复杂性。除此之外,还需考虑不同学习内容的进阶。例如,从思维发展来讲,小学低年级关注学生对具体现象与事物外部特征的观察、描述、比较、分类、判断等;中年级在关注具体现象和外部特征的基础上,分析现象和事件发生的条件、过程、原因等,涉及归纳、推理;高年级关注事物的结构、功能、变化与相互关系,涉及概括、系统化、控制变量等。学习方式按照指导性学习、引导性学习、自主性学习的层级发展。学习兴趣则有直觉兴趣、操作兴趣、因果兴趣和理论兴趣四个层级。

四、思维探究

2001年以来,我国推行的课程改革提出自主学习、合作学习、探究学习,在科学课程改革中提出科学探究。经过20多年的教学改革和发展,科学探究有了一定的进展,取得了一定的成绩,但是也存在一些问题。比如,重视形式,忽视本质;重视学生探究的过程,忽视探究中的思维,这将是未来改革需要进一步深化的重点内容。经过30多年的研究,我们提出思维型教学理论,这个理论的核心目标就是指向核心素养,特别关注思维的发展,其核心思想为:教学的核心是思维,学习的关键是思考。因此,如何在学习、探究、实践过程中促进学生的积极思维,是能否有效培养学生素养的关键,也反映了教学的本质。

思维型教育理论强调教学内容应关注核心概念,在此基础上我们提出五大基本原理,包括动机激发、认知冲突、自主建构、自我监控和应用迁移。全国20多个省(区、市)的5000多所学校(包括台湾、香港和澳门等地区的部分学校),以及美国、俄罗斯、瑞士、西班牙等国家的部分学校,基于思维型教学理论推进教学改革,建立了1000多所学校的实验基地,同时也应用于我们国家的课程改革、质量监测、"国培"计划改革等方面。

学生的学习由浅到深可以分成被动接受、自主活动、自主建构和合作建构四个层级,其中被动接受和自主活动属于浅层学习,自主建构和合作建构属于深度学习。深度学习与浅层学习最大的区别在于学习过程中学生是否深度思维。深度学习的本质是深度思维,学习的效果等于思维的强度乘以学习的时间,如果学生不思考,仅有学习时间是不够的。我们对西安市3万多名学生德智体美劳全面发展及其影响因素进行了测评,并分析了影响机制,结果表明:影响学生品德发展、学习发展、审美素养、劳动素养等最直接的因素是学习和思维。这一结果进一步说明:所有核心素养的形成必须依靠学生积极主动的思维。

探究式教学是科学学习的主导方式,在很早以前就有人提出,从探究式教学的发展历史看,不论是19世纪末的赫胥黎、赫尔巴特,还是20世纪前叶的杜威,以及20世纪中叶的施瓦布、赫德,20世纪末的安德森,或当代的奥斯本,都认为探究最核心的是思维(见表4)。可以看出,探究式教学的本质不是一个探究的程序,而是一个思维的过程。这正是当前科学教育教学过程中需要提升的,在重视探究程序的同时,重视学生的积极思维。2017版的小学科学课程标准中凡是提到"做中学",就要提"学中思";凡是提到动手就一定提动脑,进一步强调动脑的重要性。探究式教学的发展趋势包括两个方面:一是在自主的基础上进行合作学习;二是重视科学探究,强化科学实践,强调核心素养的培养。

表4 探究式教学的发展阶段

时期	代表人物	背景	关于科学探究的观点和认识
19世纪末	赫胥黎 赫尔巴特	实用价值,关注心智、技能训练	探究式教学被视为通过归纳推理训练学生的思维
20世纪前叶	杜威	实用价值与人文价值并重,指向个体需求与社会发展需求	注重通过在与社会相关的问题和项目背景下教给学生科学的思维方式,发展学生解决社会问题所需的能力
20世纪中叶	施瓦布 赫德	社会本位,培养科学家和科学精英	通过探究式教学,学生能以严谨的思维方式理解科学学科的内容和方法之间的联系,并将其用于解决个人问题和社会决策的活动
20世纪末	安德森	人的发展本位,科学教育的目标是培养学生的科学素养	通过探究式教学培养学生的科学素养,学生能够运用科学的思维方式、科学知识、科学态度等解决日常生活中的问题
20世纪以来	奥斯本	人的发展本位+社会本位	将科学探究扩展为科学实践,通过探究,学生可以掌握实践、理解科学的认知基础及其关键的思维方式

大家都知道,科学探究包括提出问题、作出假设、制订计划、搜集证据、处理信息、得出结论、表达交流、反思评价8个基本要素,在探究过程中,要特别关注分析、综合、比较、分类、归纳、演绎、抽象、概括、联想、想象、发散、重组、空间

认知、突破定势等各种各样的思维。同时,在真实的教学中,要突出情境创设和应用迁移,因为核心素养只有在真实情境中解决问题时才能表现出来。因此,基于核心素养的课程与教学改革特别强调情境创设和应用迁移,这两个要素也是思维型教学中的基本要素。情境创设是培养学生核心素养的重要途径,也是思维与学习理论的必然要求。我们认为:基于核心素养的教学,就要做到"从情境中来,到情境中去"。关于应用迁移,就是要把所学的知识、方法,甚至态度,应用到真实的情境中,迁移到其他领域中。理论建立起来后,根据当前科学探究的趋势,提出两条路径,这两条路径最初都是一样的,从创设情境、提出问题到作出假设,之后可以用两种方式进行探究,一种是在自主基础上的合作学习,在课堂教学中通常是这种方式;另外一种是自主与合作并行,也即合作探究,在项目式学习、研究型学习、时间比较长的学习中,基本是这种方式。

在科学课程要培养的核心素养的前期研究中,用了"科学探究"或者"科学探究与交流";在科学课程改革中,将"科学探究"修改为"探究实践",包括科学探究,以及技术与工程实践;在学科核心概念的学习中,突出科学探究,强调做中学和学中思;在技术工程领域,强调技术与工程问题的规范性,让学生养成通过"动手做"解决问题的习惯,培养学生的实践能力。

(摘编自《中国科技教育》,2022年第6期。胡卫平,现代教学技术教育部重点实验室主任,陕西师范大学教授,教育部基础教育教学指导委员会科学教学指导专委会委员。)

科学教育中的跨学科概念：应用及案例

高云峰

本文将介绍跨学科概念处理问题的方法，以及在真实情境中如何利用跨学科知识和概念解决实际问题的案例。文中两个案例从简单到复杂，分别是面向小学和中学开展的探究活动。

一、利用跨学科概念指导处理综合性问题

跨学科概念反复出现在不同学科中，可以在更高层面统领、解释众多零散的科学现象和事实，还可以给出处理问题一般的视角、方法和模式。

1. 物质与能量

"物质与能量"奠定学生最基本的世界观，为客观理解自然及自然现象进而揭示未知世界打下基础。当学生遇到新的未知科学问题时，首先应有这种认识：该问题的本质是物质变化与能量转化的某种具体表现形式，从而排除了各种宗教因素、神话色彩，也避免了各种可能的伪科学，为后续深入探究指明了大的方向，奠定科学与理性的基础。

2. 系统与模型

"系统与模型"提供认识复杂问题的方法，通过简化提炼出系统本质的特

征,并据此进行分析、预测,给出具体分析问题的方法和途径。真实问题(系统)很复杂,通过适当简化、假设得到一个相对简单、可以处理的模型,然后对模型进行分析或测试,获得数据,经过整理有可能获得关于系统新的认知。模型还具有预测功能,通过对预测结果的证实或证伪,可以扩大对系统的认知范围,也可能预测结果不正确,导致新的模型产生。

3. 结构与功能

"结构与功能"从因果关系的层面了解现象背后的原因,结构决定功能和特性,功能依赖于结构。由于系统的结构和功能具有明确的依存关系,因此对系统外在的功能和特性进行分析,可得到系统内在的结构关系,从而增加对系统的理解,也为系统简化建模提供依据。在技术与工程领域和文学艺术领域,结构是人为确定的,人的主观能动因素起了很大作用,通过适当巧妙的设计构思,可以完成具有特定功能的技术产品。

4. 稳定与变化

"稳定与变化"强调自然界一切事物都在变化之中,但又具有相对稳定性,通过变化可以寻找事物内在的规律。事物是变化的,但是变化的背后,可能存在某种稳定的状态,甚至是不变量。通过寻找系统变化时各参数的关系,有可能找到系统平衡与稳定的关系,以及潜在的科学规律。

二、"纸桥过车"探究案例

这是面向小学生开展的探究活动,学生在活动中除了动手实践,还感受到教育意义。

1. 问题的提出

尝试设计并搭建一座简易纸桥。要求：只有20张A4纸，没有胶水、胶带、绳子；"两岸"的距离为60厘米（架在两张桌子或两本书之间）；比赛时不用手扶纸桥，尝试通过一辆遥控小车。

2. 启发性案例：材料拉伸与弯曲的现象与启示

如果我们想把一根竹筷子弄断，根据生活经验，拉断它是很困难的，但将其折断是轻而易举之事。同一根筷子，为什么很难被拉断却很容易被折断呢？

把竹筷子看作是由多根竹纤维组成的，看看这些纤维在筷子被拉伸时的受力状况：

在被拉伸的过程中，这些纤维要么都不断裂，要么一起断裂（如图1）。这些纤维在此过程中"团结一致"，不易被拉断。

筷子被弯曲时，上侧纤维变长，下侧纤维变短，因此上、下侧纤维受较大的力，中间纤维基本不受力（如图2）。这些纤维在弯曲过程中"各自为政"，最上侧的纤维会首先断裂。

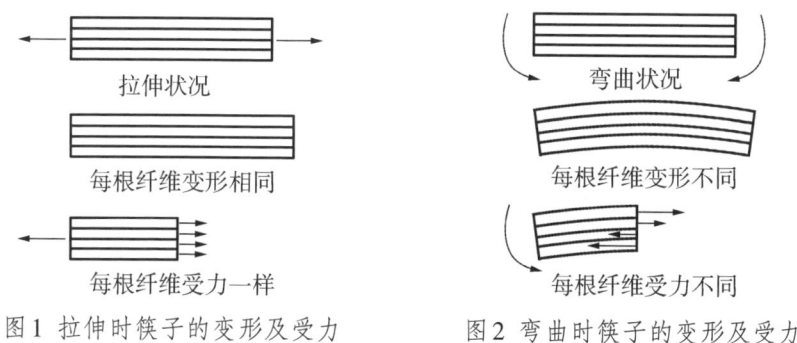

图1 拉伸时筷子的变形及受力　　图2 弯曲时筷子的变形及受力

3. 如何解决物体抗拉不抗弯的缺点

既然材料在弯曲时中间部分受力较小，上、下两侧受力较大，可以考虑"把好钢用在刀刃上"，也就是减少中间部分材料，增加上、下两侧的材料。"工"字形梁(工厂中的大型构件、铁轨等)因此而产生。

但是动物、植物中为什么没有出现"工"字形的结构呢?与构件、铁轨受力方向固定不同,动植物个体受力方向随机,可能向不同的方向弯曲,那么空心圆管就更为合理:把所有材料移到外围,符合减少中间部分材料的原则。

同时,从材料效率的角度可以解释为什么树干普遍是下粗上细,这样单位截面上承受的重量比较均匀。

4. 体验环节

在前面了解结构与性能有关知识后,具体可以考虑不同的结构形式。

教师可以引导学生先把单张纸分别叠成W形、凹形、圆柱形、三角形等不同形状(如图3),测试比较不同形状的承载能力(涉及受力和变形,需要利用数据进行比较),再选择适当的方式把纸桥架起来并进行比赛。

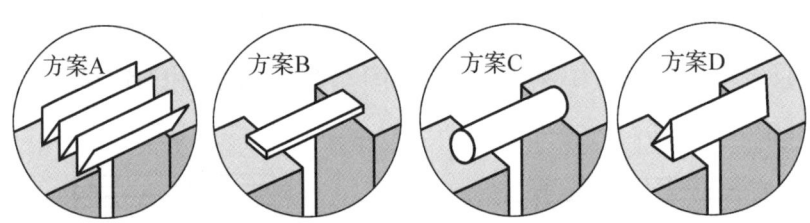

图3 对不同形状进行受力及变形测试

5. 本活动涉及的学科及跨学科概念

本活动涉及多个不同的学科,除了主要涉及的技术与工程领域、物理,还可以扩展到生物学、历史、数学等学科,通过材料的力学性能把这些学科串起来。

技术与工程:简要了解桥梁的结构及发展历史,活动不是完全异想天开。

物理:受力与变形的关系。

生物学:动物骨骼、某些草本植物茎秆具有圆形及中空的结构特点。

数学:利用数据得到单位质量的承受重量,是后续选择方案的依据。

学生从上述不同学科中得到启发,迁移到纸桥活动中,同时融会贯通,考虑材料的性能,特别是材料的结构对性能的影响。这一活动还同时涉及四个跨学科概念:

物质与能量:材料的力学性能涉及"运动与相互作用"和"能的转化与能量守恒",一方面材料由于受力产生变形,另一方面变形涉及力做功,以及重力势能与材料变形能的转化。

系统与模型:在材料被拉伸及弯曲时,材料及作用力是系统,而简化的受力图是实际系统的模型。可以看出,用模型可以直观解释拉伸与弯曲的区别。

结构与功能:通过动物骨骼和植物茎秆的比较,理解空心圆形截面可以提高材料效率,且能抵抗不同方向的受力,并将其迁移到技术与工程实践中。通过改变纸张的结构形式,可以提高其承受载荷的能力。

稳定与变化:技术与工程领域的作品需要结实耐用,因此要考虑运用各种方法提高纸张抵抗变形的能力。纸桥的结构合理,小车通过时变形就较小,装置呈现出稳定的状态;否则变形较大,纸桥就会垮掉。

三、"寻找四叶草"探究案例

这是面向中学生开展的"基于设计的学习"案例,通过数列、故事引出问题,并让学生自己设计装置,把定性分析、定量分析的方法教给学生,同时把教育意义融入其中。

1. 问题的提出

能否设计、制作某个装置,利用装置画出精确的四叶玫瑰线?其背后的含义是模拟寓言故事寻找四叶草。

2. 数列的规律及植物生长中有趣的现象

下面一串数有什么规律?

$$1,1,2,3,5,8,13,21,34,55,89,144,233,\cdots \quad ①$$

是否很快看出来? 从第三项开始,每一项都是前两项之和

$$a_n = a_{n-1} + a_{n-2}(n\geq 3) \quad ②$$

这是数学中很著名的斐波那契数列。在这串数列中,还隐藏着一个数。试试从第三项开始计算 $a_{n-1}/a_n=?(n\geq 3)$,看看能发现什么规律?

$$\cdots,\frac{34}{55}\approx 0.618,\frac{55}{89}\approx 0.618,\frac{89}{144}\approx 0.618,\frac{14}{233}\approx 0.618,\cdots \quad ③$$

0.618出现了,它是黄金分割值! 课后,教师可以让有兴趣的学生调查黄金分割值在建筑、艺术、优化中的应用。

植物在漫长的进化中不断优化,也会在不经意间反映出黄金分割值。例如三叶草叶子之间的夹角是137.5°和222.5°,其比值约为0.618。

另外,很多植物的叶子或花瓣是2、3、5、8、13等数目,例如人类在国际空间站中培育出的第一株在外太空开放的花朵——百日菊,它有13个花瓣,这些数字背后也隐藏了黄金分割值。

3. 介绍故事

也许你听说过寻找幸运草的故事:找到四叶草就会得到幸福。故事中四片小叶分别表示真爱、健康、名誉和财富。既然四叶草很难找到,学生能否自己"创造"四叶草呢? 从四叶草的话题能很自然地引出四叶玫瑰线,目标是设计出一种简单的装置,可以画出四叶玫瑰线(见图4)。

4. 具体探究实践

设四叶玫瑰线的每瓣最大尺寸为 a,在极坐标中,其方程为

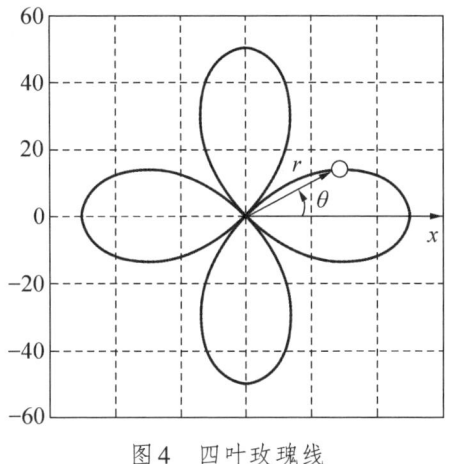

图 4　四叶玫瑰线

$$r = a\cos 2\theta \qquad ④$$

学生首先遇到的问题是：四叶玫瑰线能否用简单的装置精确地画出来？这个问题与平时的作业不同，不清楚该装置是否存在。如何用所学的知识来分析这一问题呢？对于不清楚结构的问题，没法采用定量分析的方法，但是可以采用定性分析的方法。

首先证明存在性。从数学角度看，方程④在直角坐标中可以表示为

$$x = a\cos 2\theta \cos\theta,\ y = a\cos 2\theta \sin\theta \qquad ⑤$$

利用三角公式后有

$$x = \frac{a}{2}(\cos 3\theta + \cos\theta),\ y = \frac{a}{2}(\sin 3\theta - \sin\theta) \qquad ⑥$$

式⑥意味着什么？通常学生认为这是三角函数问题，现在要换个角度看（跨学科，从数学跨到物理），它是否表示运动合成呢？

从运动学角度看，质点在 xy 平面内做圆周运动时，其运动方程是

$$x = r\cos\theta,\ y = r\sin\theta \qquad ⑦$$

反过来说，满足方程⑦的点做圆周运动。根据这一启示，方程⑥可以改写为

$$x = \frac{a}{2}\left[\cos 3\theta + \cos(-\theta)\right], y = \frac{a}{2}\left[\sin 3\theta + \sin(-\theta)\right] \quad ⑧$$

式⑧暗示了四叶玫瑰线是两个圆周运动叠加的结果,而角度前面的倍数表示转动的快慢,正负号表示转动的方向不同。

存在性解决了,这两个圆与四叶玫瑰线的尺寸 a 有什么关系呢?利用运动合成的知识可以进行定量计算(略)。

教师可以让有兴趣的学生根据式⑧继续研究,使用机械制图软件很容易获得标准齿轮(内齿轮、外齿轮)的轮廓,然后利用激光切割机,快速高精度地获得需要的齿轮,为了进行对比研究,可以在齿轮上多开一些孔(见图5)。按住大齿轮,把笔放在小齿轮上适当的孔中,转动小齿轮,就可以画出标准的四叶玫瑰线了(见图6)。

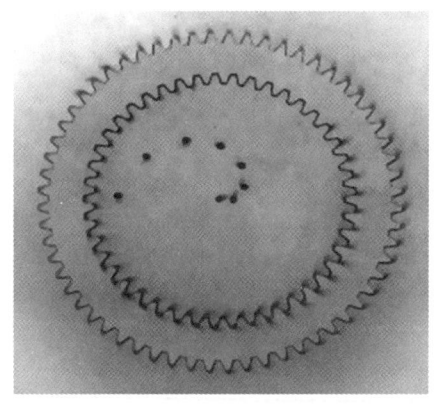

图5 设计制造的装置

图6 最终画出的四叶草

学生尝试制作装置时会发现,装置的参数稍变一点,就不是我们要的结果了。要想画出四叶玫瑰线,必须确定精确的参数。这表明不仅在故事中寻找四叶草不容易,在实际操作中要画出四叶玫瑰线也不容易。

5. 本活动涉及的学科及跨学科概念

本活动涉及多个不同的学科,除主要涉及的物理、数学、技术与工程领域外,还可以扩展到生物学、文学、建筑、艺术等学科,通过黄金分割值及运动轨迹把这些学科串起来。

物理:点的运动及轨迹;圆周运动的表示方法。

数学:寻找斐波那契数列的规律;如何找到通项公式;三角函数的处理。

技术与工程:设计、图样表达、加工。

生物学:兔子繁殖的数量关系;植物进化的方向呈现出优化的效果,也是仿生学的基础。

文学:通过故事明白,只有经过辛苦努力,才能有所收获。

工程应用:利用优化法进行选种等应用案例。

建筑:体现黄金分割值的著名建筑。

艺术:体现黄金分割值的著名绘画。

学生从上述不同学科中得到启发,迁移到寻找四叶草的活动中,同时融会贯通,考虑物理和数学的启发,通过实际操作体验,获得多种能力的提升及启发。这一活动还同时涉及三个跨学科概念:

系统与模型:这里存在两组系统与模型。在技术与工程领域,作品具有系统与模型的双重属性,装置既是系统又是模型。另外,如果把四叶草作为一个系统,四叶玫瑰线就是四叶草的数学抽象模型。

结构与功能:只有特定的结构,才能实现希望实现的功能。而本问题中结构的设计,需要通过数学与物理的联合启发,单一的学科知识不能解决问题。

稳定与变化:这里有两组稳定与变化的关系,一是斐波那契数列的每一项都在变化,但相邻项之比逐渐接近黄金分割值;二是装置的参数稍微差一点,画出的曲线就会发生很大的变化。

(摘编自《湖北教育》,2022年第31期。高云峰,清华大学航天航空学院教授,青少年科学教育专家。)

科学教育：大国博弈的前沿阵地
——国际科学教育战略与发展路径研究

课题组

［本课题组负责人为中国教育科学研究院比较教育研究所所长王素研究员，执行负责人系中国教育科学研究院比较教育研究所助理研究员张永军，课题组成员包括（按姓氏笔画排序）方勇、苏红、吴云雁、张珊、张晓光、赵迎结、赵章靖、姜晓燕、秦琳、袁野、黄瑄、康建朝。］

在百年未有之大变局下，创新人才，尤其是科技创新人才越来越成为决定国家竞争优势的一个关键变量，由此也带来了各国对科技教育的重点关注，纷纷从国家战略的高度出台相关支持和发展政策并采取行动。本文聚焦科技教育中的"科学教育"，从国际比较的视角，就科学教育的世界发展格局、国际科学教育政策演进、国际科学教育的实施路径、国际科学教育的支撑体系、国际科学教育的借鉴等内容进行分析。

一、科学教育的世界发展格局

从全球视野来看，目前美国仍然是世界科学中心和人才中心，而全球创新高地则呈现由美国、西欧和东亚组成的"三足鼎立"态势。我国需加强科学教育。

1. 美国仍是世界人才中心,但不再独占世界创新高地

按照日本科学史家汤浅光朝的研究,近代以来,科学活动中心在世界范围内存在周期性转移现象,依次为意大利、英国、法国、德国和美国,每个国家科学活动鼎盛期大约是80年。世界科学中心与世界人才中心是相一致的,而且相互促进。正因为如此,美国目前没有如汤浅光朝的预测在2000年前后退出世界科学中心。例如,在国际顶尖科学成果上,2001—2021年美国获得诺贝尔科学奖的人数占获奖总数的52.1%;在人才竞争力上,2021年美国旧金山位居世界城市人才竞争力的榜首,波士顿和西雅图分列第三名和第八名,总体排名美国位居第三;在基础科学研究上,主要世界大学排行榜中,前10名中美国大学一直都保持至少一半的席位。

然而从全球科技创新集群分布来看,美国却并非一家独大。例如,根据《2021年全球创新指数》报告,排名前100位的科技集群集中在26个经济体,其中四分之三分布在美国、西欧和东亚。美国拥有24个科技集群,西欧拥有22个科技集群,东亚拥有29个科技集群,三地成为全球创新策源的主要区域。

2. 中国成为世界人才中心与创新高地潜力巨大

从人才总体规模来看,我国近年来一直稳居世界第一。例如,2020年我国科学研究与试验发展(R&D)人员全时当量已经达到509.2万人年,年均增长超7%;2020年全球6167位高被引科学家名单中,我国上榜人数达770人次(数据不包括香港、澳门和台湾地区),排名世界第二。然而从人才相对数量来看,我国与发达国家还存在一些差距。例如,目前我国R&D研究人员在R&D人员中的占比仅为43.9%,而世界主要国家都在50.0%以上,韩国R&D研究人员占比更是高达81.5%;2021年每百万人中R&D研究人员的数量,我国是1307人(排名第47位),而排在第一的韩国有7980人,是我国的6倍多。另外,在人才竞争力方面,我国近年来尽管增长较快,但是在分项指标上不均衡:2021年总体位

居全球第37位,在留住人才方面排在第70位,在吸引力指标上更是排在第78位。世界人才中心的形成也有赖于一流大学的支撑。然而我国首批建设的42所世界一流大学在世界大学排行榜中主要集中在101—500名区间,差距较大。

在创新高地建设上,我国全球领先的科技创新高地数量仅次于美国,但缺少国际顶尖科技人才和创新团队。例如,在《全球创新指数》报告中,2021年我国已经位居世界第12位,有20个科技集群进入前100个全球领先的科技集群;美国15个科技集群共集聚了198位国际顶级科技奖项获得者,平均每个城市拥有13.2个,而北京仅拥有国际顶级科技奖项获得者5个。

3. 科学教育是建设世界人才中心与创新高地的推进器

首先,科学教育是培养拔尖创新人才的摇篮。以美国为例,在1957年苏联成功发射人造地球卫星后,就把狠抓科学教育作为一个重要举措,先后推出了多项增强科学教育的措施和法案,为STEM人才提供充足的发展机会。截至2019年,美国STEM专业中硕士生和博士生占比分别为24%和5%,高于我国的13%和2%。再以诺贝尔科学奖为例,1901—2011年共有549名科学家获奖,其中具有博士学位的比例为94.57%,诺贝尔物理学奖、化学奖、生理学或医学奖获得者接受过研究生教育的比例分别为95.84%、98.13%和98.49%,这说明接受高质量的科学教育,尤其是研究生科学教育,是科学创新的一个重要因素。

其次,科学教育是提高全体国民科学素养的根基。仍以美国为例,二战之后,美国为了保持其经济与科技大国的国际地位,在科学教育方面接连进行了大规模的改革,包括科学课程的现代化、普及科学教育、提高科学教师专业水平等,这些不仅提升了本国公民的素质,也为从中成长出拔尖创新人才打下了良好的根基。

二、国际科学教育的内在驱动及政策演进

第二次世界大战结束以来,科学教育在各国都得到了普遍重视,并随着国际格局的变化而演进,在政策上经历了"精英化""大众化""STEM 教育化"和"战略化"四个发展阶段。

1. 精英化阶段(1950—1970年)

第一阶段从 1950 年至 1970 年,该阶段的一个重要时代背景是美苏冷战对抗,因此欧美国家把培养拔尖人才作为科学教育政策的主要目标。例如,1950年,美国率先通过立法的形式成立了国家科学基金会,该基金会最初提出加强大学科学教师培训,后来又扩展到中学科学教师,进而延伸至中学科学课程的研发设计。1957 年,苏联成功发射人造地球卫星,进一步激发了美国对科学精英人才培养的重视,并于次年颁布《国防教育法》,提出将科学、数学和现代外语作为国家财政资助的三个重点学科,与此同时还提出大力发展理工科天才儿童教育。

2. 大众化阶段(1971—2000年)

第二阶段从 1971 年至 2000 年,该阶段的一个重要时代背景是世界走向多极化,在科学教育上欧美国家开始把提高全民科学素养纳入政策目标。例如,美国 1983 年发布的报告《国家处在危险中:教育改革势在必行》提出,应提高教育公平机会、提高科学课程地位、强化科学教师补充等。在此报告影响下,1985 年,美国科学促进会联合美国科学院等机构启动了一项面向 21 世纪、致力于科学知识普及的中小学课程改革工程——"2061 计划"。

3. STEM教育化阶段(2001—2016年)

第三阶段从2001年至2016年,该阶段经济全球化开始繁荣发展,知识经济兴起。欧美国家在科学教育政策上的一个显著特点是开始强化科学教育与技术教育、工程教育与数学教育的跨学科融合,即在"STEM教育"概念框架下推进科学教育。在此期间,美国、英国、德国、澳大利亚等国都在国家层面制定了STEM政策,如美国2013年发布了《STEM教育五年战略规划》,英国2002年发布了《促进成功的科学、工程、技术:STEM人才储备》等。

4. 战略化阶段(2017年至今)

第四阶段从2017年开始,该阶段"逆全球化"开始抬头,科技战再次打响,强化战略布局并将科学教育提高到维护国家安全高度成为欧美国家科学教育政策的重要特点。如美国2018年发布《为成功规划路线:美国STEM教育行动方略》提出,要确保美国作为STEM创新和就业的全球领导者的地位。同时,全方位创新科学教育生态体系成为美国的一个重要政策特点,包括依托全社会力量(如科研机构、行业协会、社会组织等)来共同推进科学教育、进一步加强全民科学素养教育、围绕数字经济竞争改革科学教育课程、利用数字技术促进科学教育教学模式变革、重视科学教师持续专业发展、提高科学教育国际化水平等。

三、科学教育实施路径国际比较

国际上科学教育的实施注重学校教育和校外教育的有机结合,其中前者包括面向科学英才儿童的早期教育和面向普通儿童的学校教育两类,后者主要包括开展科技竞赛活动、积极利用科技场馆和科研院所等学习资源。

1. 英才儿童早期培育：分组、加速与充实

在英才儿童教育的政策支持上，有的国家主要以教育公平为依据，有的则以服务国家战略为依据，有的将英才教育融入主流教育政策，有的则制定了专门的英才教育政策。此外，一些国家还建立了专门的组织协调机制和天才儿童信息库，如俄罗斯的"天才儿童教育中心"、韩国的"英才教育数据库"等。

在英才儿童教育的具体实施上，一般都遵循分组、加速、充实等基本原则。分组是将英才学生作为一个群体，设立特别学校或特别班级对其进行专门培养，如德国的文理中学、以色列的英才班等。加速是通过一定的评估机制，允许高天赋学生提前入学、跳级或者跨年级学习、超前学习，以满足其特殊学习需求。充实是通过课程、学习内容或者教学形式的延伸拓展，为英才儿童提供更具深度和广度的学习活动。

各国在英才教育实施上也形成了一些自身的特色。例如，在美国，多所大学均设有英才教育中心，实施"英才搜索计划"，面向英才学生提供测试评估和暑期课程等形式的补充教育，该计划还搜索和招收外国英才儿童。俄罗斯在英才教育实施上注重校外补充教育和学科分组培养，前者除由少年宫等机构开展的数学、自然科学、科技等领域补充教育外，还包括联邦政府支持的80多个"天狼星"教育中心和200多个"量子智慧"儿童科技园。以色列和韩国均自上而下构建了专门的英才教育管理体系。德国虽没有专门的英才教育体制，但在其基础教育的各个阶段融入了英才学生培养相关安排，各地方和不同社会主体也进行了多样化的英才教育探索。

在英才教育保障体系建设上，各国都强调要系统开展英才教育教师培养、通过专业组织和学术研究机构为英才教育提供科学引领、多元主体共同构建英才教育社会支持体系等。

2. 普通学校教育：小学开始普及而高中出现分流

在普通学校实施科学教育是世界各国的普遍做法，而且大多从小学阶段就开始设置相应课程。具体而言，小学阶段以课程融合为主，课程名称在不同国家不尽相同。例如，在爱尔兰，小学的科学课程被称为"社会、环境与科学教育"，加拿大称为"科学与技术"，英国称为"科学"。这一阶段重在对学生科学兴趣的引导、好奇心的激发和良好科学探究习惯的养成，主要采用项目式学习、主题化学习等。中学阶段，各国基本采用分科教学方式，主要包括物理、化学和生物三科，强调学生对科学本质的理解，在科学探究过程中掌握科学方法，发展科学思维，注重问题解决能力的培养。在课时安排上，大多数国家的中小学科学课程都占到很大比重，仅次于母语和数学。如英国每周的科学课程有2—3.5小时，美国每周3.5—4小时，澳大利亚每周2—3小时，加拿大每周1.5—2.5小时，爱尔兰每周2—3小时等。

在高中阶段，部分国家还设立了专门高中来实施科学教育。例如，美国建有"STEM高中"，分精英式STEM高中、包容式STEM高中和职业技术式STEM高中。日本设有"超级科学高中"，包括基础工程和重点工程两类，前者分为开发型、实践型和先导改革型学校，后者分为广域合作型、海外合作型、全球性问题社会共创型、高度衔接型及其他。韩国建有科学高中和科学英才高中，均以培养科学人才为目标，前者重视学生的通识知识和才能，后者更加重视深化学生某一特定科学领域的特殊才能。俄罗斯设置了名为"专业教育和科学中心"的科学高中，以培养科技人才为目标。德国的科学高中主要指的是以数学、科学和技术为特色的文理中学高中阶段，在课程设置上，该类高中采取课程制，由学生依据其喜好与发展方向自由选择学习课程与重点科目，这些课程的成绩将根据一定的计算方式纳入高中毕业考试成绩。

3. 利用竞赛活动服务科学人才培养与选拔

在国际上,科技竞赛活动是科学人才培养与选拔的重要补充。首先,通过严谨规范的赛事规则及流程选拔优秀人才。如美国科学与公众协会主办的国际科学与工程大奖赛(ISEF),其赛事安排和活动组织具备精细化的竞赛类目设置、规范合理的规则及流程、科学严谨的评审机制等显著特点。其次,以竞赛辐射对青少年创新、问题解决等能力的培养。仍以ISEF为例,全球每年有约300万—500万名学生会提交参赛科研项目,但最终只有约1200名学生能够获得参赛资格。最后,给予优秀人才顶级深造机会、鼓励投身科学事业。除丰厚奖金之外,在各个国际科技竞赛中获得奖项的参赛者还将收获更多具备长期价值的奖励。例如,ISEF赛事因具有较强国际影响力,其参赛经历和获奖情况在申请大学时亦为美国知名大学所看重,麻省理工等顶尖名校的招生官员甚至会作为评委在该全球决赛中挑选合适的招录人选。ISEF各类别的一等奖、二等奖获奖者还将被授予以自己的名字命名小行星的殊荣,年满18周岁的最佳获奖者还可受邀参加当年诺贝尔颁奖典礼。

4. 利用科技场馆和科研院所的学习资源

在科技场馆的利用方面,一是开展开放式科学知识普及和互动参与活动。例如,伦敦科学博物馆将一系列与课程相关的互动表演、研讨会、微视频等带入中小学、社区、科学俱乐部等,方便大众理解科学。二是通过馆校合作促进科学教与学协同发展。例如,美国芝加哥科学与工业博物馆与学校合作推出了面向K—8年级的"科学领导力计划"项目,为每个伙伴校提供"学校支持工具""博物馆工作会议组""教师领导群""管理群""跨学科工作小组"等支持资源,同时还为每个合作校提供一个数据库,用于管理相关信息。三是综合运用新技术手段提高科学学习真实体验。例如,美国明尼苏达科技馆的皮克斯动画电影的主题公园,通过动画主人公的展示结合虚拟现实技术向孩童传输知识。另外，明尼苏达科技馆还通过虚拟现实技术与IMAX技术向公众展示海洋的秘密，使其如同亲临南太平洋一般来一次深海探险。

在科研院所的利用方面，一是协力促进全民科学参与。例如，美国科学教师协会、美国科学促进会等机构承担了很多大型的科学课程改革，以及教师专业发展等工作。二是设立多样项目和奖励激发科学学习热情。例如，英国维康信托基金会自2003年起，已在国家STEM学习中心投资了4500万美元用于科学相关专业发展。三是推进线上线下融合发展回应数字化时代的科学教育发展需求。例如，英国科学协会举办英国科学节、英国科学周，公民科学活动、国家科学工程大赛。日本科学协会设立科学实验站，包括科学世界、自然和文化相关的各种主题，适用于儿童和成人，激发人们的好奇心，满足人们的探索欲望，并举办一系列活动，推广体验式教学法。

四、科学教育支撑体系国际比较

为促进科学教育的健康持续发展，国际上建立起了多元立体的支撑保障体系，涉及师资、专业人才、专业平台和家校社联动等方面。

1. 强化科学教师专业培养标准建设

在科学教师培养上，很多国家都制定了专业标准，使科学教师职前培养有据可依，如英国的《职前小学科学教师培养课程》、美国的《科学教师培养标准》、澳大利亚的《全国高水平科学教师标准》等。在科学教师队伍充实上，主要有三种方式：一是在师范院校和综合大学开设科学教育专业学士课程；二是对非师范类理工科毕业生提供硕士学位课程或教育科学培训；三是形成科学教育共同体，让没有正式"教师"称号的人参与科学教育工作。在科学教师持续专业发展上,通常有三种路径:一是由政府出台政策,高校和科研机构提供培训服务;二是专业机构通过研制教师标准、提供专业认证等方式激励教师持续专业成长;三是吸纳社会力量广泛参与,通过项目、资金等方式支持科学教师培训。

2. 重视科学教育高层次专业人才培养

在高层次专业人才培养方面,国际上一般在本科、硕士和博士阶段都设有相应的学位课程。本科阶段的科学教育既有以培养中小学科学教师为目标的课程,也有追求学术研究的课程。例如,在美国佛罗里达州大学等院校,科学教育专业本科生可以根据幼儿园至5年级、4—8年级、7—12年级3个不同层次来选择学习的课程和决定未来从事的职业,不同层次的课程方案要求也有所差异。

在硕士和博士阶段,除培养从事科学教育研究者外,还培养科学教师教育者,即既具有科学背景又具有科学教育理论与实践知识的人员。例如,英国约克大学等大学科学教育专业硕士研究生招生,倾向于录取在教育系统或相关领域有两年及以上相关经验的在职人员。课程设置注重综合化,鼓励学生跨系、跨校选课。

3. 完善社团、学术和资金支持平台建设

在专业社团方面,许多国家都成立了专门的科学教育社会组织,如美国科学促进会、美国国家科学教师协会、英国科学教育协会、英国科学学习中心等都是其典型代表。这些专业组织参与支持科学教育的主要途径包括立法与决策咨询支持、组织开展教师培训与专业发展、组织开展学术会议与科学教育传播活动、参与中小学科学课程教学管理等。例如,美国STEM教育联盟主要为美国国会、政府和机构提供相关决策咨询,并督促美国STEM教育发展。

在学术支持方面,一是普遍重视科学教育学术期刊建设。如英国有《科学教育》《小学科学评论》《学校科学评论》和《科学教师教育》等期刊,澳大利亚有《科学教育研究》,美国有《科学教育者》等。二是重视科学教育学学科建设。科学教育学通常按狭义和广义来加以建设,前者主要研究各级各类学校的自然科学教育、课程、教学、学习与评价等方面的理论与实践问题,后者则包括数学教育、技术教育,乃至社会科学教育及校外科技教育等方面的理论与实践问题。三是在大学和研究机构建立专门的科学教育研究中心,如英国伦敦大学国王学院和里兹大学的科学与数学教育研究中心、德国基尔大学的科学教育研究所、法国国家教育研究所下设的科学教育研究部等。

在资金支持方面,许多国家都设立了专门的基金会并鼓励民间机构和组织赞助。例如,美国国家科学基金会下设教育与人力资源局,资助科学教育与普及研究和活动。"教育与人力资源"经费占国家科学基金会总支出的比例在13%以上。其中"非正规科学教育"项目经费占国家科学基金会总支出的比例长期稳定在1.1%。美国政府还积极与民间联盟或企业沟通与协调,为科学教育争取最大限度的资金支持与技术赞助。

4. 探索科学教育的家校社、媒体等跨界联动

为推进科学教育发展,一些国家构建了家庭-学校-社会协同育人模式。例如,美国自然历史博物馆联合纽约市教育局及其他文化及教育机构发起的"城市优势"项目,其目标是通过培训为家庭、学校、社区提供丰富的校外资源,最终帮助中学生更好地完成科学探究项目学习。该项目将家庭视为科学教育重要组成要素,设计了专门的家庭指导手册,分发到参与项目的学生家庭。另外,以高质量科学传播产品为中介承载媒体的科学教育社会责任。例如,美国政府制定了相关政策法规来鼓励媒体实施科学普及,并向科学教育媒体投入发展资金。

五、建设科学教育强国的国际借鉴

在我国推进教育现代化发展进程中,特别是在当前国际格局重塑背景之下,科学教育的重要性愈加凸显,需要进一步加强。结合国际科学教育发展的经验及未来动向,我们认为可以从政策设计、人才贯通培养、社会支持体系、国际竞争力等方面来着手。

1. 完善科学教育专项政策设计

目前,我国的科学教育专项政策主要集中在科学普及教育领域,学校教育中的科学教育还缺少专项的政策文件支持。而从近年来西方发达国家的发展来看,推出专门的政策已经成为共同的战略选择,而且更加注重跨学科设计,或以"科学与技术教育"或以"STEM教育"等名义提出。例如,美国联邦众议院通过的《2022美国竞争法案》建议修订《1992年科学与先进技术法》,将其中"科技教育""核心科学和数学课程"变更为"STEM教育""核心STEM课程"。尽管近年来,我国学术研究领域和实践领域对STEM教育给予了很多关注,但在国家政策层面尚无相关的专项文件支持。因此,有必要完善这方面的政策设计,具体来说,可以立法为基础,联合政府多部门统筹制定英才教育体系建设、科学教育内容建设、科学教师队伍建设、科学教育生态建设等科学教育关键领域政策,对法律法规进行不断完善与迭代,推动科学教育有效实施。在相关政策推行过程中,强化科学教育研究的引导性作用,发挥科学家的专业性作用,体系化构建覆盖英才学生筛选、科学教育内容、科学教育教学、科学教育评价、科学教师职前培养与职后培训、科学教育共建生态等要素的科学教育标准,推动我国科学教育规范、高效发展。

2. 强化科学人才贯通培养体系

在我国,科学教育在各学段之间的衔接除升学考试这一通道外,其他方面还不是很完善,同时科学英才儿童教育体系和大众科学教育体系也没有完全打通。结合国际做法,建议从以下方面加强。一是确立科学教育服务国家科技创新发展与国家安全的人才培养目标,从科学人才的国家和社会实际需求出发,在高等教育、职业教育、基础教育等阶段自上而下延展分解科学教育培养目标与内容,构建科学教育贯通培养机制,实现科学人才的精准、高效培养。二是在英才教育层面,独立构建英才学生贯通培养机制,为英才学生提供清晰的升学发展路径与出口,义务教育阶段利用课后、周末或假期为英才学生开展弹性教学,在高中阶段设立英才高中/科技高中,在高等教育阶段可继续深化、推广"钱学森班"等成功经验。三是在大众科学教育层面,应完善科学教育的贯通培养与终身教育机制,通过加强科学教育研究人才培养体系与相关支持体系建设,充分发挥科学教育研究的基础性、先导性作用。同时邀请科研院所、科技企业等科技领域用人单位共同参与贯通培养体系构建,从实际需求角度出发明确科学教育贯通培养各阶段目标。广泛邀请科学家、一线科技工作者参与科学教育标准、内容、教材的制定,发挥科技领域从业专家的专业性作用,提升科学教育的精准性、专业性,以及科技人才的培养效率。

3. 健全科学教育社会支持体系建设

社会资源在我国科学教育发展中没有得到充分利用,一个重要原因是政府部门之间、教育部门与社会及科研部门之间等缺少畅通的协调与合作机制。在这方面,欧美国家过去一直就比较重视,而且被证明对于推进科学教育发展起到了积极作用,所以目前有继续加强的趋势。例如,美国国家科学、工程和医学院2021年发布的报告就建议白宫科学技术政策办公室鼓励包括联邦机构在内的国家利益相关者,以及教育、商业、非营利、科学和慈善部门的利益相关者集中资源并利用其资产来提高K—16科学教育的质量和可及性。我们也可借鉴其理念,加强这方面的建设。具体来说,一是应建立明确科学教育统筹单位,探索政府部门间协同、政府与社会协同、教育与科研协同的工作机制,构建多元主体共同参与、多方投入的科学教育生态体系。二是政府部门间协同应明确科学教育边界与主体责任部门,明确科学教育统筹单位、执行单位与协同工作机制,充分参考科普工作开展过程中的经验,突破教育系统围墙,为释放多元主体开展科学教育的效能提供保障。三是政府与社会间协同应关注激发社会主体参与科学教育活力,通过社会职责、税收减免、专项资金支持等多种手段有效激励科研院所、科技企业、科技场馆、媒体等社会主体投入人力、物力、财力的意愿,实现多方投入、共同参与的多元主体参与科学教育的新格局。四是教育与科研协作应动员中国科学院等专业科研机构和相关学会等社会组织,共同参与科学教育教学政策出台、标准制定和教材编写工作,充分发挥科学家在科学教育发展中的指导作用。从合规角度出发,建立健全兼职科学教师参与校内科学教育的政策及制度依据,广泛吸纳有能力、有意愿的科研人员、技术人员、研究生等科技相关从业者作为兼职科学教师,并提供教学专业技能培训,填补科学教师不足的缺口。

4. 持续提高科学教育和科学人才国际竞争力

在逆全球化形势下,我国科学教育既要积极参与国际科学教育研究与合作,取长补短,也要强化科学教育及科技人才领域的国际竞争意识,提升我国的科技竞争力。我国应以参与评估和贡献智慧的双重身份,积极参与以国际学生评价项目和国际数学与科学趋势研究项目为代表的国际大规模教育评估项目。横向上,我们应通过国际比较,客观定位我国科学教育发展水平;纵向上,应通过结合我国国情,对国际前沿科学教育评估理论开展本土化研究,为科学推动我国科学教育高质量发展提供支撑。同时,应清晰认识到,我国当前在吸引人才和留住人才方面与发达国家仍有较大差距。我国应通过深化世界一流大学建设,优化研究生与博士生培养模式,加强学者自由研究和青年学者职业发展等方面的政策、财政支持力度以提升科技人才职业预期,持续深化科研诚信、评价改革等手段,着力提升科技人才留存效率。在符合基本国策的前提下,从移民、人才待遇、家庭保障等多方面统筹优化科技人才引进政策,归纳总结近年来各地人才引进工作经验,尤其关注以大湾区、长三角等国际化程度较高区域的经验与教训,优化提升我国科技人才吸引力。

(摘编自《中国教育学刊》,2022年第10期。)

重新思考科学教育的若干概念与实施途径

裴新宁

以信息技术、人工智能为代表的新兴技术的快速发展,正改变着科学研究的方式,使得科学以全新模式对社会与个人生活产生了广泛渗透。与此同时,全球科学教育的重心正在向提高所有人的科学素养转移。我国已经成为全球有重要影响力的科技大国,党中央作出实施创新驱动发展战略、建设世界科技强国等一系列重大战略部署,这对人才培养特别是对作为科技创新前提的科学教育,提出了高要求,赋予了重大使命。我国教育界和科技界联动,大力推进科学教育的高质量发展和创新发展。可以说,我国科学教育迎来了前所未有的发展机遇,但同时面临着更加艰巨的挑战。为建设教育强国,加快实现科技自立自强,科学教育的一些概念和途径需要重建,为此首先需要重新认识一些基本问题,比如,什么是科学教育?它与学科教育、跨学科的关系是怎样的?如何理解科学素养?什么样的实践更可能有效提升科学素养?本文主要以知识观和学习观为分析视角,对上述问题进行思考,尝试构建新阐释,以期对我国科学教育创新有所启发。

一、什么是科学教育

对于什么是科学教育,在全球很难统一出一个答案。一方面,对这一问题的回答与对科学的理解紧密关联;另一方面,文化情境以及社会经济状况的不同,带来了各国科学教育的立场和发展道路的差异。同时,不同国家科技发展战略需求的变化,使得各国科学教育的目标、内容和方式发生着变化。尽管如此,我们仍可以从关于科学教育的多种表述中,就科学教育的目标、内容、过程和时空等四个相互关联的特征性维度,概括出一些基本共识。我们能透过这些关键特征,从整体上认识今天的科学教育,并明确我国科学教育的定位。

第一,从目标上看,科学教育即科学素养教育。科学素养是21世纪科学教育的核心,几乎所有国家都将提升科学素养纳入各级各类科学教育的基本目标,甚至将其作为终极目标。科学素养包括个人、群体(组织)、社会三个层次。随着新一轮科技革命的到来,科学素养的内涵发生了深刻变化。目前国内外中小学科学教育发展科学素养的主要关注点是,让学生认识科学本质和进行批判性思考、成为负责任和知情的公民;相应的有效途径是进行科学知识的运用和科学探究、参与社会性科学议题的讨论和科学问题的解决。

第二,从内容上看,科学教育即自然科学教育。科学教育是指以自然科学内容为主,发展学习者科学素养的教育教学活动。狭义的科学教育是指中小学阶段以科学类课程为主渠道的科学教育,既包括以物理、化学、生物、地球科学/自然地理等学科为依托的分科教育,也包括各学科相互渗透、交叉、融合形成的综合性教育。而今,技术时代的科学教育涉及的学科还包括信息技术、工程、通用技术等与科学的生产及应用紧密相关的学科。大多数国家将科学教育的内容载体定位于自然科学,并关注其中所蕴含的人文意蕴,强调科学教育中科学价值与人文价值的统一。

第三,从过程上看,科学教育是关于科学知识、方法/过程与社会建制的整体性教育。面对当今世界的复杂多变,科学教育的重要性不在于只传授科学及相关学科(通常指科学、数学、技术、工程等学科)的知识,而在于让学习者认识这些知识是如何产生的,理解与科学知识相关联的科学方法、过程和建制,从而帮助他们有效地利用科学知识和方法去探知世界,应对世界的变化与挑战。面向21世纪发展需要,中国科学院学部(国家在科技方面的最高咨询机构)提出,科学教育是"将科学知识、科学思想、科学方法、科学精神作为整体的体系,使其内化为受教育者的信念和行为的教育过程"。

第四,从时空上看,科学教育是跨空间的持续养成教育。人们对科学的理解和使用是伴随终身的,提升公民科学素养指向所有人。一个人完成了正规教育阶段的科学教育,并不意味着他已完全了解科学及其影响。即使是一位成功的科学家,对科学的认识也可能是有限的。科学的不断演化、技术的日新月异,对公民科学素养的要求已不同以往。尤其是,我国在向全球创新中心迈进的过程中,更需要每一个人更懂科学、更关心科学的作用与限度,负责任地参与公共科学事务,批判性地分析问题和作出明智决策。因而对科学的学习是终身的、跨空间的。对此,校外非正式环境(如家庭、工作场所、博物馆、社区、社会媒体等)中的科学教育(又称"非正式科学教育")有着重要作用,尤其是在时空和功能上,成为科学教育不可或缺的组成部分。优质的非正式科学教育不仅有利于培养儿童及青少年的科学兴趣,扩展他们的探究机会,也是全面提升公民科学素养和加强科学文化建设的重要途径。面向我国建设教育强国、科技强国的发展目标,科学教育是所有人必需的科学素养的养成教育,也同时担负着培养科技后备人才的使命。

二、科学教育与学科教育

科学教育主要是依托自然科学内容或话题而实施的,涉及不同的学科。学科的划分和交叉是一种认识现象。学校科学教育在课程设置上,有(综合)科学、物理、化学、生物、地球科学/自然地理等,这些科目之间不是简单的综合与分科的关系,而是科学系统的不同层次在教育内容上的体现。基于综合式或者分科式的学习，获得的对科学及科学研究不同构面的认识，统一于对自然世界的整体理解。因而，科学教育，无论是综合的还是分科的，都不能只教知识，而是要将知识、过程和建制作为整体，让学习者理解科学，主动参与科学，涵养科学精神品质，从而真正提升科学素养。

　　从世界范围看，先进的科学课程体系以学习的本质和科学的本质为基础，致力于在不同学习阶段（如学前、中小学、大学）之间，以及科学的不同领域之间建立连贯进阶。这种设计顺应学习者认识发展的需求，从而更可能最大限度地发挥正式科学教育的育人价值和促进科学发展的价值。我们看到，各国的中小学课程中综合性科学课程与分科的物理、化学、生物、地球科学/自然地理、信息科技等课程是长期并存的，但是，在课程标准、课程内容、学习目标与学习方式等方面已不再各自为营，而是遵循学生学习的机制，将不同领域和不同形式的内容统合于科学文化经脉与科学实践逻辑之中，构成联系的整体。由于智能时代的科学发展与数学和信息技术的关系愈发紧密，数学、信息技术等知识和方法对于学好用好科学来说也愈加重要，因而有必要在基础教育阶段的科学课程体系中纳入生物统计、概率、科学建模、计算思维等内容的专门学习（这部分观点参考了"我国科学教育改革战略研究——科学教育有关基本问题"课题组研究报告）。这种新的综合旨在帮助学生使用现代信息技术和计算工具，分析和解决问题，认识现代科学发展，掌握符合时代的科学方法和科学思维。

　　需要进一步说明的是，科学教育是以综合（如综合科学）还是分科的途径进行，重点不在于优先教授何种科学知识，而在于怎么教。长期以来，我国的科学教育，甚至基础教育阶段的科学教育，是基于学科的，关注对内容知识的教授，较少考虑世界之原本，也更为忽略科学教育中的人文成分，甚至把人文价值与科学价值相分离。这种模式的弊端日渐凸显，成了教育创新的严重桎梏。过早地分科和过度强调分科教学模式，强化了将科学作为分科而学的定式,导致了知识体系的割裂,从而使科学教育远离了科学发展的现实及未来,不利于学生的全面发展和创新人才的成长。

总体上,科学教育走向综合是不言而喻的趋势,这是科学发展对科学教育整体改革提出的要求;而科学教育研究中的跨学科合作亦创造了更加丰富的新颖成果,进一步推动了科学教育中的学科融合。不过,需要注意的是,新的科技革命和国家重大科学发展呼唤学科交叉,但这并不意味着要抛弃基础学科。相反,关键技术的攻坚克难更需要基础科学的原始创新。学科交叉既是学科分化的结果,也是学科综合(渗透)的结果。重要的是,应从国家战略的高度建立科学教育的整体图景,并明确各个阶段和层次的具体培养目标,重新思考和构建科学教育的内容和方式。这对我国科学教育的发展和科技创新人才培养尤为重要。

三、科学教育与跨学科

跨学科课程或活动的兴起,源于对打破学科隔阂、回归科学系统的普遍诉求。而做好跨学科课程或活动的设计和实施,首先需要克服传统思维惯性的障碍,确立整体的知识观。从文献追踪来看,科学研究中跨学科范式建立的学术背景主要包括科学知识的生产方式的转变、科学研究方法的转变、情境学习的发展。科学教育中跨学科方式的流行也受到类似的影响。

但是,跨学科不一定带来科学教育的变革——如果仅仅做到将不同学科放在平等位置上。这里作为科学教育变革途径和工具的跨学科,其核心在于"知识整合"(包括内容知识和方法-过程知识,后者是体现在"做"的行动中的知识。有效地拥有某一知识,应知道如何使用该知识来解决其他的理论问题或实践问题。见郁郑华《人类知识的默会维度》),是将科学置于特殊且重要位置的整合,涉及认识论的转变。科学教育中的"跨学科"主要有两种取向:一是方法论意义上的,即"跨学科方法",是指对不同学科方法和工具的调用;二是基于问题的,即"跨学科问题解决",是指为了解决单靠某一学科不能或难以解决的某些问题而开展的学习活动。这样的跨学科努力,可以使科学学习发生于非传统的复杂和真实情境之中,为践行科学思维和科学方法的教育提供新路径。具体而言,科学教育中的跨学科途径重视的价值主要有四个:思维创新、主动学习、革除传统教学的弊端、认识科学的广泛联系。

第一,思维创新。出现于学校课程中的STEM课程(项目)常被视作典型的跨学科活动,甚至有时被认为是科学教育的新模式。在笔者看来,它的价值不在于几个学科内容的相加抑或不同学科的教师同上一节课,更不等同于"动手做",而在于重建科学学科之间及与其他相关学科之间的真实联系,借此将学习者带回到科学的复杂系统中去认识真实科学,从而有机会发展学生处理复杂问题的技能。这样更有利于践行科学教育的重要目的,如激发学习者创新潜质,掌握提出科学问题的方式和循证方法,培育求真求证的科学精神和批判性思维,成为社会的积极共建者。因而,成功的STEM学习的关键在于"跨学科思维"的运作,是思维的重建。这一机制需要更深入地研究。

第二,主动学习。通常在一些课程与教学设计中,教师执着于对知识序列的安排(如先教什么、后教什么),然而跨学科学习设计的核心是激发学生主动学习。教育者要设法营造有利于发挥学习者个体及集体能力的情境,让他们开放地探究、合作、批判、理解、创造,以免在不利于能力发挥的情境中将学生局限于知识的"死循环"。为此,科学教育者需要将精力集中于把学习视作参与解决具有社会意义(而非仅仅关注个人意义)的真实问题,并推动这种学习,而不是纠结于是否要在教给学生A知识之前,先教给他们B知识,或者反之。其实A知识或B知识都可能在学习解决问题的过程中习得,甚至必要时可进行直接教学(这时直接教学作为问题解决学习的脚手架,可由真人教师或者智能代理提供)。许多研究和实践证明,基于项目的学习、基于问题的学习、设计中学习、有效失败学习等模型,都可以提供具有"主动学习""问题中心"等功能的、结构化的跨学科学习情境,有助于提升学习成效。

第三,革除传统教学的弊端。跨学科课程试图从根本上改变传统教学方式——一成不变的演绎式。比如,先呈现概念,再例示概念,然后有练习和应用;学习与活动是分离的,学生是被动的知识吸入者。跨学科课程学习中,知识、技能和方法的习得是镶嵌在学习过程之中的,学习与活动是整合的。所以教育者及设计者要精心设计探究学习经历,并提供相应的环境、工具、资源等保障。跨学科课程并不是我们看到的这样一些现象,比如,先集成庞大的知识体,然后让学生去学(或者给学生教授)这个既成的"大课程"。没有实证研究证据表明这种做法的效果优于传统教学,但实践表明它会带来更多负担。

第四,认识科学的广泛联系。科学教育中的知识整合趋势,是对绝对分科教育所导致的现实问题作出的回应,承认知识本质上是彼此联系、互为因果的,知识和技能的本质在于分工。新近的学习科学及脑科学研究支持了这种知识观。现实中,一些教师把科学、技术和社会紧密联系在一起,目的是帮助学生更易理解专业术语,如教材或一些科目的教学中的科学概念。然而,这一目的并非科学教育中知识整合的全部。因为科学、技术、数学、道德与法治等课程依然可以关起自己的门来实现这一目的。科学教育的知识整合,还包括知识获取的方式,承认个人寓于集体之中,人们通过参与活动(包括参与其他共同体的活动)来习得知识。国内外案例研究展示了高质量科学教育所倡导的跨学科方式的广远价值:将科学与其他领域结盟,让学习者认识到科学具有广泛的关联,科学通过与社会文化环境相联系而得以发展,从而更负责任地对待科技、自然及自身、生命、环境,成为社会协商的明智参与者。

四、科学素养的维度与培养途径

当前国内外的科学教育改革方案十分强调科学素养,但是所提出的实现途径并未充分考虑不同群体如何以更为广泛、多样、适应、负责任的方式来实践科学。科学素养被一致认为是衡量教育成果的重要指标,科学素养的维度及其构成引导着科学教育的方法和途径。然而,究竟什么是科学素养、如何提高科学素养,对这两个问题的理解还非常多样,深浅不一。从本质上看,这些理解与对知识和学习的理解是分不开的。对许多科学教育者而言,科学和科学素养的概念是理所当然的,他们习惯了去使用它们,而很少去质疑它们。例如,对科学及科学家的印象还限于实验室中的工作,对提升科学素养的途径的看法还停留于在教室或实验室中开展科学教育。中小学科学课程在让学生"更像科学家"的方式上做了不少努力,但很多时候过分简化科学研究实践的真实性(如注意物理情境的真实,而忽略认识论情境的真实),也较少顾及不同学生的自身情境。如此持续下去,一些"高大上"的活动依然未能带来真正的学习,也未能显著提升科学素养。因而,有必要反思关于知识与学习的认识模型,重新审视科学素养及其培养途径。

1. 科学素养的经典维度:个体能力特征

经过半个多世纪的积累,科学素养的研究成果已极为丰富,其中对个体科学素养的共同关注包括七个方面:基础性素养、内容知识、理解科学实践、识别和判断恰当的科学专门知能、认识论知识、对科学的文化理解,以及倾向和思维习惯(见表1)。这也反映了目前研究界对科学素养的理论共识。

纵览各国对于学校科学类课程中科学素养目标的界定,尽管各呈其词,但大致可以从认知、能力(行动和潜能)和个人品质三个方面加以归类。分析不同的陈述可以发现,目前中小学通过课程途径提升科学素养的主要理据是,学

表1 对个体科学素养的共同关注

七个方面	主要内容
基础性素养	数学素养、读写素养、视觉素养、图示理解
内容知识	科学术语、概念、事实、进展、原理、话题
理解科学实践	科学家如何做科学
识别和判断恰当的科学专门知能	什么是真正值得信赖的科学"权威"
认识论知识	科学程序支持科学主张、科学的限度、科技伦理
对科学的文化理解	科学与社会、科学与人文的相互关联
倾向和思维习惯	好奇爱问、开放、重视科学方法、追求证据

生在课堂上的活动应该能够用于当前和未来的生活之中,而非当下生活的一部分(即学习和活动依然是脱离的)。换言之,为儿童及青少年设计的学校科学课程,往往是"纯粹的",对科学素养培育的连贯一致性和情境性并未作充分考虑。国际上的批评声音主要集中于认为这样的课程不但与"公民"目标相脱节,而且难以培育出科学家。我国也存在类似的情况。经过20年的基础教育课程改革探索和教师培训,教师们对一些新理念已经耳熟能详,也熟悉了针对某个概念或技能的教学法,甚至已在勾画各种"大概念"及操作路线图。但是,科学课堂上快节奏、小步子、探索不充分、急于检测成果等操作依然很普遍,且反映"真实科学生活"的重要过程如科学推理、科学建模、科学论证等也不多见。这种"教室中的科学"可能让学习者在短时内记住许多知识,却很少能真正影响他们的科学态度和科学行动。

这些现象的长期存在,说明科学素养教育依然立足于这三个假设:科学素养是个体属性,科学是人类理性行为的典型模式,校内知识可在课后用于生活。由此,研究者及教师们经常考虑的是:该如何使个体学会应用(内化)或建构特定的科学概念,该教授哪些科学内容,该如何让学生把科学用于课外情境中。这些思考是顺理成章的,相应的研究成果及实践也比较丰富,然而从现在及长远看,却是有局限的、偏颇的。因为,其中有意无意地忽视了知识和学习的一个重要维度——参与社会行动(或集体实践),忽略了科学素养的集体情境属性;忘记了科学理性从来都不是一意孤行的,而是在人们日常的集体决策过程中可能用到的资源之一。如果没有这样的集体情境让科学素养处于真实的实践中,那么,我们提出的对科学素养的各种美好想象可能都难以兑现。

2. 科学素养的新维度:集体实践

其实,科学素养的集体实践维度的重要性早已被意识到,相关表述也并不陌生。例如,20世纪70年代,伴随着结构主义课程向社会课程的转向,美国科学教师协会指出科学素养关涉人们在与周围世界和世界中的他人互动时,使用科学(内容、过程和相关价值)进行日常决策。近年来,美国为其基础教育建立了科学教育的新框架和新标准,重视给学生提供参与科学实践的更多机会,尤其注重以科学与工程实践及数学的联系为基石,建立面向科学素养的科学教育统一框架,以打通学科隔阂并联结当下和未来。但是现实中可行的实践不足,以及基础设施、差异和公平等方面存在的问题,让这一行动方案正面临许多挑战。

又如,经济合作与发展组织(以下简称经合组织)关注科学素养对国家经济发展的预测价值,认为有科学素养的人愿意参与关于科学和技术的理性对话,而这种对话需要一些基本的科学能力,如科学地解释现象、评价和设计科学探究、科学地解释数据和证据等。以这种理念为基础的国际学生评估项目,设置了涉及科学沟通、利用计算机协作解决问题的能力测试。

再如,继2015年欧盟委员会提出《为负责任公民的科学教育》框架之后,2019年又重新界定了科学素养的内涵,指出科学素养超越了科学内容的知识,应该理解为能够批判性地参与科学相关议题并作出明智的决策。在此基础上,进一步提出了更为综合的框架,包括基础性素养、科学知识和能力、对科学的情境性理解、批判性思考、社会参与的主动性等核心内容,并指出它们与媒体素养、积极公民身份、全球胜任力等素养密切相关,呼吁所有教育层次和学科领域都要纳入科学素养的各要素,将科学素养作为重要的学习结果。

显然,科学教育政策中已不乏对科学素养集体维度的表达,但是研究领域中的讨论依然落于个体胜任力层面的表现,对群体乃至社会系统层次的科学素养的合力作用关注不够。不过,这正在成为科学素养研究和政策的新方向。欧盟、经合组织等国际组织及美国等国家,已经着手新的科学素养研究和教育实施行动。例如,一些过往比较边缘的话题(科学伦理、科学精神、科学共同体规范等)和以"沟通科学""参与科学"为目的和手段的教育形式(科学辩论、科学戏剧、科学文学等),现在都出现在科学教育政策和研究的话语中。这些关于科学素养的新行动秉持这样的立场:科学素养,重要的不是作为个人属性的知识和技能,而是那些人类可以集体利用、发挥作用的知识和技能。由此,科学素养如何作为群体实践而发挥作用,成为科学素养研究新议程的核心。

3. 指向科学素养提升的科学教育新途径及相关建议

与科学素养研究的新议程相呼应,在基础教育领域出现了重视集体实践的科学教育途径,它们凸显"探究–参与"取向的科学学习观,即强调学习者参与科学专业共同体的实践,科学专业人士参与"科学外行人"的社群实践。这些新途径让青少年更充分地参与科学、认识科学本质,用新型工具解决相关问题,从中发展科学兴趣。

针对国际评估(如PISA等)结果折射出的我国义务教育阶段科学教育的短板(如学生对科学知识的生产过程及科学本质缺乏深入理解,对科学方法的意义和运用缺乏真正的掌握,对科学的兴趣缺乏持久性,多数学生对科学事业认识不足等),真正提升科学教育的质量,需要从根本上改变惯性的低效途径。

大量研究显示,多数学生在14岁之前就形成了自己对学校科学的兴趣和态度,且学校科学教学的质量是影响学生科学兴趣保持的关键。因而,确保义务教育阶段科学教育的高水平专业师资供给,是重中之重。与此同时,应根据学习规律,将科学教育活动的重点转向让学生投入对科学现象的探索,为学生深度参与科学实践、在社会行动中理解科学提供支持和帮助。

对此,有必要在以下三个方面展开更多探索。一是运用多样、新颖的科学实践。对小学高年级以上的学生,可将工程学方法用于科学探究,或将工程问题科学化(探究工程问题背后的科学原理),利用数学和信息技术进行科学建模、数智模拟和计算实验。这些实践都涉及借助合作、协商、权衡各种因素并作出决策等集体实践,利于科学素养的提升。二是科学建构与身份建构并行。让学生进入真实情境或模拟场景中,学习处理科学、技术与社会因素的关系,了解科学家包容的科学经验和实践,批判地使用科学,以逐步形成伦理判断力,涵养科学价值观。三是参与科学研究过程。学校为学生提供专门的课题研究机会,并鼓励他们参与公民科学计划等。与一般的科普活动不同,公民科学把民众作为科学研究的参与者。例如,中学生与当地的科学家合作,参与海洋、环境、动植物等与学生自身关系密切的问题的科学研究。公民科学是国际上普遍认可的科学素养提升和科技人才早期培养的重要方式。我国越来越多的大科学基地正积极设立面向青少年的公民科学计划,其中的实践鼓励参与者使用社交媒体和技术增强的数据获取方式,参与真实科学研究,接触科学共同体,有力地加强了科学、教育普及与科学研究之间的互动共进。

在教育数字化转型的大环境下,上述这些探索应当成为我国科学教育政策、研究与实践的新方向,纳入国家科学教育发展战略和新一轮科学课程实施的议事议程,加以鼓励和推进,从而充分利用现代技术优势,加快科学教育新途径的构建,力争率先在一些方向上走在世界科学教育的前列。

【致谢】感谢郑太年、朱晶、符国鹏、刘新阳等同志对本文前期研究提供的帮助。文中观点由本文作者负责。

（摘编自《中国教育学刊》，2022年10月。裴新宁，华东师范大学教师教育学院教授，博士生导师。）

科学探究、科学素养与科学教育

李雁冰

在我国当前素质教育课程改革的大潮中,"科学探究""科学素养"与"科学教育"成为备受瞩目的语汇。这些语汇昭示了我国科学教育领域的"范式转型"。厘清这些语汇各自的内涵及其相互关系,是促进我国科学教育健康发展的理论前提。

一、科学探究是什么

回答"科学探究是什么",先要回答"科学是什么"。

美国最重要的科学研究组织之一美国研究理事会在总结美国科学院、美国工程院及其他组织的众多研究成果后,对当代科学、科学研究和科学教育的新趋势做了如下概括。

1. 由强调"科学即探索与实验",到更强调"科学即辩护与解释"。
2. 由强调获得答案,到更强调运用证据和策略发展或修正解释。
3. 由强调为科学问题提供答案,到更强调交流科学解释。
4. 由强调运用实验结果来终结探究,到更强调将实验结果运用于科学辩护与解释。
5. 由强调学生个体和学生小组只是分析和综合资料,不为科学结论辩护,到更强调学生小组经常为辩护科学结论而分析和综合资料。

6. 由强调演示和证明科学内容的活动,到更强调研究和分析科学问题的活动。

7. 由强调脱离情境的探究技能,到更强调将探究技能置于情境之中。

8. 由强调观察或推理等单个的探究技能,到更强调控制、认知、程序等多元探究技能。

9. 由强调极少从事研究以省出时间学习大量科学内容,到更强调从事更多研究以发展关于科学探究和知识的理解、能力与价值观。

10. 由强调在一节课内的研究,到更强调将研究延伸到几节课的时间中。

11. 由强调学生向老师私下交流思想与结论,到更强调学生与其同学公开交流思想与工作。

12. 由强调管理材料和设备,到更强调管理思想和信息。

上述这些浓缩的概括所反映的是科学家视野中的科学、科学探究和科学教育的"形象"的变化。

首先,当今时代对科学的新的理解是:科学即基于证据的思想、解释与辩护。这一"科学观"既继承了"启蒙运动"以后三百多年来科学与技术思想发展的历史传统,又体现了当今信息时代科学与技术思想发展的新特点、新趋势。

"启蒙运动"以来,人们对科学的理解大致经历了四个阶段。在"启蒙运动"时期,科学既以"理性自由"为基础,又是"理性自由"之体现。正如德国著名哲学史家卡西尔所言:"'理性'成了18世纪的汇聚点和中心,它表达了该世纪所追求并为之奋斗的一切,表达了该世纪所取得的一切成就。"这种追求"理性自由"的热情,"有如一条河流冲决堤坝,在大自然中朝四面八方冲去,汹涌地扫荡挡住它去路的一切"。而所谓"理性","是一种引导我们去发现真理、建立真理和确定真理的独创性的理智力量"。"理性"的核心是"实证精神",自然科学是这种精神的集中体现。"理性"的基本功能是分析还原与综合重建,其中"分析精神"是基础。正因为追求"理性自由"成为一种时代精神,以实证精神、分析方法和数学计算为特点的新的方法论系统才得以确立,具有真正现代意义的科学由此诞生。显然,此时的科学等同于"理性自由"与实证探究。这是对科学的理解的第一阶段。

然而,"启蒙时期"所崇尚的"理性"本质上是感官经验的组合与联结。用卢梭的话说,几种感觉组合成简单观念,几个简单观念组合成复杂观念,由此构成了人的"理性"。这样看来,"理性"就具有机械、静态、可还原的特征,来源于外部客观世界在感觉经验中的反映、印刻。由此导致的第一个结果是:人的心灵和感觉器官成了被动的"受纳器"。"理性的知识"的代表当然是科学,科学是经由感觉经验而把握的事物的本质、规律、规则、原理,它所体现的是"客观世界"(主要是"自然世界")的"真理"。这样,科学作为真理的化身,最终变成了静态的"物",成为可以传递和储存的对象。这种对科学的理解是"启蒙理性"的必然结果。从对应的历史时期来看,西方"启蒙运动"以后,流行于19世纪中后期的科学观大致如此,这构成了对科学的理解的第二个阶段。当前,我国科学教育中普遍存在把科学知识当作传递、灌输和内化的对象的做法,其背后的哲学根源之一即是这种受"启蒙理性"支配的科学观。

当历史发展到19世纪末、20世纪初,"启蒙理性"的被动性已充分展露。人们日益深切地感受到,这与"启蒙运动"原初倡导的以批判、质疑、判断为特征的"理性自由"渐行渐远,人类社会迫切需要"再一次启蒙"。如果说原初的"启蒙"是从封建迷信中获得解放的话,那么这次"再启蒙"则要从"启蒙理性"的被动性中获得救赎。就科学与科学教育而言,人们一方面坚持"启蒙运动"以后关于科学与科学教育的经验本性的立场,一方面摒弃经验的被动性,基于科学实验重建经验的本质,将经验变成实验。经验的本质是人对置身于其中的环境、自然、世界的主动反思、探究与问题解决。科学由此成为"探索与实验"。这是对科学的理解的第三阶段。从美国的科学教育理论与实践的历史发展来看,从20世纪初的杜威到20世纪50年代到60年代的布鲁纳,其共同坚持的观点是:科学即探索与实验。

20世纪80年代以来的历史,是人类逐步迈入信息时代的历史。在这个时代,每一个人过上有创造、有选择的生活不仅是必要的,而且是可能的。在纷繁复杂的信息面前,不进行明智选择进而从事创造,就不可能有一份健全生活,甚至无法生活。网络通信等信息技术工具为人的选择和创造提供了物质条件和手段。与这个时期相适应的科学开始具有"后学院科学"的性质,即科学实践不再局限于科学共同体内部,开始"飞入寻常百姓家"。一方面,科学日益深刻地影响社会、文化实践和人们的日常生活;另一方面,公众、产业、教育、政府等日益参与到科学研究进程之中。科学开始成为"公共科学"或"大众科学"。在此背景下,科学的"发现情境"和"辩护情境"的界限日益模糊。科学日益具有解释与辩护的性质,它是一种动态变化且情境关联的有证据的思想。这是人们对科学的理解的第四阶段。

当科学被理解为有证据的思想、解释和辩护的时候,不仅普通大众有了参与科学研究的必要与可能,而且儿童亦可合法参与科学研究。"科学探究"因而具有了新的内涵。

"科学探究"即产生并发展思想,辩护并修正解释。不存在划一的、普适的探究技能。探究技能不仅是情境关联的,而且是复杂、多元的。科学探究过程既体现个体独特性,又体现社会性和对知识的集体创造。

具体言之,"科学研究"的新意义至少包括四个方面:第一,它是专业科学研究人员(即科学家)提出有证据的思想、解释并为之辩护的过程;第二,它是普通大众从事科学研究和技术设计的过程;第三,它是儿童设计和从事科学研究的过程、能力,以及对科学探究本质的理解;第四,它是科学教学和学习的取向与策略,即通过探究而教学和学习。这四方面的内涵相互关联。

研究认为,科学教育中的"探究"有5个关键特征:学习者被科学问题所吸引;学习者寻找证据以解释科学问题;学习者基于证据将对科学问题的解释体系化;学习者对其形成的解释进行评价,以获得更恰当的解释;学习者对其提出的解释加以确证和交流。这五个特征可概括为:形成问题—获取证据—形成解释—评价解释—交流解释。而这种对"探究"的理解,直接体现了"科学即基于证据的解释"的新科学观。

二、科学素养是什么

科学探究是过程,科学素养是结果,二者相互依存。科学探究与科学素养自是一体两面。

"科学素养"这一概念伴随20世纪50年代到60年代的美国"课程改革运动"而系统确立起来。尽管对这一概念的内涵尚未达成共识,但是,把科学素养作为科学教育的目标,已在世界各国取得共识。

美国科学教育专家,美国研究理事会科学、数学与技术教育中心执行主任拜比在研究了众多代表性的关于科学教育改革的文献后指出:科学教育的目标是达成科学素养。拜比认为,科学素养包括不同的维度或要素,"然而,历史上我们曾过度强调了科学素养的某一维度,如20世纪60年代我们过度强调学科结构;80年代我们过度强调科学-技术-社会的主题,或者我们过度关注科学素养的一个方面,如科学术语或过程技能"。因此他认为科学素养应在如下四个维度上保持平衡。

1. 功能性科学素养:即科学(与技术)的术语。指学习者能够恰当使用科学术语或技术语汇。这大体属于习惯上所称谓的"科学知识与信息"之列,是传统科学教育过度强调的方面。

2. 观念性及程序性科学素养:即科学(与技术)的思想及过程。"科学思想"指构成科学各学术领域的主要思想,学习者能够理解构成各科学学术领域基础的概念、原理,即表明有此类素养。"科学过程"指科学探究的基本过程及方法,学习者既能够理解科学探究的性质,又具有从事科学探究的能力,则表明有此类素养。美国另一知名科学教育专家、生物学家摩尔则用"科学即认知方式"一语将科学思想与科学过程两个方面整合起来。这显然让人联想到这类素养与美国20世纪60年代所力倡的"学科结构"的相似性。《全美科学教育标准》将"科学即探究"作为"内容标准"之一,则是着力强调这类科学素养。那么,今日日益强调的"科学探究"与50年前大力倡导的"学科结构"有何区别?显然,其体现的科学观及强调的内容有所不同。如《全美科学教育标准》在规定"9—12年级从事科学探究的必备能力"时,采用下列划分:"确认引导科学研究的问题与概念""设计并从事科学研究""运用技术以完善研究及成果交流""运用逻辑和证据以形成和修改科学解释和模型""确认并分析可替代的解释和模型""交流并辩护科学论断"。这里强调的重点显然是通过问题的探究而形成自己对自然现象的科学解释和模型,并学会为之辩护和交流。这与当年对"学科结构"的关注相比,更强调科学和科学探究的建构性。

3. 多维科学素养:即科学的情境。科学的产生及发展、科学与技术的性质、科学与技术对个人生活和社会生活的意义等,是此类素养关注的核心。学生应当既理解科学各主要学术领域的历史和科学与技术的性质,又能够运用科学知识和技能解决个人生活和社会生活中的问题,进行明智的判断与抉择。如当社会中、媒体上流传谣言时,学生能够运用科学知识和证据揭示其荒谬之处,进而终止谣言的进一步传播,则表明学生具备此类科学素养。《全美科学教育标准》曾为"科学素养"下过一个这样的定义:"科学素养是关于科学概念和过程的知识和理解。这些'概念'和'过程'是进行个人决策、参与公众文化事务和经济生产所需要的。它也包括各类具体能力。"这个定义显然特别关注科学、技术与个人生活、社会生活的关系问题,也即所谓STS问题。拜比也强调指出:"获得科学素养的关键方面是帮助学习者理解科学在其个人生活和广大社会中的限度和可能性。"

4. 名义科学素养：即教师和学生视野中的科学。"名义科学素养"是拜比提出的概念，他将之界定为："名义科学素养意味着学习者能把术语、思想和观点与科学、技术的一般领域联系起来，但这些联系却反映着迷思概念、天真理论或不完整的理解。"拜比认为，尽管"名义科学素养"尚不是真正的、完善的科学素养，但却是上述三类科学素养的共同基础，因为它是学生的科学观与教师的科学观。科学教育中的任何课程必须首先转化为教师的科学观，进而转化为学生的科学观，方能促进学生科学素养的提高。学生的科学观(科学经验与思想)尽管可能是天真的、不完整的，甚至错误的，却是完善的科学素养的起点与基础。当代认知科学取得的一大成就是发现儿童学习的一大特点：儿童对世界及其运行能够发展自己的理论，而这是其学习过程的重要构成。用美国学者雷斯尼克的话说："学习者总是试图将新信息与其已知的事情联系起来，以根据已经建立的结构解释新事物。"儿童是"理论的创造者"，儿童经常在生活中提出自己"天真的理论"，这些理论是其日后发展成为成熟的科学探究者的基础和生长点。"名义科学素养"这一概念的提出显然与儿童作为"理论的创造者"的认知特点相吻合。从"名义科学素养"出发，通过一系列学生主动参与的科学探究和技术设计活动，逐步发展到成熟而完善的科学素养，是科学教育的一般过程。

由此可见，历经半个世纪的发展之后，当今的"科学素养观"呈现出三个鲜明的特征。

第一，关注科学素养的整体性。功能的、观念的、程序的、多维的、名义的科学素养，是相互交叉、彼此影响、有机统一的整体。这些要素大致包括：科学知识与技能、科学过程与方法、科学思想与精神、科学活动经验。保持彼此间的恰当的平衡和彼此间的有机联系，是至关重要的。倘对某一要素关注过多或过少，必然会打破素养整体的"生态平衡"，从而达不到培养科学素养的目的。

第二,把科学素养与儿童的当前经验和思想有机结合起来。儿童的当前经验和思想不是科学素养形成的障碍,恰恰相反,它是一切科学素养的生长点。儿童自己的科学观是"种子",在恰当的教育条件下,它会生长为成熟而完善的科学素养。既然"科学是基于证据的思想和解释",儿童也可能基于证据提出自己对自然现象的解释和思想,而且有其教育合理性。

第三,把科学素养与社会生活完善、社会民主化有机结合起来。科学素养这一概念原本就是"大众主义时代"的产物。如今,无论是联合国教科文组织这样的国际机构,还是某一国家或地区,当倡导旨在培养科学素养的科学教育改革时,都把"科学为大众""科学为所有学生""科学为所有儿童"确立为基本前提。因此,当今的科学素养观内在地包含了教育公平和社会民主化的基本诉求。

三、科学教育的"范式转型"

科学、科学探究与科学素养观念的改变,必然导致科学教育价值取向的改变乃至整个科学教育的"范式转型"。

当前,世界科学教育的基本趋势是:改变科学研究与科学教育的人为对立,实现科学研究与科学教育的内在统一。传统科学教育观由于把科学研究与科学教育对立起来,科学教育被视为传递科学研究成果的过程,这不仅在科学研究与科学教育之间人为设置了价值等级上的权威与服从关系,而且取缔了科学教育中"科学研究"的合法性,同时弱化了科学研究中所理应承担的"科学教育"的责任。新的科学教育观认为,科学教育的根本特性是"研究性":科学教育是儿童的真实的科学探究、教师对儿童科学研究的理解与指导,以及教师与儿童合作开展的科学探究这三类"研究"的统一。儿童、教师乃至普通大众,与专职科学家一样,都是"科学研究者"。彼此间的区别不在于有无科学研究,而在于科学研究的目的、内容、方式不同。另一方面,专门的科学研究亦具有内在的教育性:无论科学研究的过程还是结果,都可以转化为对儿童、对普通大众有教育意义和发展价值的资源。对这种新教育观的基本概括即是"探究中心的科学教育"。

"探究中心的科学教育"的价值追求和培养目标可概括为以下几点。

1. 倡导"儿童为本",培养学生的综合素质和健全人格

科学技术是人积极进取的生活态度和理性精神的体现。科学是人学,是人类文明长期发展的重要构成。当今世界,科技及其成果渗透进人类生活的各个角落。作为一个现代人,没有科学素养是不可想象的。而由前述可知,科学素养包含了与科技相关的方方面面。因此,科学教育的目的绝不是让儿童掌握尽可能多的科学知识和技能,而是全面发展儿童的科学素养、培养儿童的健全个性。科学教育的关键是将科学技术知识还原、转化,使之切近儿童当前的经验,让儿童亲近、喜欢科学,反思、探究科学。

通过创设科学与艺术、科学与文学、科学技术与社会诸方面存在内在联系的探究情境,让学生将科学素养与人文素养整合于一体,既能在批判、反思中变革世界,又能在体验、交往中融入、热爱并看护世界,由此形成理智与情感、自我与世界交融整合的健全人格。

2. 倡导"生活取向",培养学生从事个人生活决策和对待公共生活的科学意识和能力

现代社会,科学技术在生活中、来自生活且为了生活而存在,科学、生活与人的存在直接统一。儿童只有从沉潜其中的现实世界发现科学技术的奥秘,才能从日常生活中脱颖而出,既理解科学技术的真谛,又学会反思生活、热爱生活。科学教育的关键是从儿童的日常生活中发现科学探究和技术设计的主

题,在探究和设计活动中理解、运用科学技术知识,形成科学意识、科学思想和技术设计能力,将之进一步融入生活、提升生活。

通过提供历史与现实中典型的个人与公共生活情境,让学生在活动中意识到:无论从事个人生活决策、进行人生规划,还是对待公共生活、处理社会事务,都需要科学观念和科学过程,都需要有科学和技术根据的观点或立场;通过丰富多彩的活动,让学生发展科学决策的知识、技能和能力。

3. 倡导"探究取向",培养学生科学探究与技术设计的兴趣和能力

科学技术永远处于探究、创造的过程之中。科学的本质是探究。无论是科学技术的最初发现、发明,还是科学技术的传播、再生,都离不开探究与创造。探究不仅是科学技术专业人员的工作方式,还是科学教育的基本取向。因此,科学教育绝不是把专业人员发现或发明的成果(科学知识体系)传递或灌输给学生,而是创设让学生从事科学探究和技术设计的情境,让学生在真实的探究和设计活动中产生自己的科学思想和技术方案。

通过创设引人入胜且具有适度挑战性的问题情境,让学生持续投入各类体现其个性特点的科学探究活动,亲身经历设计研究实验、从事科学观察、基于证据形成理论假设等典型科学探究过程;通过提供真实的、与生活密切联系的技术问题情境,让学生持续投入富有想象力的技术设计活动,发展技术意识和操作能力;让学生在活动中意识到,尽管科学和技术各有不同的特点和历史,但二者相互依存、相互促进。

这种"探究中心的科学教育"既是我国科学教育的理想,又是其必然发展方向。

(摘编自《全球教育展望》,2008年第12期。李雁冰,华东师范大学教师教育学院教授,博士生导师。)

论美育对科学素养的赋能

周宪

一、超越"两种文化"的困境

1959年,科学家斯诺在剑桥大学以"两种文化"为题做了一次演讲,该演讲成书出版后引起极大争议。斯诺开宗明义地说,当前社会人们的智性生活已经分裂成两个集团,一边是文学知识分子,另一边是科学家。两者互不理解且充满敌意,彼此都荒谬地歪曲对方。文学知识分子认为科学家具有浅薄的乐观主义,却未意识到人的处境;科学家则认为文学知识分子缺乏远见,并有反智倾向。这就是所谓的"两种文化"——科学和人文。"两种文化似乎没有任何交汇的地方了。……属于两种文化的人无法相互交谈。奇怪的是,20世纪的科学绝少被吸收到20世纪的艺术之中。"乍一看来,斯诺所描绘的现象的确是我们高校校园里的真实境况,文理分界互不往来。理工科的师生在自己的实验室里忙碌,而文史哲的师生则围绕经典坐而论道,各有其行话和术语,彼此缺乏交流互通,甚至还相互瞧不起。面对这一困局,人们一直把文艺复兴时期的"全人"当作理想,达·芬奇和米开朗琪罗等人,既是伟大的艺术家,又是伟大的发明家,在科学、工程、建筑、机械,甚至生命科学等方面均有所建树。那么,面对一个社会分工和专业分工越来越细化的当代社会,如何扭转科学与艺术的分裂所导致的困局?作为通识教育关键一环的美育显然是一个有效的路径。美育不但可以提升青少年的审美素养和审美意识,亦可助力他们掌握科技知识与实现创新,因为美育过程中可实现潜在的审美赋能。

其实，科学与艺术的分家乃是现代性的产物，是现代社会分工和知识分化所导致的。在传统社会中，各门知识尚未出现专门化的细分，所以一个人既可以从事艺术创作，同时又探索科学知识，将两者融为一体。中国古代有所谓"六艺"，西方中世纪以来有所谓"七艺"，艺术与科技虽有差异却并没有明确的分界。东汉张衡既创作了《二京赋》和《归田赋》等文学佳作，又著有《浑仪图注》《算罔论》等科学著述，还有浑天仪和地动仪等重要的科学发明。文艺复兴时期，达·芬奇不但创作了《最后的晚餐》《蒙娜丽莎》等伟大的艺术品，还设计过市政工程、飞行器、兵器、机械装置等。艺术史家文杜里曾这样描述："对达·芬奇来说，科学与艺术之间的区别并不太明显，因此他把艺术的原本的真实性看作科学真实性的第一步——绘画是所有艺术和工艺的根本，也是一切科学的源泉——这可以说是他的自我表白。在达·芬奇的一生中，他的确是在利用艺术，利用他的素描来了解解剖学、透视学，以及他所研究的一切机械科学。"伽利略曾经在佛罗伦萨设计学院学习，他在那里研究了绘画中的透视原理，这对于其科学思想的形成至关重要，尤其是在如何使用望远镜来观察天文现象方面。16世纪到17世纪，一系列重要的科学发现接踵而至，哥白尼勇敢地提出了日心说，伽利略对宇宙运行的数学规律做了精确论证，牛顿则发现了万有引力定律，这些科学发现不但改变了人们对客观世界的看法，也促进了对人类社会和自我的认知。随着科学的进步和现代知识系统的形成，知识的分化和专业化遂成发展趋势，不同的学科或知识领域独立发展并彼此分离开来，一个典型范例是法国"百科全书学派"。在狄德罗、达朗贝尔等启蒙思想家的领导下，100多位学者积极参与，从1751年到1772年，经过20多年的努力，终于出版了拥有17卷正文和11卷插图的世界首部百科全书，书的全名是《百科全书，或科学、艺术和技艺分类词典》。我们不妨把这个划时代工程视为现代学者对正在形成的知识领域的一次全面划分与界定，科学和艺术已成为现代知识最基本的分类学范畴。到了1863年，英国人根据"艺术家"这个概念构词的相同逻辑，创造出了"科学家"的概念。科学和艺术分道扬镳越来越明显,越来越专门化、专业化。

即使在科学和艺术分离的现代,我们仍能找到很多两者融通的范例。比如法国化学家拉瓦锡与其艺术家妻子相互帮助的动人故事。妻子为他的实验报告绘制插图,并将其科研论文翻译成英文,科学和艺术的交流成为他们爱情的又一个见证。法国新古典主义大师大卫曾专门创作了《拉瓦锡和他妻子》的肖像画,画面上拉瓦锡正在实验室桌上写报告,深情地看着自己的艺术家妻子。如果说拉瓦锡和妻子的科学和艺术交融还发生在一对伉俪之间,那么,不少伟大科学家虽毕生专注于科学研究,却始终没有让艺术缺席过,杨振宁即是一例。他曾说过自己小时候既努力学习理科,同时又热爱绘画和音乐,他深感艺术修养有助于开拓科学的创新思维。爱因斯坦一生勤奋科研,但音乐从未在他的科学生涯中缺失。他不但深谙科学理论,亦对古典音乐有着自己独到的理解,音乐在使他放松的同时,还有助于激发科学灵感。一个有说服力的例子是量子力学理论建构与立体主义艺术的关系。1932年,丹麦科学院决定让玻尔一家搬入嘉士伯基金会拥有的一座豪宅,里面藏有毕加索等人的立体主义作品。玻尔还特意悬挂了一幅法国立体主义画家梅辛热的画作。据记载,玻尔早就对梅辛热的作品有着浓厚的兴趣。有研究者推测,玻尔于1927年提出,原子实体的两种形式——波粒二象性,两者之间存在着互补性关系。这一理论的提出也许与其钟爱梅辛热的立体主义作品不无关系。梅辛热是第一个系统阐释立体主义绘画的艺术家,他和格莱兹合著的《立体主义》一书是对该艺术流派理论观念的首次系统阐释。这部著作指出了立体主义的一个重要美学观念,那就是从几个不同的运动视角来描绘同一个场景,形成一组形象的创造性组合。这种观念彻底颠覆了文艺复兴以来的单眼透视法则,凸显出空间、图像和视觉的多元转换和共存关系。也许正是立体主义的美学观启发了玻尔,推动了关于原子实体波粒互补的重要发现。立体主义不同视角互补性地呈现同一场景,与玻尔量子力学波粒互补理论,其实都含有相同的解决问题思路或哲学观念。这表明,艺术与科学是相通的。

不但艺术对科学发现有所启迪,而且艺术家也会以自己的方式来触及科学问题。举例来说,荷兰画家埃舍尔酷爱几何形状的有规则分割和平面表现,他的许多代表作都蕴含复杂的数学原理,由此引发了科学家的浓厚兴趣。杨振宁的物理学著作就采用了埃舍尔的画作为封面,不少数学家惊呼埃舍尔作品中的多面体、球体、结、莫比乌斯环等,充满了几何学的魔力,是对经典欧几里得几何、球形几何、投影几何、变形几何、双曲线几何、自相似性等数学原理的卓越形象表达。"他不仅是一个平面艺术技巧大师,也是一个在科学和数学领域富有独创性的探索者(尽管他自己予以否认)。埃舍尔在其作品中给我们留下了一笔丰厚的遗产。"最令人着迷的是他的版画《版画画廊》,成为数学家们思考"黎曼曲面"的绝佳范例,有人计算这幅画中心的膨胀弯曲,竟扩大了256倍之多。一些数学家看到这幅作品后,迫不及待地和他讨论这幅画是如何诠释了"黎曼曲面"的。这说明科学和艺术虽有差异,却也存在着相同之处。美育如何聚焦这些相同之处来实现审美赋能,是今天的审美教育所面临的重要问题。

二、融通科学与艺术的爱因斯坦

让我们回到爱因斯坦,从他卓尔不凡的经历中,去探究科学与艺术如何融通于一个伟大科学家的一生。爱因斯坦曾坦言:"如果我不是一个物理学家,我或许会成为一个音乐家。我时常在音乐中思考。我在音乐中做我的白日梦。"这段看起来并不深奥的话,其实蕴含了这位科学家对科学研究的深切体悟。从爱因斯坦的传记中得知,音乐是他的挚爱,并始终伴随他的一生。可以说,没有音乐的生活对爱因斯坦来说是不可想象的。

爱因斯坦的母亲是一位钢琴家,她给小爱因斯坦最宝贵的礼物就是小提琴学习课程。爱因斯坦生性讨厌刻板无趣的课堂教学,认为自己不喜欢的东西是绝对学不好的。但他对音乐却表现出了极大的兴趣,13岁时爱上了莫扎特,开始了他一生不舍不弃的音乐旅程。他心中一直存有一个信念:爱是比责任感更好的老师。正因为他热爱音乐,所以音乐是其一生中难舍难分的精神伴侣。爱因斯坦参加过各种音乐会的演奏,早年喜欢拉小提琴,晚年体力不支,更多地弹奏钢琴。他不但和专业音乐家一起登台表演,还和一些同时代的伟大科学家(如普朗克等)一起演奏。据传记记载,在普林斯顿高研院工作时,他和第二任妻子艾尔莎找到新的住房后,便在家里举办了一场小型音乐演奏会,演奏了海顿和莫扎特的作品。他还邀请了著名的俄罗斯小提琴家塞德尔担任第一小提琴,他自己担任第二小提琴。也是在普林斯顿,他曾经与朱利亚音乐学院的四重奏乐团一起登台演出,演奏了莫扎特的《G小调弦乐五重奏》,演奏中他也是担任第二小提琴。爱因斯坦的音乐理解力和演奏水平给观众留下了深刻印象。

很难想象这样一位在科学研究上投入了巨大热情的科学家,会在艺术上注入如此多的精力。因为在爱因斯坦那里,音乐不只是一种闲暇活动,也一定程度上与其科学研究产生互动,形成了彼此促进的格局,这就是科学研究中审美赋能的生动例子。随着对爱因斯坦的研究越来越深入,人们发现了音乐与其科学探索之间的深刻关联。其传记《爱因斯坦:生活和宇宙》中,生动描述了音乐和科学如何在爱因斯坦那里神奇地融为一体:对于爱因斯坦来说,音乐不是单纯的消遣,反而有助于他的思考。他的儿子汉斯·阿尔伯特说:"每当感到山穷水尽或工作面临艰巨挑战时,他就会到音乐里去避难,这将会解决各种难题。"在他独居柏林,与广义相对论"搏斗"的岁月里,小提琴被证明是很有用的。他的一位朋友回忆道:"深夜里,他经常独自一人在厨房里拉小提琴,思考复杂问题时就会即兴创作旋律。"在后来的演奏过程中,他会突然激动地宣布:"我明白了!"仿佛灵感降临,难题的答案会在音乐中呈现在他面前。

有研究认为,爱因斯坦对音乐本质的深刻理解,实际上有助于分析狭义相对论中没有任何参照系优先的想法,同时对广义相对论中至关重要的等价概念亦有所启发。他对音乐的体验暗含了空间和时间之间的某种非牛顿式的关系,有助于形成最初的、创造性的思考路径。从这个角度来看,爱因斯坦在1905年前开始做的思想实验,也许就包含了某种音乐的冲动和理解。他的第二任妻子艾尔莎也说过,爱因斯坦有一个习惯,每当他的理论思考"山重水复疑无路"时,便会走出书房来到钢琴前,弹奏几个音节,或是演奏一两段旋律。很快他就有了新的想法,便回到书房做进一步的探究。由此可见,音乐不但对爱因斯坦的科学思想有所启迪,而且使其在科学和艺术的交替中保持思维的活力和创造力,这也许就是爱因斯坦一生挚爱音乐的深层原因之一。所以他说音乐并不影响研究工作,两者都从同一种渴望中得到滋养,在提供放松作用方面相互补充。1921年,他曾接受德国柏林某杂志的采访,在被问及艺术经验和科学经验有何共同之处时,他陈述了自己独到的看法:"作为欣赏、学习和观察的自由的存在者……我们进入了艺术和科学的领域。如果用逻辑语言来描绘所看到和所经历的东西,我们便是从事科学。如果它是通过形式来传达的,而这些形式的关联是意识无法触及的,但直观地发现它们是有意义的,那么我们就是在从事艺术。"科学和艺术的差异只是所使用的符号性质有所不同而已,都涉及直观经验。在爱因斯坦的大脑中,逻辑语言与形式语言在某种程度上是相通的,可以互相转换,所以对爱因斯坦的科学研究来说音乐不可或缺。

爱因斯坦对音乐的热爱不仅体现在常常独自或与他人一起演奏,而且还表现在他对音乐的审美趣味上。他最喜欢古典音乐大师,尤其是莫扎特和巴赫。这就引发了一系列令人好奇的问题,爱因斯坦为何对莫扎特和巴赫情有独钟?为何对这两位的热爱远超任何其他音乐家?在他钟爱的音乐家名单里,还有海顿、舒曼、肖邦、门德尔松,以及早期的贝多芬。爱因斯坦对贝多芬的态度最为有趣,他很不喜欢贝多芬晚期的作品,比如贝多芬最伟大的作品《第九交响曲》。他认为贝多芬的音乐是人为创造出来的,而莫扎特的音乐则十分纯粹,就好像早就存在于宇宙之中。他还比较过贝多芬与巴赫:"我听贝多芬的音乐感到不舒服。我认为他太个人化了,几乎是赤裸裸的。相反,给我巴赫,然后更多的巴赫。"他的体验是,贝多芬的晚期作品过于个性化、戏剧化——这是浪漫主义音乐的典型特征,但不是爱因斯坦所喜欢的音乐类型。回到前面提及的问题,爱因斯坦为何特别钟爱莫扎特的古典音乐?人们一般会得出结论说,爱因斯坦对音乐的审美趣味趋于保守,所以古典音乐成为他的必然选择。但就爱因斯坦个案来说,这种一般化的常识性结论并不可靠。我们对爱因斯坦的音乐品位和偏好的考量,应该与他关于科学的基本观念结合起来,才能找到更为合理的解释。爱因斯坦坦言:"莫扎特的音乐是如此纯粹和美,我把他的音乐视作宇宙本身内在之美的显现。"如同所有无与伦比之美一样,莫扎特的音乐具有纯粹的简单性。我们知道,"纯粹性""美"和"简单性"始终是爱因斯坦评判科学理论的重要标准,所以他对莫扎特、巴赫,以及其他古典音乐家的认同,可视作他的科学基本观念向音乐领域的合乎逻辑的延伸或渗透。因此,爱因斯坦关于音乐的审美趣味并不完全是音乐性的,而是与其科学基本观念相互交织的。这么看来,他不喜欢贝多芬的晚期作品,显然是合情合理的。至于勋伯格及其后的现代主义音乐,完全不在爱因斯坦喜欢的音乐备选名单中,因为现代主义音乐完全打破了和谐有序与简单纯粹的古典音乐原则,不和谐、杂乱、个性化和戏剧化与爱因斯坦的科学基本理念相悖。我们可以进一步推论说,在爱因斯坦那里,科学与艺术是完美统一的,这种统一既体现为他的科学基本观念,又反映出他的音乐审美趣味,它们是一枚硬币的两面。所以,当我们读到他的如下看法时便会觉得合情合理:"在技艺达到某一高度之后,科学和艺术往往在美学、可塑性和形式方面结合起来,最伟大的科学家也是艺术家。"这一说法或许是爱因斯坦对自己的准确描述。

三、科学素养与审美赋能

爱因斯坦是科学与艺术融通的典范,他为我们思考美育提供了新的理路。尽管不可能人人都成为爱因斯坦,但心存高远地追随伟人脚步却很有启迪性。爱因斯坦伟大的一生再次揭示了一个朴素的真理:伟大科学家之所以伟大,就在于拥有卓尔不群的科学素养。晚近国际知识界热烈讨论科学素养问题,各个发达国家都在制定国民科学素养标准和实施计划。比如,美国科学促进会在1985年发起了一项改革科学、数学和技术教育的计划,鉴于哈雷彗星2061年回归,于是定名为"2061计划",包含了《面向全体美国人的科学》和《科学素养的基准》两个重要文件,并明确提出了"科学素养"概念及其内涵,强调提升青少年科学素养旨在使人过上有趣的、有责任感的和有意义的生活。"在一个越来越渗透着科学、数学和技术的文化中,科学素养需要某些理解力和思维习性,使公民能够把握这些事业的方向,搞清自然界和人为设计的世界如何运作,进行批判性的和独立的思考,认识和权衡各种事件的另类解释并加以协调,并明智地处理涉及证据、数字、范式、逻辑论证和不确定性问题。"此后西方发达国家相继提出了科学素养的国家标准,并把提升这一素养视为国家重要教育战略。

21世纪的全球化进程,一方面是努力走向人类命运共同体,另一方面国家间的竞争日益白热化。竞争考验的是各国的硬实力和软实力,而实力竞争说到底是人才的竞争。其实,美国的"2061计划"的出台,正是有感于美国高中生在国际数学比赛中的糟糕表现。21世纪人才的能力标准当中,科学素养最为重要,因此许多国家和国际组织都对科学素养做了大量系统的调研。2015年经合组织的国际学生评估项目提出了一个关于科学素养的全球界定,所谓科学素养即"具有反思能力的公民参与科学相关问题和科学思想的能力"。它包括三种基础性的能力:其一,科学地解释自然现象和技术现象的能力;其二,描述、评价科学考察的能力,并提出科学地解决问题的方法;其三,分析和评估各种形式的数据和论断的能力,并得出恰当的科学结论。由此来看,科学素养所涉及的能力是复杂多元的,它并不等同于所拥有的科学知识,更像是某种综合性的人才素质或智能结构。

值得注意的是,国际学界对科学素养存在着两种不同看法。一种是实用主义的功利性看法,强调科学素养的工具性和实用性,尤其是培训具有特定技能,可即时参与生产活动的社会成员。这种看法往往将科学素养视为对特定科技知识和技能的获取。另一种看法更具开放性和整体性,强调科学素养就是某种科学认识方式,其特征在于批判性和创造性地思考自然界。

有学者指出:"后一种观点的倡导者认为,成为批判性的思考者很重要,科学素养乃是一种内在的善——它建立在道德和其他原则性的理由基础之上。形成科学素养将有助于人们过上'美好'生活(这是在哲学家的反思性和完满性的意义上,而不是在吃麦片有益健康那种令人生厌的意义上)。根据这一看法,科学是美的、令人兴奋的和有趣的。成为有科学素养的人就会形成怀疑的、创造性的思维习惯,它对每个人都有价值。"

显而易见,后一种看法更加合理也更重要,尤其是在中国迈向世界强国的历史进程中,在实现中华民族伟大复兴和构建人类命运共同体的宏大事业中,我们需要的不仅仅是掌握了特定知识和技能的人,更需要具有批判性和创新性思考能力的公民。

尽管关于科学素养有哪些内涵尚存有争议,但从审美教育的角度来看,我们关心的是科学素养与审美素养之间是否存在着某种关联。无论怎样界定科学素养,有一点看来是共识,那就是科学素养着眼于人的一生成长的长期价值,是以科学为中心的涉及诸多层面的一个智能系统。科学素养研究中有两个不同指向,一是针对青少年的科学教育,二是考察科学家科学工作所触及的科学素养。对美育来说,从科学家范例中寻找青少年教育的有效途径显然是一个好办法,所以我们把爱因斯坦作为典范加以研讨,因为他的一生呈现出伟大科学家深厚科学素养中的审美赋能。

我们有理由认为,科学素养不仅是科学知识的掌握,而且是建立在道德和其他原则性的理由基础之上的。从事科学或相关活动并不只限于科学本身,而是出于更高的道德原则——善,科学活动如果没有善,那么对真的追求就会出现偏差。向善是人类一切科学活动的内在伦理指向,历史上我们看到不少以科学之名行不义之实的恶行,从有毒食品到环境污染等。今天,我们提倡"美好生活",这里的"美好"就是"善",是社会生活全面的、整体的"善"。所以,"美好生活"即"善的生活"。比如,"绿水青山就是金山银山"这一说法,就道出了社会生活中"善"的要旨。从这个意义上说,在科学素养的建构过程中,追求真与追求善是完全统一的。

此外,科学研究活动并不限于眼前短暂的实际功利性,而是带有更为丰富的含义,亦即"科学是美的、令人兴奋的和有趣的"。这三个看似简单的对科学活动性质的定语,道出了科学作为人类文明重要活动的内在动机。从古至今,对科学家来说,许许多多的伟大科学发现不只是为了解决眼前的某个现实问题,还伴随着让人着迷的"审美体验",令人激动不已、兴趣盎然。很多伟大的科学家在谈及自己的科学发现时,都说过这样的话。物理学家海森伯在日记中记录了伟大科学发现"啊哈时刻"的惊人体验,他写道:"在黑尔戈兰岛的一天晚上,我用以眼下标准来看是完全推测性的计算来确定能量表上的特定项目,或我们今天所说的能量矩阵。由于第一个能量状态项事实上证实了能量守恒定律,我变得很是兴奋,以至于在随后的计算中犯了一些错误,当最终的计算结果摆在我面前时已接近凌晨三点。能量守恒定律自上而下地被证明是有效的，由于一切都是在没有强迫的情形下自动出现的，所以我不再怀疑它所暗示的量子力学在数学上的一致性和统一性。我感到好像是从原子外表的清晰表面一直洞见了根基性的深处，它有一种奇特的内在之美。即将看到大自然在我面前展开的这种数学结构的丰富性，一想到此我几乎晕了过去。"

在这段生动的记叙中，海森伯对能量守恒定律的确证超越了大自然外在的表象，触摸到其最深邃的层面——大自然所具有的数学结构的丰富性，或数学上的一致性和统一性。在海森伯看来，这就是"一种奇特的内在之美"，后来科学哲学家们称之为"美的惊鸿一瞥"。正是这种"内在之美"的体验几乎使海森伯晕了过去，因为它蕴含了科学和审美融为一体的沁人心脾的力量！

回到公民科学素养的问题上来，伟大科学家的经历告诉我们，科学素养中的审美赋能是相当重要的。也许可以反过来推论，在海森伯的科学发现的过程中，他的审美素养，或者说对数学一致性和统一性的认知，是与对美的认知及其体验相通的。正是这种深邃的美感体验助力他完成了科学的伟大发现。从国际美育晚近发展趋势来看，科学教育不再囿于单纯的知识和技能培训，而是越来越多地考虑到以前不曾触及的方面。2015年，欧洲科学教育研究协会在芬兰赫尔辛基举行年会，组织了一个名为"超越科学教育中的认知：考虑情感、幸福和美学的作用"的研讨会，与会者一致认为，科学教育有必要考虑此前完全忽略的审美、情感和幸福的维度。这表明，科学教育并不是一个单纯的知识传授，并不限于科学技术的认知层面，而是涉及人类社会和文化的诸多问题。又比如，挪威在1994年实施了新的核心课程体系，科学教育不再以特定学科知识系统来界定，而是以影响人性的诸多特性来规定，提出了几个对科学教育甚为根本的观念，诸如"精神的人""工作的人""审美的人""有环境责任感的人""社会性的人和整体的人"等。换言之，科学教育不只是培养有科学知识的人，而是在塑造有精神、勤劳、审美感、环境责任感的整体的人。20世纪中叶，有学者建议，应将科学素养区分为两个不同的愿景，一是涉及科学本身的三个部分,即科学基本观念、科学本质和科学伦理;二是科学与社会的关系,科学与人文的关系,以及科学与技术的差异。可以看出,科学素养包含了审美元素。如果说爱因斯坦的科学与艺术融通是一个典型个案的话,那么,这类关于科学素养的系统界定,为科学素养建构中的审美赋能的可能性提供了更坚实的学理依据。

科学教育绝不是单纯的技能培训和知识传授,而是必须走向完整的全面人格的塑造。科学工作者并不是游离于社会文化之外的,科学活动不仅关乎知识和技术的进步,亦与人类社会的福祉与和谐发展密切相关,片面地传授科技专业知识而缺乏人性和人道精神,潜藏着将科学技术用于伦理上的恶的可能性。正如爱因斯坦所指出的:"学校应该总是以此为目的,即青年人离开学校时具有和谐的人格,而不是作为一个专家。……否则,他——拥有自己的专业知识——更接近于一条训练有素的狗,而不是一个和谐发展的人。"科学教育绝不只是某个领域的专业知识的获取。不妨设想一下,一个具有高雅审美趣味与和谐人格的人,一个热爱美并追求美的人,他们违反伦理规范的可能性更小。所以,有理由认为,一个具有健全科学素养的人,其审美素养及人文关怀必不可少。

对科学素养中的审美赋能问题,还可以从心理学角度来思考。人本主义心理学家马斯洛对此有深入系统的研究,他的需要层次论揭示了从普通人到科学家的人的动机和人格特征。在他看来,人的需要分为三类八个层次(见图1)。第一类是所谓"基本需要",包括生理需要(食物、水、休息等)和安全需要两个层次;第二类是"心理需要",有归属和爱的需要,以及尊重的需要;第三类是"成长需要",包括认知需要、审美需要、自我实现的需要和超越需要。在需要层次系统中,只有低一级的需要满足了,高一级的需要才会出现并得以实现。

马斯洛在其科学家心理学研究中开宗明义地指出,科学家的自我实现首

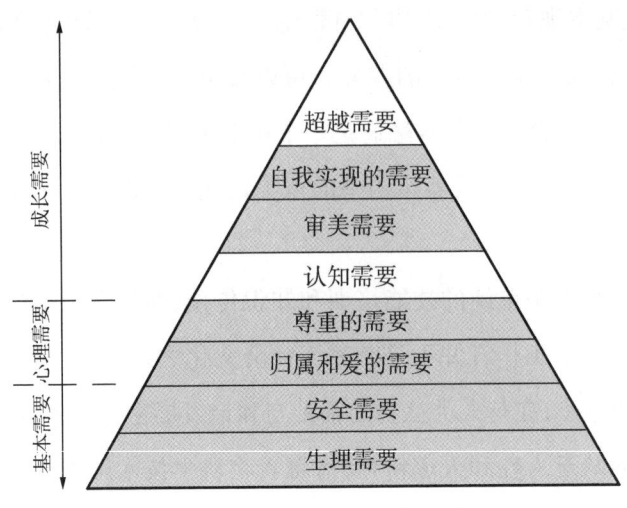

图 1　马斯洛需要层次理论

先就体现在认知需要上,它包括对纯粹知识的理解(哲学的、神学的和价值体系建构的解释需要),这也可以看作科学素养的基本层面。但值得注意的是,马斯洛紧接着指出,科学家还有一种不为人知的审美需要,即"对美、对称性,尽可能简单、完整和有序的冲动,我们称之为审美需要,以及实现与这些审美需要相关的表现、行动和运动的需要"。他还对审美需要与认知需要的关系做了如下清晰的描述:"审美需要与意动及认知需求的普遍重叠使两者无法截然分开。这些对秩序、对称、闭合、行动实现、系统和结构的需要,可以不加区分地归入认知、意动需要,或归入审美甚至神经征的需要。"在马斯洛的科学家心理学中,审美需要提升到了人的自我实现的层面,它是科学家不可或缺的动机与人格特质。缺少这一需要,其科学素养也就不完整了,必有所缺憾。

从远古时代的原始先民,到当代社会文明人,爱美之心代代相传、历久弥新,马斯洛特别指出人的审美需要具有积极的疗愈功能。在他看来,人会因丑陋而生病,而美的环境和生存状态则具有积极的治愈功效。所以审美需求对人来说,不仅带来了审美愉悦,更有促进人格健康之功能。那么,科学家是否也同样面临着人格健康的问题?答案是显而易见的,如果科学家人格不健全,不但会导致科学研究走入误区,而且会造成更为复杂的伦理和社会问题。在一些科幻电影中常常见到所谓的"科学怪人"或"科学狂人",这样的科学家就是人格不健全的,或是具有明显人格缺陷的人,他们会对社会和人类造成极大的伤害。现实中也不乏其例,比如前些年轰动一时的"三鹿毒奶粉事件",生产商为了符合奶粉蛋白质含量的检测标准,竟然将工业用三聚氰胺作为添加剂加入奶粉,为了追逐商业利益完全不顾及下一代健康。科学在此案中被滥用,参与此案的相关技术人员已经完全失去了科学家的良知,诸如此类滥用科学的现象并不鲜见。马斯洛根据多年的心理治疗师经验,还提出了一系列人格健康的标准和维度,他的有些看法对我们理解科学素养与人格健康的关系极富启发性。他写道:"大凡健康的人,很少被焦虑、恐惧、不安全感、内疚、羞愧所左右,而更多地由真理、逻辑、正义、现实、公平、健康、美、正确等所主导。"他还论证了心理健康与其他健康对人格健康的重要性,并特别提及了"审美健康"的概念。在他看来,积极心理学关心的是"好人"或"善者",他们是安心和自信的人、具有民主品格的人、快乐的人、安静的人、沉着的人、平和的人、有同情心的人、慷慨的人、善良的人、创造者、圣人、英雄、强者、天才,以及具有其他卓越人性的楷模。马斯洛需要层次论的最高层次是"超越需要",这一需要是由超越个体自我的更高层次的价值观所驱动的,诸如神秘体验、对大自然的体验、审美体验、服务他人或科学追求等。他把这样的体验称之为"极峰体验",既是个体自我的完美实现,又超越了自我进入人类大我的境界。马斯洛的这些说法,清晰地描绘了一个进入自我实现境界的科学家应具备的品格,毫无疑问,这些品格理应成为广义的科学素养的特质。

从无数事例中可以得知,科学和艺术并不是彼此排斥的,毋宁说是相辅相成、相得益彰的。爱因斯坦的精神遗产教导我们,要掌握科学知识,要探索大自然,要葆有一颗"爱美之心"。著名作家钱德勒,在其笔记中写下了一段题为"伟大思想"的感言:"存在着两种真,一种真是照亮道路,另一种真是温暖心灵。前者是科学,后者是艺术。它们都不能离开对方而独立存在,一个与另一个相比并不显得更重要。没有艺术,科学就像水管工手中的管子钳一样毫无用处。没有科学,艺术则变成一堆粗陋的民间传说和情感骗术。艺术的真可防止科学变得不人道,科学的真则可防止艺术变得荒诞不经。"

科学和艺术俨然是一对亲密的"孪生兄弟",两者共同创造出了璀璨的人类文明。很难想象摒弃对方、唯我独尊的畸形文化生态,所以,曾提出科学与人文"两种文化"命题的斯诺,清醒地提醒我们:"两种文化不能或不去进行交流,那是十分危险的。"

(摘编自《西南工业大学学报(社会科学版)》,2023年第1期。周宪,南京大学艺术学院教授,博士生导师。)

科学素养教育的意义及本土化诠释

张红霞

素质教育自20世纪80年代初提出以来,无论在理论上还是在实践上都对我国的教育事业产生了很大影响。面对21世纪知识经济和全球化趋势对人才素质的新要求,目前科教界面临着怎样使素质教育的理论和实践向纵深发展的问题。与此同时,国内外教育界开始注意以培养与人文精神相融合的"科学素养"(Scientific Literacy)教育,而不仅仅是以科学知识为目标的科学教育。本文从国际对比和科学素养内涵的分析入手,提出两个观点:第一,科学素养教育应该成为我国现阶段素质教育向纵深发展的切入点,它是创新教育的基础,是调和人文教育与科学教育关系、推进人文教育与科学教育融合的重要渠道;第二,科学素养教育是将科学理性精神人格化的过程,它不同于纯粹的科学知识教育,需要根据中国文化、针对中国问题先"本土化",尔后使其在实践层面可操作。本文初步提出了我国现阶段科学素养教育本土化诠释的一种设想,并指出科学素养教育在素质教育中的地位。

一、我国教育目标的演变与国际上的发展趋势

教育目标无论是作为一种社会实践还是作为一种教育理论,都是随着社会的发展而发展的。中国古代封建的教育目标可以概括为以儒家的伦理道德为核心、以修身养性为目的的"忠、孝、仁、义"四个字,教育的功能就是提高人

的忠、孝、仁、义的"素质"。与之相适应的社会系统的特征是上下有别的等级制。在近代，虽然"忠、孝"的对象和内容发生了很多变化，但万变不离其宗。新中国成立后，教育目标发生了巨大变化，从以个人道德修养为中心转化为以国家和阶级利益为中心。相应的教育目标大致可以表述为培养热爱党、热爱社会主义、具有集体主义观念、勇于献身的无产阶级革命事业的接班人。

素质教育的提出是改革开放的必然产物，是我国在教育目标上的一次历史性的重大发展。其理论和实践也经历了一个不断完善的过程。20世纪80年代初我国开始认识到仅仅强调智力因素是不够的；80年代中后期对"升学教育""应试教育"进行了分析和批判；80年代末、90年代初正式提出素质教育。1999年召开的全国教育工作会议又将这一进程向前推动了一大步，其重要标志之一是明确地提出了"创新教育"在素质教育中的核心地位。

在此次会议之前，有关素质教育概念的讨论往往存在如下几个方面的问题：(1)太笼统，仍然停留在全面发展的理想主义框架内；(2)将素质教育狭隘地理解为对应试教育的纠偏，或理解为对片面强调科学功利主义教学内容的否定；(3)局限于教育界，甚至局限于基础教育范畴，很少与全社会的人才生长环境相联系；(4)可操作性不强，与教育实践联系不够紧密。

"创新教育"的提出使素质教育的概念更加具体化、明晰化。这是20年来素质教育理论发展的最有意义的成果之一，因为只有概念具体化，才能使理论具有可操作性。

尽管创新教育的概念不是我国首创，而且20世纪末世界上许多国家，包括科技强国美国，根据21世纪对人才的新要求，都先后采取了加强培养学生创新能力的举措。但创新教育在我国的提出具有特殊重要的意义，因为它不仅涉及教学领域或整个教育系统，而且涉及全社会的人才观和价值观。创新和创新能力不仅是教育问题，而且是社会问题。创新教育的目标对中华传统文化之中的"中庸""无为"成分将是一种根本性的改造。

但同时还应该注意到,创新能力只是现代优秀人才素质的一个方面。仅仅具有创新能力是不够的,还需要其他方面的素养。创造心理学有关理论已经证明,具有高创造性的人不一定具有全面素质和高智力。没有科学理性和优秀人文素养指导的创新有可能带来科学工具主义的泛滥。事实上,美国的创造性研究和以实用为目的的科学教育起始于20世纪50年代,直接的动因是应对苏联的科技威胁。当时,美国开展了以开发学生智力、加强科学知识教育为目标的"学科结构运动"。但到60年代末、70年代初,由于严重的社会问题和科学工具主义的泛滥,美国开始呼吁对青少年加强社会、人文教育和生计教育。直至80年代以后,随着"恢复基础"教育运动的开展,一个比早期技术化的科学教育思想更完善的、将科学教育与人文精神相融合的全新的"科学素养教育"概念逐步成熟。科学教育家马修斯强调:"科学素养的高低,往往与对文化感知程度的高低一致。"可以说,20世纪80年代是继50年代之后出现现代科学教育的第二次高潮,且至今未衰。1985年,美国科技教育学会发起制定了《技术科学素养法》;1989年,公布了著名的关于科学教育的"2061计划",计划中声称"普及科学(包括科学、数学和技术)基础知识,已成为教育的中心目标"。"美国没有任何事情比进行科学、数学和技术教育改革更为迫切。"克林顿政府1994年颁布了一份里程碑式的科学政策文件《科学与国家利益》,对美国科学系统确立了五大目标,其中的两大目标为:造就21世纪最优秀的科学家和工程师,提高全体美国人的科学和技术素养。1996年,由美国国家研究理事会完成并公布了美国《国家科学教育标准》,在前言《行动的号角》中开门见山地指出:"我们这个国家已经把所有学生都应具有良好的科学素养作为自己的一个既定目标……我们大家,无论是作为个人还是作为社会,同科学素养都是利害攸关的。"

关于科学素养的定义,目前还没有统一的标准。美国《国家科学教育标准》中将其叙述为:了解和深谙进行个人决策、参与公民事务和文化事务、从事经济生产所需的科学概念和科学过程。美国科学教师协会(1982年)以11个要素定义了科学素养(如表1中左栏所示)。但无论从哪种定义看,科学素养的含义不仅涉及常见的认知领域,而且包含情意领域。也就是说,科学素养不仅包含了科学知识和科学方法的学习、理解和应用,还包含人生观、价值观和现代道德伦理内容。近年来,美、英等国对其各级科学教育的具体教学目标和内容都作了很大改进,其重要特点就是将科学的概念由知识和方法的范畴向价值观的范畴扩展。

表1 哈佛大学核心课程中"文学艺术"和"外国文化"两门课程的教学目标

文学艺术	外国文化
此大类课程的共同目的是培养学生对艺术表达形式的批评性的理解,并以此为范例让学生理解人文学科像其他领域一样,也是一个进行学术考察和讨论的领域。按照核心课程的总目标,本类课程将从不同学术派别的视角,展示和分析各种知识的形式、范畴、用途及其滥用问题。本课程还将介绍不同时代和地区的主要作品、著作,并通过这些介绍,引导学生体验批评性的分析和学术性争论的实践	本类课程的目的是让学生明白主要的文化因素在塑造人民生活中的作用。通过对那些非常不同于美国及欧洲文化的国家和地区的研究,提供一个全新的视野,重新审视学生先验的文化观,包括宗教和伦理价值,社会、经济和政治系统,智慧取向,文学和艺术成就等,但始终以探讨它们相互联系的方式为思路。无论课程内容是从分析代表性艺术作品入手,还是从追述历史事件入手,或是从个人或人群的生活方式入手,其目的都是找出其思想和行动与其信仰和伦理系统之间的关系模式

价值与伦理问题向来是哲学研究的重要主题,是人文学科的核心内容。但在科学技术的社会驱动作用越来越大的今天,在人们用批评的眼光审视科学技术的社会伦理问题的同时,国际教育界越来越重视科学与人文的融合。这种融合不仅体现在理科课程体系中包含部分文科的课程,以及开设一些跨学科的课程(如管理学),还体现在经典自然科学课程(如物理学)中增加科学史、科学家传记的有关内容。因为科学史、科学家传记是科学知识产生过程、科学与社会需求的关系、科学与人类关系的真实记录,是科学的人文性、哲学性和社会性的生动、自然的反映;同时,社会科学和人文学科的许多"研究问题、研究的方法和手段以及它的作用,正在发生重大变化,离开了自然科学技

术的发展,人文社会科学的进展就举步维艰"。例如,美国许多大学的本科生必修课——"核心课程"(core curriculum),近年来不仅增加了对科学技术的价值、伦理进行分析的内容,而且增加了用科学理性的方法和价值观对社会、人文现象进行分析的内容。以哈佛大学为例,其五大类核心课程包括外国文化类、历史研究类、伦理分析与推理类、定量分析方法类和科学与社会分析类。其中,即便是"文学艺术""外国文化"这些通常看来是纯人文学科的课程,也都采用客观的、分析和讨论的方法与态度进行教学,这两门课程的教学目标(表1)可以清楚地反映这一点。

不同国家或同一个国家的不同发展阶段,教育目标应该有所调整。针对科学工具主义泛滥,美国曾经在20世纪80年代提出加强大学生人文教育的应对措施,但今天更多的学术研究文章和政府文件强调人文与科学融合,强调以科学素养教育代替片面的科学知识教育,认为科学工具主义泛滥的原因并不是民众的科学素养提高了,而是科学教育的目标偏倚了:片面强调科学的实用价值,而忽视了科学理性的文化价值。"素养"无论是其中文还是英文(literacy)词汇,都有文化的含义,因此科学素养可以理解为科学理性在人格上的内化。如果广大民众具有科学素养,就能够识别国家和地方决定所赖以为基础的科学问题,并且能够根据先进的科学伦理和人类的根本利益提出有科学根据的见解来,这样,在民主与法治的社会里,科学工具主义泛滥将会得到遏制。我国近年来也开始注意推进人文教育与科学教育融合:"推进人文教育与科学教育的融合,是实施素质教育、培养创新人才和取得原创性科研成果的关键性措施。"

从国际上看,21世纪的科学教育目标已经与人文教育目标相融合,并在总体教育目标中占据主导地位。一个国家的科学技术及其导致的生产力的发展,尤其是这种发展的可持续性,与全体国民科学素养相关,而不仅仅是杰出科学家、政治家的事。只有科学理性的方法、态度和价值观在平民百姓中得到相当程度的普及,社会的持续发展才能有保证;然后,现代化的、健康的民主与法治才会有坚实基础。

我国在19世纪末20世纪初,尤其是五四运动时期明确提出了"科学、民主"救国的理念。前人有很多精辟的研究,如罗素、爱因斯坦、丁文江、杨振宁、李约瑟等均有相关论著。今天科学素养教育对中国走向现代化的意义是不言而喻的,但文化的改造不会是一蹴而就的,曾任中国科学院院长的路甬祥说过,"现代科学精神还没有在中国扎根"。今天我们的科学教育内容还是基本停留在实用的科学知识层面,科学教育与人文教育基本上还处于相互分离的状态,科学教育研究基本上是学科教育研究。其原因除了深远的社会文化传统,还与对科学教育的认识、对科学素养内涵的理解没有与我国的具体情况相联系有关。其实,任何"引进"的社会科学的概念,只有与本国的国情相联系才能有意义,这个联系的过程就是本土化的过程。

二、科学素养定义的本土化诠释

本文以美国科学教师协会的科学素养定义为蓝本,讨论其在我国的本土化含义。作为总体教育目标,该蓝本的表述是抽象的、概括的。这种抽象性表述的优点是具有普适性,但缺点是这11个要素中的每一个要素的具体内容及内容之间的关系并不清晰。如果要使得它对我国的教育实践有直接的帮助,应根据我国的情况将其转换为具体的教育目标。用泰勒课程编制模型术语来讲,就是将总体目标(aims)转换为具体的教育目标(objectives)。以传统的"读、写、算"目标为例,究竟"读"的水平要达到什么层次,对不同学校、不同年级,甚至不同的学生都会有不同的设计。这里的本土化要进行两个方面的转化:一是目标的具体化,二是针对我国的现实问题。表2中右栏相应地给出了我国科

表2　科学素养内涵的本土化诠释

美国科学素养教育目标	中国"科学素养教育"现阶段目标
(1) 在处理与他人和与环境的关系时，能够运用科学的概念、方法、技术和价值进行抉择	知道任何问题都有科学的解决办法或通向科学办法的途径；分清经验与科学方法之间的差异；分清迷信与科学之间的差异。并能运用一定的科学知识和方法对实际问题进行判断和抉择(认知领域)
(2) 认识到产生科学知识必须依赖探讨过程以及概念学说	在讨论问题和表达自己观点时，能够做到前后概念一致。当说不清楚的时候，不使用诡辩术。具有规则意识(认知领域)
(3) 能够分辨科学证据和个人观点的不同	能够做到说话、办事、处理问题以事实为根据，尽量避免个人偏见与感情用事；防止个人意愿干扰客观观察(认知领域)
(4) 能够证明事实和学说之间的关系	能够将一些观察到的现象用已知的知识和理论进行解释。具备运用知识的能力(认知领域)
(5) 能够认识科学和技术对促进人类福祉的功能和限度	认识到我们生活的各个方面都离不开科学技术，但它并不能解决所有的问题，如价值问题(认知领域)
(6) 了解科学和社会的关系	科学对人类社会的影响将越来越大，我们要有足够的认识和能力发展、掌握、控制科学技术的发展方向，使之为人类造福，而不是带来危害。解决环境、人口等问题(认知领域)
(7) 明白科学来源于人类的视野并理解科学知识的暂时性，当资料充分之后，知识会改变	在明白真理的相对性基础上，发展质疑精神、创新精神(情意领域)
(8) 因为拥有充分的知识和经验，所以能够赞赏别人的科学成就	具宽容品质和谦虚精神；善于合作与交流。处理好独立人格与集体主义精神的关系(情意领域)
(9) 对世界充满乐观的态度	目光远大，心胸宽广，热爱生命，热爱祖国，热爱人民(情意领域)
(10) 能够采用和科学相同的价值观，所以能够使用科学和享受科学	敢于创新，勇于探索。具有独立的人格。崇尚民主与法治。以坚持真理和追求真理为乐(情意领域)
(11) 能够终身、持续探讨科学并增加其知识	以不断追求客观真理为生命的目的(情意领域)

学素养教育11个方面的目标。

总体而言,在我国传统文化背景下,我们的教育对事关表2中"认知领域"的内容关心较少,而在某些情意领域有相对的优势,如:"具宽容品质和谦虚精神""热爱祖国"。当然,中国文化中特有的一些优秀素质,如勤俭、忍让、吃苦耐劳,似乎并不能明显包含进此11条中。然而,用科学的态度仔细分析,并用发展的眼光看待科学素养的定义,可以看出,它们与科学素养并不相悖,因为勤俭、忍让、吃苦耐劳有利于人类社会的可持续发展,符合人类生存这个根本的逻辑。这正是联合国教科文组织把《论语》列为中小学生必读书的根据。

这里至少有两个尚待解决的理论问题:第一,中国传统文化自身如何在今后产生目前在认知领域欠缺的认知素质?第二,尚缺的情意领域的素质是否必须通过科学素养教育才能养成?实际上,又回到李约瑟的经典问题上:为什么近代科学不在具有繁荣古代科学的中国产生?

科学素养的养成是否与其他教育内容一样,也要经历由浅到深、由窄到宽的过程,因而科学素养教育也要循序渐进?具体的教育目标既要高于现实阶段的状况,又要符合实际。过高标准的目标不仅因不切实际而不能实现,而且打击学生的信心;过低的目标对学生来说缺少动力。那么,我国目前的状况究竟处于什么阶段?

上述方案实际是尚未经过严格理论和实践论证的一种"模糊判断"。科学地产生一个本土化方案的办法应该是基于实证调查研究基础上的综合研究,这有待于今后的努力。下面仅就笔者认为的几个突出的认知和情意方面存在的科学素养教育问题作一些评论,也可以看成是今后研究的假说。

三、现阶段我国科学素养教育的主要内容

我国目前科学素养教育大致要注重如下几个方面。

1. 认知方面

（1）知道什么是科学知识。分清经验与科学之间的差异；分清迷信与科学之间的差异；分清宗教、艺术与科学之间的差异。知道任何问题都有科学的解决办法或通向科学办法的途径，并能运用一定的科学知识对实际问题进行判断和抉择。

（2）学会科学地分析问题和处理问题的方法。说话、办事能够以事实为根据；尽量避免个人偏见与感情用事；防止个人意愿干扰客观观察；在讨论问题和表达自己观点时，能够做到前后概念一致。当说不清楚的时候，不使用诡辩术。

（3）处理好规则意识与以人为本的关系。通过科学概念的学习和运用，培养人的规则意识。规则是科学研究、科学交流、科学管理的基础。

（4）处理好传统人文精神与现代人文精神的关系。至少从策略上讲，鉴于我们过去长期片面强调传统人文精神，如中庸、忍让、无为，目前应该注重那些与科学理性一致的人文精神，如自主、创新、合作、进取、质疑、诚信、规则意识。以理性思维为基础的人文精神，与以情感和信仰为基础的人文精神的联系在于，理性思维是保证情意素质健康发展的重要条件，也是进行有效的、成功的创造性思维的前提。科学素养不能产生所有人文精神，但科学理性的分析方法与习惯的培养可以辨别和有助于产生先进的为全人类共享的人文精神。以京剧为例，京剧之所以比其他中国传统剧种更能走向世界，笔者认为，与它的程式化与简约化形式有很大的关系，而这与科学方法的程式化、规则化是一致的。

2. 情意方面

（1）注意培养意志的自主性。在意志的四个品质（自主性、果断性、坚韧性和自制性）中，我们习惯于强调自制性和坚韧性而忽视自主性和果断性。所谓自主性就是能够主动地提出自己的行动目的，并且能发动符合目的的某些行动，同时又能克制不符合这个目的的另一些行动。具体地讲，要处理好独立人格和集体主义的关系。

（2）鼓励创新精神和质疑态度。在知识经济模式中，只有创新的知识才能产生经济效益；科研成果只有第一，没有第二。而创新精神来源于质疑的态度，科学真理的相对性呼唤质疑精神。科学不怕犯错误，因为科学研究的过程就是不断否定过去、探索未来的过程。具有科学理性的人善于发现错误，勇于承认错误，认真纠正错误。

（3）处理好宽容精神与竞争意识的关系。无为而治的时代已经过去了，不进则退。但在公平竞争的同时，要具备现代意义上的以自尊为基础的宽容品质和谦虚精神。要善于合作与交流。要以现代化的团队精神为目标，在竞争中建立"双赢"机制、"伙伴关系"。

四、结论

对于今天的中国，科学素养教育是现阶段的难点，又是新时代的重点，应在全面素质教育中占主导地位；科学素养教育应该成为现阶段素质教育的切入点。因为它可以调和人文教育与科学教育的长期冲突，可以包容我们现阶段所缺少的现代人文素质的内容。在这一点上，中国文化独具价值。当今西方世界为了应对种种弊端和难以驾驭的社会问题，纷纷对中国文化刮目相看。然而我们应该清醒地认识到，我们的文化目前对别人是有益的，而对自己却很不足。我们的民族要崛起,要发展,只有在物质生活、精神生活上都超过别人,才能立于世界民族之林。到那时,儒家学说才能真正成为最有影响的社会科学流派,中国文化才能成为真正举世瞩目的文化。事实上,一个具有科学素养的人在面对和参与全球化的同时,应该承认并欣赏多样化,包容和接纳多种文化形式,因为多样化是任何自然系统和人类系统保持活力的动力源泉。

(摘编自《清华大学教育研究》,2002年第4期。张红霞,南京大学教育科学与管理系主任,教授,博士生导师。)

第三篇
科学家在干什么

近代科学的目标是什么？就是探求真理。科学方法可以随时随地而改换,这科学目标,蕲求真理,也就是科学的精神,是永远不改变的。科学家应取的态度应该是:(一)不盲从,不附和,以理智为依归。如遇横逆之境遇,则不屈不挠,不畏强御,只问是非,不计利害。(二)虚怀若谷,不武断,不蛮横。(三)专心一致,实事求是,不作无病之呻吟,严谨整饬,毫不苟且。

红色火星的蓝色星球梦
——从火星探测到火星改造

欧阳自远

太阳系有八大行星,其中靠近太阳的有四颗行星——水星、金星、地球、火星。火星是我们的邻居,它的外侧还有四颗行星,即木星、土星、天王星、海王星。靠近太阳的四颗行星体积比较小,密度比较大,表面是岩石体,我们称之为内行星或者类地行星。远离太阳的四颗行星体积较大,密度较低,被称为巨行星或者类木行星。

神话传说中的火星

人类用肉眼就可以看到火星,它发出一点点微弱的红光,而且不断闪烁着。它的运行轨迹不太规律,并且亮度变化不定,令人迷惑,所以我国古代人给火星取了一个名字,叫"荧惑"。

对于太阳系中的这个天体,欧洲人也很早注意到了。古罗马人用比较标准的符号表示,火星符号是一个圈加一个小箭头。罗马神话认为,火星玛尔斯是战争之神,他是金星维纳斯的情人。玛尔斯的两个儿子罗穆卢斯与雷穆斯传说是罗马城的建立者,因此,他也被认为是罗马人的祖先。古希腊神话中的火星也是一位战神,名叫阿瑞斯。阿瑞斯形象英俊,性格勇猛顽强,专门负责打仗,是力量、战争的象征。在北欧神话中火星名叫提尔,也是象征着勇气和英雄的神。总之,几乎在所有的文化和传说中,火星的形象都是性格强悍、暴虐、好动、嗜杀、血腥,是人类灾祸的化身。

这些其实是我们对火星的误读。火星是地球的近邻,是一个非常温顺的天体。它的尘土里含有鲜红色的赤铁矿,每当发生尘暴,整个火星表面就弥漫着赤铁矿,看起来是血红色的。人类因此认为火星代表着血腥与战争。人们误读了火星,就是因为火星土壤中的赤铁矿。

火星生命之谜

如今大家都在关心一个问题:火星上有生命吗?在浩瀚的宇宙当中,我们只知道地球上有生命,还是高等智慧生命,并且建立了高度文明的社会。那么,我们旁边的行星上有生命吗?太阳系的行星里,除地球外,最可能有生命的是火星。在这个浩渺宇宙中,我们是孤独的,没有自己的同类,地球上的生命(包括人类)究竟来自何方?未来我们将走向何处?我也希望能有外星人告诉我们答案。火星上面有没有外星人?为什么只有地球有生命?这些问题都有待解答。

生命的诞生

我们要探测火星生命,一定要理解为什么地球有生命。这是宇宙中的一个奇迹。我们首先回答一个问题:什么是生命?生命必须具有复制遗传自己并繁衍后代的能力,以及新陈代谢的功能,这样才能被称为生命。现在所有对生命的理解都是以地球上的生命为蓝本。因为我们也没有别的样本,不知道其他的生命类型。

地球上生命的诞生充满了迷茫和神秘的气息。在太阳系诞生以来的46亿年漫长演化过程中,为什么只有地球上出现了生命呢?太阳系八大行星都是46亿年前形成的,为什么别的行星上就没有生命呢?原因之一,地球与太阳距离恰到好处,不远也不近。火星离太阳偏远一点。原因之二,地球的体积恰如其分,不大也不小。若非如此,我们没有办法维持地球大气层及水圈。

地球绕着太阳从容而稳定地运行,有岩石质的外壳,地球72%的表面被水体覆盖,为生命的繁衍与生存提供了广阔的空间,海洋的潮汐为生命的迁徙提供了动力,地球外有大气层,包括对流层、平流层、中间层……外侧还有磁层,层层裹住我们的地球,使其免于宇宙辐射的危害。

地球上繁多的物种和智慧生命的起源与成长,都是地球长期演化的产物,是宇宙的奇迹。生命本身是很脆弱的,但生命的演化在整个46亿年的历程当中极其顽强。我们的地球遭遇过几次大劫难,很多物种消失了,但从古生物学家提供的数据看,在漫长的地质历史上,整个星球的物种多样性一直在增长,我们的地球生机勃勃、繁荣昌盛。

多灾多难的邻居们

为什么太阳系别的行星上没有生命呢?我们先比较一下靠近太阳的四个行星的表面温度。这四兄弟性格、形貌相似。其中水星最靠近太阳,白天表面温度很高,达到430℃,晚上又非常寒冷,温度降到零下173℃。昼夜温差接近

图1 太阳系中的类地行星

600℃，因此水星上肯定没有任何生命。金星是地球的邻居，金星大气层的压力达到92个大气压（地球是1个大气压），人到金星上会被压扁。同时，金星大气中95%是二氧化碳，温室效应很严重，导致金星表面温度最高可达458℃。金星上面还有1600多座大火山和数不清的小火山，随时可能爆发。所以金星是一个充满了毒气，炎热、干燥的星球，那里同样是不可能有生命的。

火星非常像我们的地球。火星和地球一样，轴线是倾斜的。它以跟地球近似的角度绕着太阳公转，因此两个星球都有春夏秋冬。火星绕行太阳一周的时间，大约是地球的两倍（约两年），这是因为它离太阳比地球远。但是很遗憾，也是因为它离太阳比较远，它表面的平均温度为零下60℃左右，最热的时候也只有20℃，最冷的时候达零下100℃。尽管如此，所有类地行星当中，火星仍是除地球以外，最有可能存在生命的行星。

火星生命探测

火星一直吸引着人们的目光，很多探测器在火星上面进行了各种类型的生命试验，从"海盗1号""海盗2号"到"凤凰号"。1975年到2007年间，人类进行了45次火星探测，就是想搞清楚火星现在有没有生命活动。最后大失所望，火星没有任何生命活动的迹象。也就是说火星上没有生命。现在人类已经准备载人登上火星，美国总统已签署相关法案准备于2033年载人登上火星。这样看来美国人最有可能第一个登上火星。

最近，科学家们在火星的大气里发现了甲烷。地球上的甲烷往往是生命活动的产物，所以现在人们在努力通过研究碳同位素的方法研究火星大气中的甲烷究竟是不是生命来源。但很遗憾，由于甲烷浓度太低，目前无法通过仪器检测确定其来源。

最近，科学家在分析来自火星的陨石时有了一项重大发现。中国科学家在电子显微镜下观察陨石薄片时，发现里面有很多碳颗粒，使用目前最灵敏的仪器分析这些碳颗粒的同位素组成后发现,这是生命来源的碳,由此可以推测火星上曾经存在过生命。至于这个生命是什么形式的,不知道。跌宕起伏的火星生命探测,已经展示出令人鼓舞的前景。

火星上的水

既然没有生命,我们能不能探测火星上的水到底去向何方?科学家们分析火星表面曾经覆盖大概有100米深的水体,曾经有很多河道、湖泊,在它的北半球还曾有过一片巨大的海洋,很多河道的水最后都流入这个海洋。但现在火星表面一滴水都没有,极其干燥。火星上的水都跑去哪里了?研究发现一部分逃逸到大气中,更多则是潜入地下。科学家发现,火星一旦地面塌方,就会有地下水涌出,形成冲积三角洲。

火星上的湖泊,干枯了以后非常像我国柴达木地区的盐湖,水分日渐蒸发后,盐分析出。火星曾经有过水和湖泊,但是现在一滴水也没有。这些析出的盐,科学家们经过研究,最后认定跟我们地球上死海含的盐的成分类似,所以火星即使有水也是不能直接饮用的。

火星上一些干枯的盆地里生成了大量的赤铁矿,因为火星表面风速很大,气压极低(只有地球大气压的1%),赤铁矿被风吹起,布满整个火星,导致火星变成了一个红色的星球。

衰老的火星

火星的演化经历了46亿年,今天的火星已经"老态龙钟"。怎么判断的呢?我们现在生活着的地球有一个标准磁场,这个磁场是地球生命力的象征。月球30亿年前就没有磁场了,它是一颗死亡之星。目前火星已没有全球性的磁场了,仅有一些区域性的磁场残存,很快它就会变得像月球一样。同时,它没有大的火山活动及强地震,目前是非常好的研究对象。

太阳系所有的行星原本都是垂直自转的,45亿年前,一个火星大小的天体撞上了地球,撞出很多碎块。最近一种理论认为,这些碎块在地球外围慢慢汇集起来,形成了现在的月球。那么火星的两颗卫星又是怎么来的?不像月亮跟地球的关系,而是当一些小天体经过火星身边时,由于万有引力作用被它吸引过来围绕它公转的。

火星改造计划

现在地球面临着很多危机,科学家们在努力为人类寻找第二个栖息地,让人类永远安全地繁衍下去。在太阳系里面没有别的天体,只有火星是适合改造的对象。

现在,全世界的科学家每年都会开一次会,讨论如何改造火星,让它变成第二个地球。人类面临的主要问题,首先是要提高火星表面的温度。估计我们人类要花两三个世纪的时间,最终去掉它凶恶的红色面貌,让它变成一个绿色的、蓝色的火星。这也是我们人类社会发展的需要。有科学家建议在火星

图2　火星改造畅想图

上面大量排放二氧化碳，产生"温室效应"，让它表面温度提高，使地下的冰冻水和两极的冰、干冰全部融化。只要温度保持在0℃以上，就可以慢慢恢复火星的河流、湖泊，待火星慢慢地有了生命，再移植一些相关的植物上去，让它产生氧气，逐渐改造火星的大气。

现在"火星1号"组织的目标就是冒险登上火星，该组织准备大概在2026年送四个人到火星上，但有去无回。计划建造一些完全封闭的装置，里面创造一个地球环境，因为从地球飞往火星要历时八个月。刚到火星上，实验人员只能住在密闭的屋子里面，甚至在地下挖洞，制造一个地球环境，但这样无法大量移民。根据设想，火星可以在密闭状态下变成一个绿色的、人类可以生存的、可以自由行动的地方。但前提条件是必须密闭，这终究不是一个办法。

所以现在一定要想办法逐步改造火星，让火星慢慢地变成绿色的星球，最后变成蓝色的星球。这样的话，人类通过自己的智慧和努力完全有可能将火星改造成为生机盎然的"小地球"，再现"绿水青山"，成为人类第二个家园，这是一个巨大的世纪工程。现在科学家们都联合起来，努力为人类建造第二个栖息地。也许人类通过几个世纪的努力，最终将这颗贫瘠的行星改造成一个拥有蔚蓝天空、绿色平原、碧色湖泊和友好生态环境的新世界，未来地球和火星将成为我们人类社会持续发展的姐妹共同体。这是人类的梦想。

中国的火星探测计划

现在，中国的科学家正积极准备火星探测工作。

第一步是登上火星。由于火星公转周期较长，每26个月才有一次着陆火星的机会。我国确定2020年年初发射自主建造的火星探测器。预计发射之后，探测器将飞行8个月*。我国的计划是首先发射一颗卫星到达火星，绕火星

---

* 我国的火星探测器"天问一号"已于2020年7月23日成功发射。2021年5月22日，"祝融号"火星车成功登陆火星。

公转,然后让着陆器着陆火星表面,然后放下一辆火星车,开始探测火星。这样,我们把绕、着陆、巡视探测等工作一次完成。我们准备了七八年,现在到了最后的论证阶段。现在我们已经信心十足。

第二步,发射探测器到火星表面,自动用电铲采取样品,自动打钻取样。这将是人类第一次把火星的样品带回地球。我们从月球上采集样品回来也是这样的过程。如何完成呢?我们想了一个办法,返回舱回来以后,首先进入地球的大气层,为了避免因为大气摩擦而全部烧掉,我们主动控制它跳出地球大气层,再逐步降落下去。

如今我们的"嫦娥5号"就按照这个计划实施了。这非常像一个小孩在水面上用石片打水漂,砸到水面,再跳出水,再落下去,速度大大下降,然后再用降落伞降落在内蒙古。一旦返回舱降落在地球表面,我们可以立即得知降落的位置。我们做过实验,完全有把握做到这一点。载人到月球上面也可以安全返回。月球上面的东西可以带回来,火星上面的东西也可以带回来。

总而言之,中国的太空探测计划就是,在第一个百年奋斗目标实现之前,发射月球探测器,采样、返回,之后还要到达我们在地球上永远看不到的月球背面。我们满怀信心,2020年登上火星,之后我们还要去探测木星以及别的天体。

当然,中国的火星探测任重而道远,希望寄托在年轻一代的身上。希望青年人能够担当起这个责任,成为中华民族的脊梁,去完成后续的伟大事业。

(摘编自《科学家讲科学》丛书,上海科技教育出版社2022年11月出版。欧阳自远,中国科学院院士,天体化学与地球化学家,中国月球探测工程首席科学家。)

深海探测
——向深海更深处钻研

汪品先

"上天、入地、下海"

1959年出版的《科学家谈21世纪》中,地学泰斗尹赞勋写下题为"下海、入地、上天"的未来创想篇章,如今它已成为我们科研工作的一个口号。

迄今为止,有几千人登上了珠穆朗玛峰,400多人到过太空,12人抵达月球,但对于地球上最深的地方——马里亚纳海沟最深处(约11 000米)——到过的却仅有3人:瑞士人皮卡德、美国的沃尔什和电影《阿凡达》的导演卡梅隆。[*] 探索深海的人不够多,而人类入地的能力比下海的能力还要差。就整个人类科技水平而言,可以简单地概括为:入地不如下海,下海不如上天。

为什么要入地

入地,顾名思义就是要进入地球内部。人类入地的本领很差,为什么还要入地呢?

首先,很多矿产都来自地下,如金矿、稀土矿(我国最珍贵的矿产之一)等。

---

[*] 2020年11月10日,中国"奋斗者号"载人潜水器在马里亚纳海沟成功坐底。至2023年1月,"奋斗者号"完成25次万米级下潜,将32人送达海洋最深处。

而且地球内部还有很多未知的生物资源。

其次,地球表面的很多地质灾害,如地震、火山爆发等,都是由地球内部的能量变化引发的。

再者,地球内部的能量是地球生物的主要能量来源之一。"万物生长靠太阳"这句话并不完全正确,很多生物无法利用太阳能。因此准确来说,万物的生长有两个能量来源:一个是太阳能,一个是地球内部的能量。地球表面的多数生物靠阳光进行光合作用,而地球内部生物的能量则来源于深海海底。那里太阳照射不到,地球内部的能量是那里生物的主要的能量来源。

地球内部的能量,比如海底热液、冷泉(可燃冰)和地下水会从地表之下跑上来,因为海底是"漏"的。海底热液口有很多神奇的生物,比如管状蠕虫,它们没有嘴巴和肛门,不吃不喝,依靠硫细菌生存。冷泉中的可燃冰是一种天然气水合物,主要成分是甲烷分子与水分子。可燃冰是由甲烷分子锁入水分子中形成,其外观看起来像冰,一旦温度升高,甲烷分子就会被释放出来,遇火即可燃烧。这种资源很可能成为地球未来的重要能源之一。

地球内部还有许多水资源。地球表面的水看起来很多,但若把所有的水都聚集到一起,其总量与地球体积相比,也只是一颗珠子大小。淡水更少,河流和江湖里的水量更是微乎其微。相对于地表水,地球内部的水则更多一些,至于具体有多少,说法不一。但可以肯定的是,地球内部的水至少是地球表面水的50倍。也就是说,地球内部的水一定比表层的水多,而地下水是会从海底漏出来的。

无论是海底的生物、各种能源,还是地下水,我们对地球内部这些资源的研究还十分欠缺。

生活在地球表面的我们,已经感觉到了生态环境受到地球内部控制;资源枯竭、环境恶化等问题也都需要通过了解地球内部而逐步缓解,所以我们一定要研究、了解它。相信今后地球科学的前沿工作将是研究地球内部和表层的相互作用。

怎样"入地"

截至目前,人类入地的最深距离不到5000米。世界上最深的矿是金矿,最深的金矿在南非,深达4000米。采矿工人一般是先乘坐电梯下去,这个电梯是世界上最深的电梯,最深处距离地面2300米,上下一个来回要耗费3个小时,矿下温度高达60℃。在这里工作非常辛苦。美国北部南达科他州霍姆斯特克金矿曾挖到地下2000多米深,2002年采矿结束就关闭了。2007年科学家在原来的矿井里建了一个地下实验室,主要研究暗物质。

时至今日,我们采用的仍是间接探测方法来了解地球内部,如用地球物理方法检测地震波等。有人形象地将其比喻为给地球做"B超",却无法直接对地球"开刀"。

大洋钻探计划

很久以前,人类对于地球内部一无所知,只能凭空臆想。随着科技的进步,为了探索地球内部,人类想出一个好办法——打钻。简单来讲,就是用钻机把钻杆打到地下进行钻探,这时候深度至关重要。

想要通过钻探来研究地球内部的世界,应该在哪里进行钻探呢?

苏联科学家曾在科拉半岛进行钻探,经过十几年的不懈努力,他们到达了12 000多米的深处,这是目前为止世界上钻探的最深纪录。其实科拉半岛并不是一个钻探地球内部的好地方,因为那里地壳很厚,要真正钻探到地球内部去很难。钻探要找地壳薄的地方,哪里合适呢?大洋就是很好的选择。根据地壳均衡理论,大洋洋底是地壳最薄最接近地球内部的地方,因此要探索地球内部,就要到深海海底打钻。在海底打钻,要求我们既要下海,又要入地。下海再入地更是难上加难,但这是我们正在做的事情。

大洋钻探计划是地球及海洋科学领域规模最大、历时最久、影响最为深远的一项国际科学合作计划,也是引领当代国际深海探索的重要平台。大洋钻探计划于1968年起源于美国。20世纪50年代,美国下决心要打穿地壳与地幔间的莫霍洛维奇不连续面,最终在墨西哥湾探入到了3000多米的水深处,钻取了13米的深海玄武岩,这在当时是非常了不起的。随后的50年里,国际大洋钻探经历了深海钻探计划、大洋钻探计划、综合大洋钻探计划三个阶段,在世界各大洋总计有约1500个站位,3600多个钻孔,取得岩芯长度总计40多万米。计划取得的众多新发现改变了地球科学的走向。

大洋钻探在深海研究领域可谓功不可没,它的功劳主要体现在两个方面。其一,它证明了海底扩张理论。若将海底洋壳比作人的后背,中间的"脊梁骨"即洋中脊,它是洋盆通过地壳张裂而形成。大洋钻探科考船在洋中脊两侧打钻取样,通过测量获取的岩石样品的年龄,推测出相应地层的年龄。由此发现越靠近洋中脊的地层越新,年龄越小。从而证明了海底的扩张过程:地幔物质不断向上涌出,冷却之后形成新洋壳,原来的海底则随新洋壳的产生而向两侧扩张。其二,钻探发现了深部生物圈。研究表明深海洋底以下1000多米的范围内都有生物,这些生物极小,生活在岩石缝里,都是单细胞生物。它们生活在"水深火热"中,虽然生活质量不高,但寿命长达几十万年。单细胞生物是一种很重要的生物资源,是未来生命科学发展的一部分。

南海大洋钻探与"中国梦"

我国1998年加入大洋钻探计划,工作以在南海实施钻探为主。南海是西太平洋最大的边缘海之一,位于全球最大的海洋板块(太平洋板块)、最大的大陆板块（欧亚板块）以及菲律宾海板块等的汇聚处，其地理位置特殊，对研究东亚乃至全球的气候变化、板块构造、地质灾害等都具有重要的科学意义。"麻雀虽小，五脏俱全"，南海有着地球上板块运动的所有过程：裂谷、扩张和俯冲。

自1999年我们领衔主持第一次南海钻探以来，我国先后设计和主导了3次南海大洋钻探，共4个航次。1999年的第一航次主要钻探南海的沉积史，2014年的第二航次主要钻探南海的扩张史，2017年的第三航次和国际大洋钻探368航次主要钻探南海的裂谷史。2017年我们在南海海底、陆地（南海北部），以及洋壳和陆壳之间的过渡带均进行了钻探，历时4个月，一共钻探了4个位置。实施这两个航次，以期解决南海为什么会变成海，为什么会裂开，以及是如何裂开的问题。归根结底，我们正在试图解决地学界一个根本问题：陆地是如何变成海洋的？

中国的大洋钻探计划分三步进行。第一步，在中国附近的海域实施各种各样的大洋钻探。目前为止，我国已有31个单位128人次参加了航次。第二步，仿效欧盟，由我国主持租船进行大洋钻探，并形成队伍。第三步，研究清楚未来世界大洋钻探船的样子，并在此基础上建造中国自己的大洋钻探船。中国要做的就是把深网、深潜、深钻结合在一起，做深海和深海底前沿研究。

现在人类正在从海洋表面深入到海洋内部，世界海洋经济已经由从前的以捕鱼、交通为主，转到以海底资源为主。这是世界海洋科学和海洋事业的一个大转弯。中国要抓住这个转弯的时机，弯道超车，争取实现我们海上的中国梦。

（摘编自《科学家讲科学》丛书，上海科技教育出版社2022年11月出版。汪品先，中国科学院院士，海洋与地球科学专家，同济大学海洋与地球科学学院教授。）

20世纪现代医学进展

韩启德

20世纪现代医学飞速发展,成果超过了自其产生以来的总和。可以毫不夸张地说,今天医院里所有的诊断和治疗方法都是20世纪发明的。

1895年伦琴发现了X射线,1896年贝克勒耳发现了天然放射性元素,1897年汤姆孙发现了电子,20世纪前期爱因斯坦和玻尔建立了相对论和量子理论,这些科学发现促进了电子、计算、化工、材料、仪器设备等现代技术的发展,不仅使医学基础研究不断取得突破性进展,而且大大促进了医学应用技术的发展。

20世纪初,德国科学家埃尔利希和多马克先后发现了能杀死梅毒螺旋体的606和能抑制链球菌的"百浪多息"(后从中提取出其活性成分磺胺)。1928年,弗莱明发现青霉菌的产物可有效抑制细菌的繁殖,20世纪30年代,钱恩和弗洛里终于设计出提纯工艺,青霉素得以在临床中广泛应用。之后,瓦克斯曼从土壤微生物中分离出链霉菌,将其产物用以治疗素有"白色瘟疫"之称的肺结核,疗效显著,他也由此摘得了1952年的诺贝尔奖桂冠。

维生素的概念也日益进入大众视野。它的发现源于早期的营养学实验,科研人员用含有脂肪、糖类、蛋白质、无机盐等当时所知一切营养物质的合成饲料喂养小鼠,结果那些小鼠仍无法存活。后来发现,生命活动的维持还依托于另一类微量物质的存在,因而称之为"维生素"。例如缺乏维生素B1、A、C、D或K就会分别罹患脚气病、夜盲症、坏血病、软骨病或出血性疾病。

机体内分泌腺产生的多种激素及其功能在19世纪已被发现,但到20世纪才在临床上得到应用。最先是1922年加拿大麦克劳德教授实验室的班廷与贝斯特在胰腺提炼出能降低血糖的胰岛素，次年他们在生化学家克里普的帮助下成功提纯胰岛素，使其能用于糖尿病的临床治疗。1923年，班廷和麦克劳德荣获诺贝尔奖。值得一提的是，雄性激素和雌性激素在20世纪30年代得到分离提纯，在控制与性激素紊乱相关的疾病中得到应用，女性口服避孕药从20世纪60年代开始被广泛采用。

除药物以外，诊断技术也在20世纪突飞猛进，除体液化学和生物学实验室检测指标的大幅增加以及病理学技术的改进外，影像技术方面也取得了革命性的进展：最早是X射线感光成像的发明；后来，用X射线360度扫描，结合计算机技术，发明了可以三维成像的计算机断层扫描（CT）；再后来，分别利用核磁共振原理和正电子扫描技术，发明了磁共振成像与正电子发射型计算机断层扫描（PET），可以更加清晰地显示疾病部位。

影像发现病灶后，最有效的治疗就是外科切除或修补病灶。体外循环技术使心脏直视手术成为可能；麻醉技术的不断完善和手术器械的不断改进，使外科手术范围扩展到所有器官。针对细小部位手术的困难，又发展出显微外科。最早是法国医生卡雷尔，他成功完成血管缝合，获得了1912年诺贝尔奖。中国于1963年成功实施了世界首例断手再植手术，又于1986年顺利完成了十指断离再植手术。如今，此类手术已相当成熟普及。外科技术的不断进步，加上排异机制研究和排异药物研发，使器官移植得以成功开展，可移植器官越来越多，再生外科蓬勃发展。为了减轻外科手术对机体的创伤，微创手术也普遍开展，并且已可应用于几乎所有的器官。

神经科学的成果同样日新月异，从神经元结构和功能的探知到神经电信号传导机制的发现，再到神经递质释放猜想的证实，科研人员正在逐步为我们展现神经系统内部精妙而有序的运作图景，从而为这一运作机制的人为维护提供可能。此外，脑科学这一分支的发展更是成绩斐然。大脑半球间既密切协作又各自分工的机理得到全面揭示。

生命科学特别是现代遗传学对医学的影响，绝非"重大深远"一词所能概括。1865年，孟德尔通过研究豌豆性状提出遗传的分离和自由组合定律，为20世纪现代遗传学的交响鸣奏序曲；1908年，摩尔根通过果蝇杂交实验证实染色体是遗传物质的载体，同时发现基因连锁和互换定律；此后短短十几年，人体细胞中的46条染色体逐步得到分离鉴定。人们还发现，染色体数目或形态的异常会导致人体出现遗传病症；依据此机理，到20世纪50年代，染色体被成功分离并显影，根据数目和形态的改变来诊断单基因遗传病，或者来判断隐性遗传病人后代出现遗传病的概率，已经得到普遍应用。

20世纪50年代初，美国科学家威尔金斯用晶体衍射法探测染色体上的DNA构象，获得看似螺旋结构的衍射影像，然而，由于无法排除染色体上蛋白质对DNA成像的干扰，研究难以进一步开展。1953年4月，沃森和克里克独辟蹊径，巧妙绕过此技术壁垒，采用缜密的演算和合理的构想，建立了DNA双螺旋模型：两条反向平行的单链螺旋，外部磷酸和脱氧核糖交替出现，内部碱基遵循互补配对原则，碱基之间通过氢键连接，脱氧核苷酸之间通过磷酸二酯键连接。这一精密模型经多方验证成立，他们和威尔金斯一起于1962年荣获诺贝尔奖。

紧握开启分子遗传世界的金质钥匙，克里克未曾停歇片刻。1958年，他提出中心法则，准确揭示了生物（病毒和朊毒除外）遗传信息的转移过程：信息复制，指DNA两条单链分离开来，以自身为模板合成对应的另一半；信息传递，指遗传信息从DNA传递给RNA（转录），再从RNA传递给蛋白质（翻译）。中心法则的提出，叩开了分子生物学的大门。此后，对遗传物质的研究突破不胜枚举，人类得以深入走进微观生命世界。

理论的突破催生技术的应用。分子遗传机制的掌握，使人类有能力探寻自己的生命密码。于是，1990年"人类基因组计划"得以启动，美国斥资30亿美元预计在15年内完成人类全部核苷酸序列的测定。他们准备根据现有遗传信息在染色体的定位中建立遗传图谱,再建立物理图谱,最终测定全部图谱的核苷酸序列。到1998年,遗传图谱、物理图谱均提前完成,2000年6月基本完成人类染色体上DNA的序列测定。2001年2月,测序结果分别在《自然》与《科学》杂志上公开发布。作为生命科学的"登月计划","人类基因组计划"取得了震古烁今的成果,但就探索遗传奥秘的千里之程而言,这仅是跬步之行,仍有少数碱基序列的正确性难以保证,基因的确切数目尚无法确定,一半克隆基因的功能仍处于未知,对基因数少于蛋白质数的事实还不能解释,对DNA链上大量非编码碱基对的功能知之甚少……新生蛋白质的出现是主要通过基因的转录、翻译改变,还是由于蛋白质之间的相互作用,抑或其他机制?类似这样的疑问还有很多,有待探索。

"人类基因组计划"对医学的意义不言而喻。

首先是基因诊断,特别是对遗传疾病的诊断。目前已经发现的单基因遗传疾病有6000多种,亲代若想在分娩前获悉子代是否遗传自身病症,可取母体羊水中的胎儿细胞,检查其中相关单基因是否有缺陷,也可以在体外培育的早期胚胎中取细胞进行基因检查,鉴定该胚胎是否编入了遗传疾病基因,以保证健康胚胎植入母体妊娠。此外,临床上对病人样本中病原体DNA的检测,显著提升了传染病诊断的精度和效率。

基因诊断已扩大到疾病易感性基因的检查。有些基因突变本身并不致病,但携带突变基因的个体容易受特定环境因素影响而患病。现已在糖尿病、高血压等慢性病人群中发现不少与严重继发疾病相关的易感基因,继续研究下去,有可能筛选出高危人群,从而做到有的放矢的预防。

第二方面是基因治疗的可能性,可在发病的关键环节针对性导入对应基因。例如,针对外周血管阻塞,可导入血管内皮生长因子基因,使局部血管增生形成侧支循环来恢复供血。对于晚期恶性肿瘤,可将细胞因子基因导入体内,从而增强机体免疫能力,进而抑制肿瘤增殖。将"瘦素"基因导入遗传性肥胖患者,则见患者体重得到控制。我们自己实验室的研究证明,在破坏胰岛所造成的糖尿病大鼠模型中,导入胰岛素前体基因,可使大鼠血糖持续显著下降。当然,这些仅处于实验阶段,要真正应用于临床,还须下很大的功夫。

第三方面是基因预防,可将病原体非致病部分的基因导入人体,使机体产生对该病原体的抗体,即"基因疫苗"。目前,关于艾滋病与肝炎基因疫苗的研究已取得长足进展,不久的将来其成果有望用于大众。

第四方面是推动实现用药个体化。个体间存在的基因差异,使同种药物用于患同一病症的不同病人时,疗效千差万别。而且,因决定肝脏药物代谢能力的P450基因表达存在差异,纵然服用同等剂量,病人的血药浓度、持续时长也不尽相同。目前,科研人员正努力寻找决定上述差异的基因本质,特别是对单核苷酸多态性的研究。此问题一旦得到解决,医生就能根据每个人的基因特征来选择药物的种类及剂量,真正做到用药个体化。

最后,成果丰硕的干细胞研究亦值得关注。受精卵在分裂初期,细胞尚未分化,我们称之为"干细胞"。因其具备多向分化的潜在全能性,故有学者提出:或许可人工诱导干细胞分化成所需的细胞类型。1998年,美国科学家通过实验证实了此种可能,轰动学界。此后捷讯频出,1999年,科学家发现:人体成熟器官中也存在干细胞,可定向分化为其他细胞类型,如骨髓细胞可分化为心脏细胞,神经细胞可分化为肌肉细胞。干细胞的应用前景蔚为壮观,从理论上讲,可在早期保留胚胎干细胞,待个体需要更换器官时,诱导干细胞分化增殖为所需器官,再移植于自身,且避免了排异反应;还可提取个体骨髓、肌肉或神经细胞,定向地分化为所需细胞。

那么,现在的医学科学发展得这么快,技术发展得这么快,"人类基因组计划"完成了,功能蛋白发现了那么多,只要继续发展下去,是不是所有问题都会逐渐得到解决?

我本人认为,如果按这个模式发展下去,就是把基因都弄清楚,也不能解决所有问题。为什么?现在的研究是基于还原论策略,孤立地研究疾病基因、蛋白质细胞等,若是将结果应用于人体,在整体环境里,结果就不完全是那么回事了。

基于还原论方法所研制出来的化学药物,其副作用问题越来越引起人们的关注。例如,高血压是由于外周血管阻力加大引起的。使外周血管阻力增加的因素之一是血管紧张素,而很多高血压病人的血浆血管紧张素浓度是增高的,于是,医学家就想办法抑制血管紧张素的产生。后来确实研制出了血管紧张素转换酶抑制剂,能抑制血管紧张素的生成,使血压下降,成为一类很成功的药物。但实际上在复杂系统里,随着血管紧张素转换酶的抑制,其他很多基因的表达也在发生变化。例如缓激肽产生明显增多,导致支气管平滑收缩、痉挛,引起咳嗽,很多病人用药后出现剧烈咳嗽而不得不停药。这样的药物副作用还比较小,病人不吃它就可以了。另一种药物,西立伐他汀,问题就大了,它通过抑制一种辅酶A还原酶而抑制胆固醇合成,可降血脂,使用非常广泛。但后来发现,服用这种药物会使某些病人心肌溶解,严重时可造成死亡。于是,2001年拜耳公司不得不宣布撤回这种药。

另一个更重要的问题是20世纪在医疗技术飞速发展的同时,逐渐形成了技术至上的观念,医学日趋离开人文。其表现为:(一)医学与病人的距离越来越远。医生越来越不愿倾听病人的主诉,只愿相信仪器设备与实验室检查结果,过度依赖药物与手术,越来越忽视病人的心理因素。(二)见病不见人,只顾局部不顾整体。随着临床专业的细分,造成"一科医生面对一个器官"的局面,忽视整体自然力与复杂性。(三)过度治疗发展到令人吃惊的地步。(四)医学与市场紧密结合。医院趋利行为膨胀,药商、医院经营者与医生形成商业联盟,医学沿着"用更昂贵的治疗方法,治疗更少数人的疾病"的方向发展。(五)医患关系紧张。医患关系物化,不少时候、不少人视医患关系为消费关系、合约关系。这样的关系如果成立,必然造成不负责任的医生与不信任医生的患者。

(六)医学的根本目的淡化。医学似乎只考虑维持病人的生命,而不考虑勉强维持生命给病人带来的痛苦,也不考虑如何促使人们健康地生活;只考虑新技术的发明,而不考虑有多少人能享用这些技术,也不考虑人们的经济承受能力以及对社会的不良影响。总之,医学本身以及医疗技术的发展只能解决能否做到的问题,而不能解决需要做什么的问题。医学必须与人文紧密结合,才能保持正确的发展方向,真正造福人类。医学呼唤人文,医学必须回归人文。

当前,疾病带来的压力很大,传染病、地方病在增加。据卫生部门统计,我国平均一个季度约有100万人得传染病。慢性病,如高血压、癌症、糖尿病等也在增多。此外,还有肥胖、食品安全、人口老龄化、出生男女比例失调、出生缺陷比例达4%—6%等。当然,环境污染也对人体健康造成了严重影响。

我国的医疗卫生制度面临着严重的挑战。看病贵的问题十分突出。看病也很难,特别是找好医生看难。更重要的是不公平,在医疗卫生服务方面,城乡差别显著,贫富差别显著。这都是我国目前急需解决的问题。

至于21世纪医学将得到怎样的发展,我们无法预言。但是,对于新世纪的医学图景,我愿给出几点趋势上的展望。

第一,21世纪医学的发展依然取决于整个现代科学技术的发展,医学上的突破性进展有赖于与其他学科的交叉融合。生物医学成果的取得,不再仅仅取决于生物学家与医学家的努力,而将依托于多学科学者经验与智慧的集合。就以信息科学为例,此新兴学科与医学结合后所产生的社会影响不可估量。远程终端医疗日益普及,人工智能诊疗初见端倪,云端医疗数据逐步共享,多元学科的互通协作将孕育出医疗技术的硕果。

第二,21世纪的医学定会日益重视复杂系统的研究。长期以来,现代医学遵循着还原论的现代科学研究模式,从个体深入到器官,从组织深入到细胞,再到如今的基因分子,医学在逐步细化其研究对象。但人体是一个复杂系统,细胞同样是一个精密单元,只有将分析与综合研究相结合,才可能完全了解生命机理。近年来,日本与美国学者依据海量的生物学信息,在计算机上成功模拟出细胞代谢等生命活动,增强了学界研究生命复杂系统的信心。21世纪,得益于基因与蛋白质组学研究的蓬勃发展以及计算科学的变革创新,人类将有可能在复杂系统研究领域取得突破性进展,进而使医学出现新的飞跃。

第三,补充与替代医学将在21世纪得到进一步发展。现代医学治疗方法致力于纠正单一致病因素,尽管对部分疾病产生了积极疗效,但有时难免会引起人体系统中其他因素的变化,从而影响效果或产生副作用。在此种情况下,人们很自然地尝试选择天然药物治疗,或采用长期实践中总结的疗法,即补充与替代医学。中医药历经千年的积淀与传承,无疑是医学中的绚丽瑰宝。它与现代科学的结合,将令两者各取所长,对人类医学事业做出不可估量的贡献。

第四,医学伦理问题将日渐突出。现代医学的迅猛发展,将使早先虚妄的科学幻想(如器官克隆、基因编辑)在理论上成为可能。然而,是否要令幻想成真,则绝非单纯的技术问题,而是广泛涉及社会各个层面的复杂问题体系,主要包括以下几个方面:

1. 基因隐私泄露。疾病易感基因的发现,使个体对自身易患病症的类型有了清醒的认知,一定程度上有利于疾病的预防,但基因隐私泄露问题也随即出现。对个体而言,所携带的易感基因好比一个秘密的身份标签,外界一旦知晓,个体的工作、婚姻、社交等诸多方面就可能深受影响,自身也会为高罹患风险而忧心忡忡,未必会有优良的生活质量。

2. 基因编辑。基因改造技术令人类有能力改良自身或子代的基因,这听上去极具吸引力,但与此同时,也产生了一系列问题。首先,人体是一个复杂系统,改变一个基因是否会引起其他基因结构或功能的相继改变?其中潜在的风险很难预料,若贸然改动人类延绵之命脉,恐招致灭顶之灾。再则,这里还存在一个哲学命题:何为优质基因?美丑优劣皆产生于比较,若众人均改造基因而呈现雷同的"最优"性状,谁还会为自身的"优秀"而欣喜?

3. 医疗公平。现代医学的发展,在显著提高疾病诊疗效率的同时,也使医疗费用急剧增长。即使在发达国家,财政能力与公众福利的提升也难以满足医用支出的需求,发展中国家的医疗供需矛盾更可想而知。冲突的本质在于:有限的医疗资源只能满足少数人的需要。这就令医疗公平成为社会焦点,医疗资源的分配标准究竟是什么?财富,权力,需求程度,社会贡献?似乎任何一种都无法放之四海而皆准。哈佛大学的一位经济学家在谈及此问题时提出,中国20世纪六七十年代的医疗最为公平。我当时恰在西北乡村做基层医生,亲身经历了"公平"时期的医疗实践,农村合作医疗确实"公平",因为当时民众均得不到优质的医疗资源,这一点恐怕美国学者无法体会。当前,如何实现最大限度的医疗公平,仍是棘手却亟待解决的社会问题。

上述问题其实都涉及医学的根本目的。过去医学的作用被理解为治愈疾病,后期又涵盖预防疾病。其实,医学的根本目的应是维护人体的健康,而健康是指"身体、心理及对社会适应的良好状态"。原则看似简单,实际却并非如此。临床上往往为了延续病人的存活时长,不惜巨额医疗支出,实际换取的却并非病人真正的健康,而是漫长的痛苦。如果医患双方皆能从维护健康这一根本医学目的出发,那么关于"安乐死"的争论就不会分歧众多,反对"脑死亡"为死亡标准的呼声也不会如此强烈。

一番回首与前瞻,我并非希冀以此通医学古今之变,而是更愿意在肯定人类非凡智慧的同时汲取自信前行的力量,以推动大家积极发展医学以及科学事业;在反思医疗伦理问题的同时寻求理性约束的尺度,以警醒各位勿忘医学事业的本质与初心。

(摘编自《医学的温度》,商务印书馆2020年10月出版。韩启德,中国科学院院士,北京大学教授,中国科学技术协会名誉主席。)

演化的力量

戎嘉余　周忠和

著名演化生物学家杜布赞斯基的一句名言"如果没有了演化论,生物学的一切都将变得无法理解",流传至今,不仅依然睿智,而且彰显远见。例如,2018年诺贝尔化学奖的获奖工作就是基于对生命演化规律的认识。

我们是谁？我们从哪儿来？我们向何处去？对这些充满哲理性问题的解答,离不开对地球生命演化的认识,因为生命的演化不仅造就了地球上的生物多样性,也造就了我们人类——地球生命38亿年演化历史的一部分。演化不仅造就了我们的身体,还奠定了人类行为与意识的物质基础。

达尔文创立的演化论是一门科学,但它的影响已经远远超越了科学界。它不仅对人类的思想、政治、社会、文化、哲学、心理学、美学、宗教、艺术、美学、道德、语言学、伦理学等人文、社会科学诸多领域的发展产生了广泛而深远的影响,而且对我们认识人类社会、人文与文化发展的未来具有重要的启示。

生命的演化与地球的演化密不可分。因此,地球生命的演化还是宇宙演化的一部分。生命演化的本质是生命与环境的互动,生命的演化不仅推动了生物多样性的演变,而且还极大地改造了地球的环境。越来越多的研究表明,生命的演化过程并不仅仅是对地球环境的适应或响应,环境的变化是生命演化的有机组成部分之一。

达尔文演化理论的诞生与发展离不开地质、古生物学的发展与贡献。从大陆漂移说到板块构造理论,从生物地层学到年代地层学,地质、古生物学家搭建了生物演化的时间与空间框架。未来生命演化理论的发展也离不开地质学家与古生物学家的贡献。

演化的内涵极其丰富,对于古生物学研究者来说,史前化石的证据可以为我们提供大量的"演化的力量"的案例。不得不说,这些案例充其量仍不过是地球生命演化过程中的一鳞半爪。对地球生命与环境演化的历史了解越多,你就会愈发感受到演化力量之伟大。

达尔文演化理论引入中国的过程本身就很发人深省,正如美国芝加哥大学著名演化生物学家龙漫远教授所说:"原本是一种科学理论的演化论,从19世纪末20世纪初开始化身为中国人救亡图存的指导思想和政治口号。"再如中国科学院动物研究所演化生物学家张德兴研究员所说:"从严复先生开始的对达尔文进化论的通俗性传播,一方面使得中国成为世界上对进化论接受程度最高的国家之一,另一方面也使很多国人对进化论一知半解、不求甚解,甚至道听途说、以讹传讹,鲜有继承和发展。对'物竞天择,适者生存',现代中国社会的有些人,把这一概念滥用到了极致,以至于达到了一切在于竞争,唯有最强者才能拥有一切,并且不惜为了一己之利而不择手段之地步。"

"从简单到复杂,由低等到高等,从低级到高级",类似这样描绘演化论的错误表述至今不时见诸一些正式的出版物。殊不知,生物之间,除了竞争,还有更多的共生、寄生、协同等关系,甚至利他行为在动物界也不少见。生物演化没有预见性与目的性,因为自然选择只着眼于当地、当前;演化是一个机会主义的过程,并没有所谓变得越来越进步的趋势,因为基于选择的演化是随机性与规则性的结合。达尔文早就说过:"说一种动物比另外一种动物高级其实是很荒谬的。""适者生存"并不是达尔文的原意,更不是演化论的根本所在。生物学意义上的"适应"与我们日常生活中理解的主动地"适应"不是一回事,严格来说是一个被动的过程。所谓的"适应"都是相对的,今天适应了,明天或许就难以适应了;此处适应了,到了别处可能就不适应了。因此,可以说是自然选择,或者说是演化的力量创造了无数的、各种各样的"适者"。

生命演化的力量彰显在地球生物亿万年的历史长河的一个个瞬间：从重大生物类群的起源，到各类生物器官的创造，不仅见证了生命的一个个"辉煌"（生物大辐射），也经历了各种环境变化对生命的不断的"洗礼"（生物大灭绝）。在地球这一舞台上，芸芸众生或争斗不休，或合作前行。它们既有坚守，也有退让，伴随地球环境的反复无常，它们谱写了灿烂的生命之歌。

过去是理解现代与未来的一把钥匙。对地质历史时期生物与环境关系的正确认识能够为我们应对当今全球变暖等环境危机对生物多样性的影响提供历史的借鉴和启示。现代科学技术的飞速发展在为人类带来福祉的同时，也带来了新的思考和伦理的拷问。人类究竟向何处去？这个问题的答案充满了不确定性。人类的未来需要我们自己去思考，去畅想。

（摘编自《演化的力量》，科学普及出版社2021年12月出版。戎嘉余，中国科学院院士，中国科学院南京地质古生物研究所研究员；周忠和，中国科学院院士，中国科学院古脊椎动物与古人类研究所研究员，中国科普作家协会理事长。）

让我们一起走进化学

黄春辉

2011年是国际化学年,为什么今年要在全世界范围一起来开展化学年这个活动呢?

什么是化学? 一方面化学很有用,人类离不开化学;但是社会上又常常将化学与很多污染的问题连在一起,所以我们需要一起来看看什么是化学,化学都研究什么东西。化学能够使人类的生活更美好,也就是说化学是一门非常有用的科学,而且是一门非常有趣的科学,社会的进步离不开化学。

一、2011年是国际化学年

在2008年12月的最后一天,第63届联合国大会通过决议,将2011年定为"世界化学年"。这个决定有几层意思。

第一层意思:纪念和表彰这100多年以来,化学对人类所作的巨大贡献。如果没有化学,人类很多问题就解决不了,比如饥饿问题、医药问题。

第二层意思:在国际上,有一个叫作"国际纯粹和应用化学联合会"的组织,这是我们化学工作者的一个国际组织,这个组织是在100年前成立的,它的前身叫"国际化学联盟",从那时候算起,到现在是100周年了。

第三层意思:纪念卓越的科学家居里夫人获得诺贝尔奖100周年。大家可能从电影或者是课堂上了解到居里夫人是一个伟大的发明家,她的突出贡献是发现了镭和钋这两种天然放射性元素。在一个破旧的马厩里,她跟她的丈夫开始了从几吨的矿石里来提取未知元素的探索,经过3年多的时间,他们终于得到了0.1克镭。后来她又发现了另一种天然放射性元素钋,因为她的祖籍是波兰,为纪念她的祖国,所以取了这个名字。由于这两个重大贡献,她曾经得过两次诺贝尔奖,一次是化学奖,一次是物理学奖。正好2011年是居里夫人得到诺贝尔化学奖的100周年。

因此我们从以上三点来看,2011国际化学年不仅是一个化学工作者的节日,而且是我们所有人共同的节日。

二、什么是化学

了解了为什么要举办国际化学年之后,再看看什么是化学。概括起来说,化学是一门非常有趣的学科,是一门非常有用的学科。

我觉得可以这样概括:

$$化学 = 变化 + 科学$$

这个变化包括物质的变化和能量的变化,物质变化和能量变化都属于化学研究的范畴。

化学是一门极其有趣的科学。我们一眼看过去,这个世界五光十色,从化学家的角度看,它就是由100多种元素所组成的。大家学过元素周期表,周期表中天然存在的元素只有98种,加上现在人工获得的一些化学元素,总共也就是110多种。这110多种元素是如何组成这样一个五光十色的大千世界的呢?它们相互作用有没有规律?在怎样的条件下它们可以组合(发生化学反应)?什么条件下又不能发生这样的反应?化合物当中原子之间的相互作用力,我们称之为化学键,原子和原子之间是怎样连接的?有的连接很牢固,而有的化学键就不那么牢固,比较容易分开。要研究化学键的性质,这是第一个问题。

第二个是化学中很重要的一个问题——功能导向的合成。什么叫功能导向呢?比如说我想合成一个化合物,这个化合物有怎样的性能?这样的一个化合物应该采取怎样的合成路线?什么样的结构会有什么样的功能?

总之,以上这些问题促使人们学过化学后更好更深入地去认识世界。我们认识世界以后,要去改造世界,要去创造更美好的明天。

化学不仅仅是一门有趣的科学,更重要的是,它还是一门非常有用的科学。首先我举几个例子,介绍一下化学发展的几百年的历史中几个里程碑式的事件。

第一个,合成尿素。尿素是人体排泄的一种有机物,1828年德国化学家维勒合成了尿素。在这之前,除科学家以外的人都认为,有机物与无机物之间是有一个天然的分界线的,就是说有机的东西是没有办法合成的。1828年尿素的合成,把有机和无机之间的界限打破了。1965年人工合成牛胰岛素,这是中国科学家合成的。经过很多科学家的共同努力,牛胰岛素这样一个复杂的分子被合成出来了,并且它的结构也被测定出来了,更重要的是,它也有生物活性。这是一个很大的进步,不管从哲学上、科学上都是有极其重要意义的。

第二个,合成氨。合成氨是1905年德国化学家哈伯完成的。我们都知道氨的各种化合物可作为一类肥料。据世界粮食组织统计,从1950年到1996年期间,世界人口高速增加,光靠从前粗犷地耕作,不能给这么多人以温饱。就在这么短的时间里,粮食翻了两番。从1980年到1990年,人类总体上摆脱了饥饿。如果没有合成氨,这个问题是很难解决的。

第三个,合成药物。记得我在读小学和中学时,得了结核病就跟现在得了艾滋病一样,只能等死了。1944年合成了链霉素以后,结核病就不是什么大问题了,打点针就好了。由此可见合成药物是非常重要的一个事件,也就是说有机化学家在药物合成方面的贡献是很大的。一直到现在,药物化学家还在不断地合成各种各样的药物。

从历史上来说,这些重大的化学贡献,对人类社会的发展应该说是功不可没的。

化学现在已经有了很多的分支,比如说无机化学、有机化学、分析化学、物理化学、高分子化学,这五个方面被称作化学最基础的方面。最开始的时候是无机和有机,后来逐渐地又分出来分析化学、物理化学、高分子化学。从这五门学科出发,从基础到应用。物理化学是研究化学中的一些规律性的学科。还有生物化学,现在生物学很重要,不管植物、动物,都有化学的问题。还有计算化学、环境化学、能源化学,这些都是化学的分支。化学里不管偏重哪些方面,基础都是有机化学、无机化学、分析化学、物理化学、高分子化学。

三、化学是怎样造福人类的

没有化学,就没有现代的文明社会。

我是研究光电材料的,更关心一些能源、环境的问题。现在我们大家都知道,人类可持续发展有两个重要的问题,第一个是环境,第二个是能源。

应该说我们中国是一个能源缺乏的国家。煤烧完一块就少一块;天然气打出来用,烧掉一立方米,就少一立方米。它们都是不可再生能源。这时,很自然想到的是太阳能,使用太阳能是解决能源危机很重要的途径之一。每一年太阳照到地球上的能量是$3×10^{24}$焦耳,这个数字是一个什么概念呢?它相当于我们现今世界上每年消耗能源的一万倍,是非常可观的。我们只要将其中的百分之一按10%的转化率将太阳能转化为电能,就可以满足人类社会目前的需要了。因此,很好地利用太阳能是解决人类能源危机的重要途径之一。目前,太阳光还没有衰变的迹象,更重要的是它是没有污染的清洁能源。

中国的阳光资源是相当丰富的，我们国土的三分之二的地方都有丰富的日光辐照量。因此，每年地表吸收太阳能大约相当于1.7万亿吨标准煤的能量，相当于上万个三峡水电站发电的能量之和。太阳能是一个非常值得研究的问题，现在国家给了很大的资助让科学家来研究这个问题。

太阳能的主要利用途径有这么几个方面：其一是太阳能电池，怎样把光变成电？其二，把太阳光变成化学能，把水变成氢，这就是光解水。这两方面和化学直接有关系。生物质能怎样变成我们可以利用的能源呢？它要经过发酵、蒸馏，这当中也有很多化学反应。

现在新能源的光伏电池早已用到航空航天工业上了，当然也可以用到民用设施上。比如外墙可以覆盖太阳能电池；比如边防哨所，要把电送到高山上非常困难，但是那里太阳能非常丰富，如果把太阳能就地变成电能，我们的边防官兵就可以解决照明、取暖和炊事用电的问题了；还有民宅等都可以很好地利用光伏技术。光伏技术是研究从光变成电的这样一个技术，使我们能够减少、补充，甚至代替对不可再生能源的消耗。现在是做补充，将来有可能是代替。

从材料来说，太阳能电池可分为无机、有机和杂化三种，杂化就是有机和无机材料都可以用。

第一类，无机太阳能电池。大家可能听说过硅电池吧！现在硅电池已经应用在航空航天上了，我们在发射卫星上天以后，卫星张开两个"翅膀"，那个"翅膀"实际上就是太阳能电池。因为上天以后，有的地方离太阳就更近了。带那么多燃料上去，卫星发射时就会很重，自重多一千克，卫星发射起来就多很多困难。如果说我们带着太阳能电池上天以后，它把太阳能转化成电能，供给卫星来运转，不就很好吗？这种硅电池，由光转化成电的转化率可以达到17%到24%，这是目前非常高的一个数值。无机的太阳能电池是很稳定的，也是转化率很高的一类电池。为什么它的转化率已经很高，又很稳定，我们还要搞火力发电，还要搞水力发电，还要为能源危机发愁呢？这主要是因为这类电池造价还比较贵,造这些电池本身就要消耗能量,因此,目前还不能走进千家万户。

第二类,有机太阳能电池,也就是由有机材料构成的电池。它的材料来源比较广泛,但是目前这类太阳能电池的光电转化率还比较低,只有1%到6%左右,但它们是一类很有潜力的太阳能电池。

第三类,有机和无机杂化的材料。有机半导体的优点主要是电子结构的多样性、高的光敏性、对光的吸收系数高,还有易加工等;无机半导体有高的电子迁移率,机械性能好,稳定性好。前面介绍的无机光电池已在航天器上应用了,在天上要运行很多年,稳定性好是极其重要的因素。如果将有机材料的优点和无机材料的优点结合起来,科学意义是重大的,发展空间也是广阔的,前景非常被看好。所以现在研究有机和无机杂化材料的太阳能电池的工作很受重视,但目前还没有重大突破。

另外,还有一个问题是如何节能:既要开源,又要节流。从前的灯泡点亮后,摸起来很热,这是因为灯泡只将20%左右的电用来发光,而其他的都用于发热了;现在用的白炽荧光灯,发热已经很少了。再进一步改进就是有机的二极管,它的功率效率更高。美国有人统计过,人类用电的20%左右都用于照明上了,如果按照这样的计算,节约的潜力还是很大的。显示和照明工程也是节能很重要的方面,少发热、多发光。照明中,电发热是对能源的一种浪费。

实际上有机电致发光是经过了很多演变的,从最开始高电压、低亮度、低效率,后来慢慢改进,到现在效率提高了许多。

总之,光电材料可以把光变成电,也可以把电变成光。从光变成电,就是我们把太阳能的光变成电,这是太阳能电池;把电变成光,有效地变成光而不浪费,就是说少发热多发光,这类材料属于光电材料。我们国家乃至全世界都期待着这方面的突破。

下面我再举一个例子,就是高分子合成。我们都知道橡胶,最开始的时候,是割开橡胶树的皮,流下来一些黏稠的液体,这些黏稠液体可以做成橡胶,因此，最开始是天然的橡胶。以后从小分子到高分子，从甲烷、乙烷、丙烷，碳链越来越长，把这些小分子连接起来，就变成最简单的高分子了。高分子有很多的用途。

1935年，美国科学家卡尔赛斯发明了尼龙66，就是6个碳的氨和6个碳的酸，羧基和胺基发生缩合作用，连接成非常长的链，这就是尼龙66。它可以纺成很细的丝，这已是我们所熟知的了。

现在高分子在汽车上应用已经很广泛了。例如，现在很多汽车的外壳都是高分子材料的，这样汽车的自重就变轻了。再如玻璃，现在用高分子的挡风玻璃，可以耐撞击。轮胎也是高分子材料的。汽车里面的器件还有很多可以使用高分子材料，我就不一一介绍了。

高分子还可以用在飞机上。2007年第一次展出的空客380飞机的外壳就是用高分子制成的。高分子的好处就是非常轻，自重相对较小，这样就可以多载人。此外，高分子材料有的是强度很好，有的是拉伸性能很好，有的是压变效应很好，等等，它们都属于功能高分子材料。

高分子还可以作为人体修复的材料。例如做人体的骨头，这就要求高分子进入到人体以后，跟人体的组织能够相容，要适合在人体中长期存在，和肌肉能够长到一起，等等。这些都是化学家目前已能做到或者将来能做到的事。

以上只是举了几个例子，说明化学是非常有趣，而且是非常有用的。可是现在常常碰到一些问题，总说都是化学闹的，比如什么化学污染啦，什么白色污染啦。实际上化学、化工、化学品本身并没有错，错的是有些人不负责任，好多东西没有去控制、不负责任地使用，并不是化学本身的问题。反过来，我们应该说：化学不是污染问题的来源，而是解决污染问题的方法，许多环保问题没有化学是解决不了的。

（整理自作者2011年4月在"科学名家讲座"上所做的报告。黄春辉，中国科学院院士，无机化学家，北京大学化学与分子工程学院教授。）

从天文学到现代自然科学

张双南

天文学可以说是最古老的科学,人类很早就开始仰望天空,思考有关日月星辰,甚至宇宙的事情,后来这些朴素的观察和思考给人类带来了现代自然科学。

现代天文学应该说是起源于伽利略,所以我们把他称为现代自然科学的鼻祖。爱因斯坦和霍金也都认为伽利略是自然科学的鼻祖。

我们一般认为牛顿是"现代科学之父",因为他建立了现代自然科学的第一套系统理论。但是爱因斯坦没有这么认为,他把"现代科学之父"的崇高荣誉给了伽利略。爱因斯坦在他的《思想观念》里面说,"纯粹通过逻辑的方法得到的论断是完全空洞不着边际的"。伽利略认识到了这一点,并贯穿到了科学世界里。说他是现代物理学、现代科学之父,指的是伽利略建立了现代科学实验的方法。这和我们一般的说法是不一样的,很显然,爱因斯坦认为伽利略开创了现代科学的实验方法,最终导致了现代自然科学的产生。霍金在《时间简史》里面也做了类似评价:"自然科学的诞生要归功于伽利略,他这方面的功劳大概无人能及。"霍金也把伽利略对现代科学的贡献放到了最高的地位,超越了牛顿。所以,讲现代自然科学,从伽利略讲起是最合适的。

伽利略的"比萨斜塔实验"存有争议,有人说这个实验,伽利略不一定做了,但是他确实做了很多自由落体实验,证明了不同物体的下落速度一样。而且伽利略对牛顿三定律的建立起了关键作用,其实牛顿第一定律和第二定律是伽利略建立的,只是牛顿最后统一到一个框架里面。

伽利略还发现了摆的运动规律。伽利略在比萨大学学习期间，有一次在比萨大教堂看到，由于修理房屋的工人在那里安装吊灯，导致教堂大顶的吊灯晃动。他仔细观察，发现吊灯不管晃动得多剧烈，摆一次的时间都一样。观察到这个现象之后，他就回去做实验了：用不同长度的绳子将铁链、铁球、木球悬挂在房顶上、窗外的树枝上，然后用沙漏记下摆动时间。实验结果证实了伽利略的猜想：摆动周期与摆动幅度没有关系。他不但大胆怀疑权威，而且通过实验来证明自己的想法，这就是伽利略伟大的地方之一。

万有引力定律公式里面的 M 是质量，引力加速度的公式里面的 M 也是质量，但是这两个质量却不一样，一个是引力质量，一个是惯性质量，这件事情对爱因斯坦来说非常重要。从伽利略的"不同物体下落速度相同"，结合牛顿第二定律和万有引力定律，我们可以"推导"出引力质量和惯性质量是相等的，这就是作为广义相对论基础的"等效原理"。当然这个推导还是依赖于首先假设牛顿第二定律和万有引力定律是成立的，而我们要讲的爱因斯坦根据自由下落的"电梯"假想实验得到的"等效原理"并不依赖于牛顿第二定律和万有引力定律。

我们再看看伽利略的另外一个假想实验：船中的乘客。他说在匀速行驶的船上，乘客若不依赖对船外的参照物的观测，则无法判断船是否在运动。伽利略就此得到了一个结论：运动的相对性。爱因斯坦又把这个结论推广了，他把相对性原理推广为：在所有的惯性参照系当中，也就是伽利略说的匀速运动的、没有引力和加速度的参照系中，物理规律是相同的。这是狭义相对论的物理基础。由此可见，爱因斯坦之所以对伽利略这么推崇，是因为他的思想基础来源于伽利略的假想实验结论。

伽利略发明了天文望远镜，这对科学发展产生了革命性影响，天文望远镜的应用彻底改变了人类对于宇宙的认识，也可以说彻底改变了人类的宇宙观。2009 年被联合国命名为"国际天文年"，就是为了纪念伽利略发明天文望远镜

400年。现在不仅有普通的光学望远镜,还有各种其他波段望远镜,有的甚至要放在太空上。我的工作就是研制这样的望远镜,放在卫星上对宇宙观测。如果没有伽利略,这些事情就都没有或者要晚一些。

伽利略利用望远镜做了一系列观测,有了很多革命性的发现。例如,伽利略观测到月球表面不仅有明暗的区别,而且高低不平;月球与其他行星所发的光都是反射太阳的光,伽利略的观测表明,太阳系内的天体只有太阳这一个是发光的。他还发现了木星的4颗卫星,后来被命名为伽利略卫星。这个发现证明了地心说是错的,对人们的宇宙观产生了巨大的颠覆。不仅如此,他还证明了银河是由无数个恒星组成的;发现了土星环;发现了金星的盈亏,这个发现也证明了金星和地球一样是围绕太阳运动的。由此可见,关键的对地心说产生致命打击的证据都来自伽利略。所以从历史的角度说,是伽利略的天文观测给"地心说"的棺材敲上了最后一颗钉子。

伽利略开创了定量实验和观测科学,基于精确的实验结果才能得到真正的科学规律。伽利略通过他的系统的实验方法,不仅发现了摆的规律,还发明了温度计、比重计、脉搏计等。1642年,伟大的伽利略因病去世。

与伽利略相比,牛顿是集大成的理论物理学家,虽然他也做了一些科学实验,但是他主要是理论物理学家。1687年,牛顿发表了著作《自然哲学的数学原理》,建立了人类第一个定量和系统的科学理论:万有引力定律和牛顿三定律。牛顿三定律非常有意思,如果看伽利略的贡献,他的斜坡实验已经推出来了牛顿第一定律和第二定律,但是伽利略不善于总结。牛顿却能够总结出牛顿三定律并且还增加了万有引力定律。虽然也有人怀疑牛顿是受到了别人启发才提出这些定律,但是把这些东西结合起来变成一个理论体系,只有牛顿做到了,所以他是集大成的理论物理学家。

在这个理论框架里面,牛顿做了一件非常厉害的事情——推导出了开普勒三定律。开普勒拟合天体的观测数据得到了描述天体运动的开普勒三定律,但是大家不知道为什么开普勒三定律可以把天体运动描述得这么好,牛顿就把牛顿三定律和万有引力定律作为公理推导出了开普勒三定律。这是人类历史上第一次通过一个更加深刻、更加基础的理论推导出已经知道的经验规律。因为开普勒定律实际上不是科学规律而是经验规律,大家都知道很有用,但是不知道背后的道理,而牛顿竟然推导出来了!当时,大家觉得牛顿的这套理论非常好,不仅解释了已有的实验和观测数据,揭示了已有的经验规律,而且更厉害的是有人用牛顿这套理论预言了太阳系里还存在一个未知的天体,而且这个天体的轨道性质也预测出来了。后来,人们发现了这个预测的天体——海王星。这是人类历史上第一次通过一个科学理论预言一个以前从来不知道的东西。因此,推导出开普勒三定律以及预言并发现海王星这两件事情,彻底确立了牛顿的力学理论作为第一个自然科学理论体系的正确性。然而,后来有人发现牛顿这个理论还是有问题,表明牛顿的理论并不是一个完美的引力理论,由此导致了爱因斯坦创立了广义相对论理论。

上文提到引力质量和惯性质量的等效性是广义相对论的基石。我们来看看爱因斯坦的电梯假想实验:假设你到了一个特别高的楼里面,你在一部电梯里面,如果电梯制动失灵就会产生自由落体运动,有几秒钟是非常美妙的,因为此时你处于完全失重的状态。学过物理又很热爱科学的你不会浪费这美妙的时光,决定做科学实验,你掏出一个钥匙链,看它如何和你一起经历这段美妙的时光。你发现这个钥匙链和你不离不弃。过了几秒钟,电梯到底,继续这个实验,你发现你和电梯不动了,这个钥匙链却开始相对于你和电梯做加速运动(也就是自由落体)。爱因斯坦说的这种情况好像杨利伟在太空当中飘浮的时候(假设他也带了一个钥匙链),中国北京指挥中心发一个指令,火箭点火,杨利伟发现虽然他相对于飞行器没有动,然而这个钥匙链相对于他开始做加速运动。电梯和飞行器两边是完全一样的结果,电梯这边的结果完全是由于引力造成的,飞行器这边完全是惯性造成的。由此可见,引力质量和惯性质量是等效的，产生了同样的效果，这就是爱因斯坦的等效原理。依据这个原理，爱因斯坦建立了广义相对论。

建立了广义相对论之后，爱因斯坦首先想到的是牛顿的理论无法解释水星近日点的进动，于是他就用广义相对论计算一下，他发现计算结果和实际观察到的结果完全一致。后来观测日全食的引力偏折效应的时候，爱因斯坦说，如果观测结果不是我理论预言的，那只能是上帝错了，不可能是我的理论错了。当然，引力偏折现象还是被观测验证了。所以，上面两个天文观测结果，水星近日点的进动被爱因斯坦用来检验一下广义相对论能不能解释已有的观测结果，而日全食观测到的引力偏折效应则是对广义相对论做出的决定性的检验。

广义相对论和牛顿理论相比，揭示了引力的本质，使光线在太阳的引力场中偏折的并不是光子和太阳之间的"万有引力"，而是太阳的引力场导致了空间的弯曲，光子必须沿弯曲的空间运动。根据爱因斯坦的广义相对论理论，引力本身不是力，而是质量导致的空间弯曲，因此光线就拐弯了。当空间拐弯了，所有在空间中运动的物质都得拐弯，这个拐弯就相当于是引力的效果，这是广义相对论揭示的本质。现在可以在实验室里面观测到，比如引力红移等。一个实用的例子是卫星定位系统的信号必须经过广义相对论效应的修正。卫星上面的引力比地球表面的引力要弱一点，所以卫星所在的地方空间弯曲的程度比我们地球表面上的弯曲程度差一点，因此那个地方的时钟走得比地球上的时钟快一点，这个有多大影响呢？一般来讲影响不大，但是，如果不把卫星上的计时器和地球的计时器校准，我们导航的时候一天下来积累的时间误差所导致的导航误差是10千米。若是没有广义相对论的修正，我们的卫星导航都没有办法工作。虽然广义相对论原理经过了非常多的验证，但是这些仍然还是弱引力场的检验，最重要的检验还是要利用各种天体的活动（比如中子星）来进行研究，但是直到现在，我们还没有找到广义相对论的缺陷，这也说明了广义相对论理论还是非常厉害的。

现代物理学建立的标志是什么？19世纪最后一天，欧洲著名科学家欢聚一堂，庆祝物理学大厦终于建设完备，物理学家从此可以退休了。以后只需要一些不太重要的物理学家对物理学大厦做小小的修修补补的工作，没有什么重要的事情可以做了，除了两朵稍微令人不太安心的小小的乌云，分别是黑体辐射和迈克尔孙-莫雷实验。根据当时基于热力学建立的黑体辐射理论，波长越短应该辐射的功率越高，然而这和观测结果完全不一样。通过观测发现，波长特别短的时候，辐射功率下降得非常厉害，所以这个理论和结果对不上。另外一个就是迈克尔孙-莫雷实验。人们知道了光是波，认为光传播应该需要介质，因此真空就应该是充满以太这种光波传播介质，然而测量结果表明以太并不存在。光作为波传播没有介质，没有的话怎么传播？这个就麻烦了，这是迈克尔孙-莫雷实验带来的问题。

后来普朗克提出，如果光是量子，就可以解决黑体辐射灾难。而爱因斯坦提出了狭义相对论，认为根本没有以太这个东西，光直接在真空传播，而且真空中的光速是所有速度的极限，和坐标系无关。这就产生了现代物理学两大支柱，分别是狭义相对论和量子力学。最开始的量子力学只能计算特别简单的原子的光谱，稍微复杂一点就不能解释，因为复杂一点的原子里面电子的运动速度就接近光速了，这个时候就要做相对论修正。所以，相对论和量子力学结合就变成量子电动力学，目前这是最精确的物理学理论，不管你计算的精度多高都和实验结果完全一致。这样的理论可以描述我们物理世界所有能够计算的行为。从狭义相对论出发，爱因斯坦把这个理论应用到了万有引力的情况，就是广义相对论，广义相对论又和量子力学结合，变成了我们今天的天体演化的标准模型，就是恒星演化的标准模型。所以我们今天就知道，给它一团气体，收缩形成恒星，如果形成的质量比较小，就会变成白矮星，比如我们的太阳最后就会成为一颗安静的白矮星。如果形成的恒星质量大一些，就会变成中子星。如果再大最后就会变成黑洞,这些都被观测到了。

如果想理解原子核里面发生了什么,我们就需要量子色动力学,基于这个理论可以建立完整的粒子物理标准模型,这样我们这个物质世界里面几乎所有的观测现象、实验现象都可以得到理解。粒子物理的标准模型已经由科学家完备地建立起来了,一直到2012年发现了粒子物理标准模型预言的最后一个粒子——希格斯粒子,整个粒子物理标准模型的所有预言都得到了实验的检验。把量子色动力学理论和天体模型演化理论结合起来,我们就可以建立宇宙演化标准模型。宇宙是经过大爆炸产生的,在这个过程中经过大约140亿年演化产生了今天宇宙中的各种丰富的天体以及我们自己。从整个现代物理学的发展以及我们对宇宙的认识,可以看到狭义相对论和量子力学是两大支柱性理论。

从1967年开始,在天文学和天体物理领域,一共有26人获得了诺贝尔物理学奖。一开始科学家在这些领域得奖比较频繁,后面一段时间就比较少一点。进入21世纪,科学家在天文学方面的研究成果获得诺贝尔奖的次数突然增多,如2002年、2006年、2011年、2015年、2017年、2019年,均有人获奖。天文学是一个古老的学科,但是近些年却不断获得重要的学术突破。到了现在,我们可以问一个问题,天文学研究还能继续推动科学发展吗?天文学这么古老,而且研究的都是离我们非常遥远的宇宙的事情,跟我们现在的生活有什么关系呢?然而理解宇宙的起源和未来是永恒的主题,为人类在宇宙中寻找同伴是天文学家的任务,宇宙中还有没有像我们这样智慧的生命?地球不会是人类永远的家园,那么人类其他的家园在哪儿?这个只能依靠天文学家。

中微子振荡为粒子物理突破标准模型提供了新的途径,中微子振荡是粒子物理标准里面的粒子表现出的唯一现在不能解释的实验室现象。而且我们已经知道引力理论和量子力学有根本的冲突,对它们的统一很可能只能利用对早期宇宙的观测。对暗能量和暗物质的发现是近十几年最重要的进展,然而这是我们粒子物理标准模型里面所不能解释的,我们现在解释不了,所以需要进一步研究。但是,地球实验室规模就只能这么大,所能实现的物理条件是有限的,更加复杂的、规模更大的、更严格的实验只能利用宇宙这个实验室提供的极端条件来做。

伽利略发明的天文望远镜从根本上建立了日心说,也验证了开普勒定律的正确性。天文学的研究推动了广义相对论的建立。未来天文学的研究将继续促进人类对自然规律的探索。因此,天文学尽管是最古老的自然科学学科,今天依然是最富有生命力的自然科学学科。

(整理自作者2019年11月在"科学名家讲座"上所做的报告。张双南,中国科学院高能物理研究所研究员,中国科学院粒子天体物理重点实验室主任。)

恐龙是如何演化为鸟类的

徐星

一、鸟类的"恐龙起源说"

英国有一位著名的科学家叫赫胥黎,他是达尔文的好友,在进化论早期研究及推广中发挥了很大的作用。他很重要的一项成果,是在别人工作的基础上提出了鸟类可能与恐龙有关的观点。1861年,世界上最早的鸟类——始祖鸟的化石刚刚被发现,同时发现的还有一些恐龙化石。赫胥黎注意到了始祖鸟化石(图1)和恐龙化石很像,他认为恐龙可能和鸟类有某种亲缘关系。大约100年后,一位叫奥斯特罗姆的耶鲁大学教授继续了赫胥黎的研究。奥斯特罗姆发现始祖鸟的前肢与恐爪龙的前肢特别相似,都可以侧向移动,并且中间一根长得像小月亮的小骨头(半月形腕骨)几乎一模一样。在奥斯特罗姆之后,很多科学家找到更多证据,以证明恐龙和鸟类是同一个家族的。

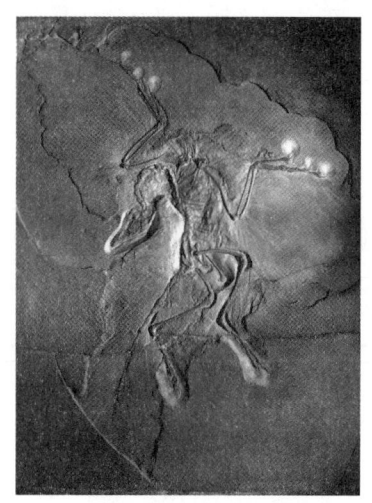

图1　始祖鸟化石

其中有一名很有名的科学家,也是耶鲁大学的教授,叫高斯特。他在1984年发表了自己的研究成果,认为有一种恐龙在一百万年前变成了第一种鸟,而这种鸟慢慢繁衍演化,产生了今天的鸟类大家族。

科学家的任务是基于现有的知识提出一些假说,然后找到证据把这种假说变成理论。科学假说是科学理论的前身,先做一些预测,然后找到证据来证明科学假说预测得正确与否。如果能不停地证明这些预测是对的,那么假说就能变成理论。高斯特的假说提出后,科学家们有了新的任务。

二、恐龙如何演化成鸟类

要证明恐龙变成了鸟类,有很多预测需要科学家作出验证。首先,如果鸟类是恐龙的后裔,那么化石所在地层年代必须遵循祖代先出现、后代后出现的顺序。其次,如果恐龙变成了鸟类,那么它们的体型需要发生相应变化。前后肢长度需要改变,身体需要变小,需要长出羽毛。最后,鸟类可以在蓝天上翱翔,恐龙也需要演化出飞翔的技能。

为了验证这些预测,科学家们不停地寻找化石,通过研究这些化石,最终得出结论。

1. 化石出现时间

祖代化石比后代化石早出现,恐龙演变成鸟类也应该如此。但在二三十年前,当时科学家发现的最古老且长得像鸟的恐龙出现在白垩纪,而最早的鸟——始祖鸟在侏罗纪晚期就出现了。侏罗纪早于白垩纪,换句话说后代反而出现得更早了。我们需要通过新的化石证据解决这一矛盾。我们在中国的不同地方寻找化石,经过多年努力,先前很多像鸟的恐龙只在白垩纪发现,但是现在这些恐龙化石也被发掘于侏罗纪时期的地层,出现在了始祖鸟之前。

2. 四肢变化

验证恐龙进化成鸟的工作进行了很多年,科学家在世界各地发现了不同的化石,这些化石标本证明,恐龙在演化的过程中,有一个分支慢慢地变得越来越像鸟类:它的身体变小、尾巴缩短、前肢伸长。前肢变长是为了变成翅膀飞行。鸟类长着一对大大的翅膀,看不见像人一样的手,这是因为它身体覆盖着羽毛。但是如果把羽毛拔掉,会发现它像人的"手",有皮肤和肉,里面有骨头。这翅膀或者说"手"是怎么演变出来的?科学家通过一步一步研究,发现最原始的恐龙像人一样有5根手指,演化一段时间后变成4根手指,再到后来成3根手指,如大家熟悉的食肉恐龙伶盗龙。3根手指的恐龙最终变成了3根手指的鸟。

观察恐龙手指退化的历史,一开始它的小拇指退化,然后第4根手指退化,剩下了内侧的3根手指。但科学家发现这个过程并非那么简单。我们生活中常见的很多动物,它们有些有4根手指或者脚趾,有些有3根,马甚至只有一根脚趾。但这些动物最初也都有5根手指。它们的退化过程是先退化大拇指,然后退化小指,接着退化靠近它们的两根手指,最后剩下中间这根手指。这种退化方式称为两侧退化。然而恐龙是从外侧退化的。

研究鸟类的科学家通过观察鸟类的孵化过程发现,鸟指并不是像恐龙化石显示的那样从外侧退化,而是像马一样从两侧退化,鸟剩下的是中间的3根手指。研究恐龙化石的科学家认为鸟剩下的是内侧的3根手指,而研究鸟类孵化过程的科学家提出剩下的是中间的3根手指。为了解决这一矛盾,作为古生物学者的我们要从化石中寻找答案。我们在新疆发现了一种化石,它的大拇指和先前发现的恐龙不一样。通过一系列分析发现,我们认为,在恐龙向鸟类演化的过程中,有某些基因位点发生了突变,导致本应长在某个位置的大拇指长到了另一个地方。

3. 身体缩小

深受大家喜欢的马门溪龙体形庞大,如果它要飞到蓝天上去,需要展开后达 25 000 平方米的翅膀！这根本不可能。恐龙要想飞上蓝天，一定先要减肥瘦身、体积变小。科学家通过研究各种恐龙的体形变化，发现有一种恐龙确实在一段时间内身体越变越小。到底多小呢？图 2 是一个寐龙化石，整只恐龙还没有一只手大。这种恐龙只有几百克重。科学家通过计算发现，可能变成

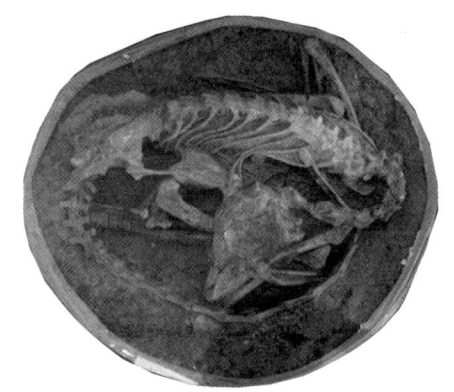

图 2　寐龙化石

鸟类的恐龙，体重一般在 600—1000 克之间。这个体形让它们能够飞上蓝天。

4. 长出翅膀

第四个预测，也是最重要的一个预测：如果恐龙变成鸟类，它需要长出羽毛。大家看到 20 年前的恐龙复原图，会发现恐龙身体上都覆盖着鳞片，像其他爬行动物一样。这并不是当时科学家胡乱想象出来的，很多化石显示恐龙身上确实有鳞片。前面提到的耶鲁大学奥斯特罗姆教授，他认为恐龙变成了鸟类，而且他认为恐爪龙和始祖鸟手部很像。如果恐爪龙变成鸟类，那么它身体上应该有羽毛，但是那个时候没有化石证据。因此，奥斯特罗姆在他的文章及复原图中，还是把恐爪龙复原得像其他爬行动物一样，身体上覆盖着鳞片而不是羽毛。直到 20 世纪 80 年代，一些科学艺术家在复原图中给恐龙身体覆盖上了羽毛，但是因为没有化石证据，这种复原没有流行起来。科学一定要讲证据。1996 年，科学家在中国辽宁发现了第一个带羽毛的恐龙化石——中华龙鸟化石（图 3）。可能大家会觉得奇怪，中华龙鸟是鸟，鸟长羽毛有什么奇怪的？

实际上由于当时的局限性，这个名字取得不是很贴切，它的名字更应该叫作中华鸟龙。它是一种长羽毛的小恐龙，是世界上目前发现的第一个带羽毛

图3　中华龙鸟化石

的恐龙化石。在那之后,科学家发现了更多带羽毛的恐龙化石,有大的、有小的,大的化石上也有羽毛印痕保存。

恐龙生活的白垩纪被称作超级温室气体时期,当时的温度可能比现在高将近10℃。这么温暖的气候,还生存着这些重达一两吨的带羽毛的恐龙,是不是一种很奇特的现象?确实是。一些巨型动物,比如非洲或东南亚的大象,它们没有毛发,身体裸露。为什么要裸露?因为对大型动物来说,散热是个大问题。如果热量不能及时散发出去,它们会被热死。比如大象,大象的耳朵都具有散热功能,没有毛发也是为了更快地散热。而毛发的作用正相反,提供保温功能。如果大象穿上羽绒服,相信它坚持不了一天!所以按照这个理论,羽王龙这种大型恐龙不应该长羽毛。

为什么会发生恐龙长羽毛这样的现象呢?后来我们研究发现,恐龙生活的时代也有冰河时期。虽然在侏罗纪、白垩纪的大部分时间里地球很温暖,但也发生过气温下降的情况。科学家通过分析一些化学元素记录后发现,羽王龙生活的时代,温度跟我国东北地区黑龙江现在的温度差不多,很冷,所以它们需要羽毛保暖。除了中国,其他很多地方也发现了带羽毛恐龙的化石,如加拿大、俄罗斯等。这些化石同样能告诉我们羽毛到底是怎么演化出来的。研究表明,恐龙确实长羽毛,而且羽毛很早就出现了。通过研究羽毛,我们还能知道恐龙活着时身体的颜色。比如说,我们知道鸟龙尾巴上是一圈一圈的棕色和白色,有些恐龙有多彩的羽毛,有些有闪光的羽毛……

5. 学会飞翔

最后一个预测,恐龙学会飞翔,真正变成鸟类,飞向蓝天。恐龙要飞向蓝天需要怎么做呢?

很多科学家在研究这个问题,有些科学家认为恐龙是很长时间从地面演化飞行能力的,另外一些科学家认为恐龙是先生活在树上,然后从树上慢慢演化出飞行能力。从两种假说背后的物理原理来看,如果想飞向蓝天,从地面起飞要克服重力,但如果从树上起飞则可以利用重力,这是两种不同的途径。自然界的动物都很聪明,很多动物都是利用重力而演化出飞行能力。但是恐龙也可能跟其他动物不一样,科学家需要做出解释。

怎么解释?最重要的是找化石做研究。不仅中国科学家在找,外国科学家也在找,我们找到了很多化石,它们告诉我们恐龙究竟是怎么演化出飞行能力的。比如有一种恐龙叫中国鸟龙,它告诉我们恐龙怎么开始扇翅膀,其他一些恐龙告诉我们它们怎么爬上树。小盗龙化石则告诉我们,它们不仅爬上了树,甚至演化出了飞行能力。这些有飞行能力的恐龙有4只翅膀,用这4只翅膀来飞行。综合不同科学家的研究,人们发现从树上学会飞行是比较合理的。

4只翅膀的恐龙飞上了蓝天,真的是这样吗?有科学家反对,说这个太怪了,现在的鸟有2只翅膀,为什么早期的有4只翅膀呢?于是科学家继续寻找更多的化石,他们发现了带有4只翅膀的侏罗纪时期的恐龙化石,而且发现有些鸟类也长了4只翅膀。最后的结论是很多恐龙甚至一些早期的鸟类都长有4只翅膀。恐龙开始是生活在地面上的,但是慢慢上了树,4条腿变成了4只翅膀,然后飞行后发现2只翅膀就够用了,于是后面2只翅膀就退化掉了,最后变成了两翼飞行的现代鸟类。

对于恐龙这种已经灭绝的生物的研究,需要通过很多其他的信息,无法直接观察。举个例子,现在鸟翅膀开得很厉害,仔细观察可以看到2只翅膀开到了身体背部,这样整个翅膀到身体的连接会产生很多的变化。但是恐龙还没有发生这些变化,翅膀还不能像鸟一样拍打。不同的科学家因此产生了不同的意见,有些科学家看重翅膀的大小和长度,他们认为这种恐龙会飞,但是另外一些科学家更看重它的连接方式,这些科学家认为可能不会飞。

那么怎么解决这个问题呢?大家做一些复杂的模型进行验证。比如做一些机器恐龙或者做一些基因模型,获取各种各样的数据。从这个角度得出的结论,现在能够肯定,比较明显具有飞行能力的是小盗龙。最近发现的奇异龙,还有一些其他的物种可以做这样复杂的测试。也许过一年、两年、三年甚至十年后,这种深入的研究会告诉我们一个更确切的答案,这些恐龙到底会飞还是不会飞。但是依然会存在刚才的问题。研究灭绝动物的行为永远是一个巨大的挑战,也许需要发明一些新的科学方法,希望各位读者能够发明一些新的方法和技术,给我们未来的研究带来便利,让我们对灭绝的动物有更好的了解。

(摘编自《科学家讲科学》丛书,上海科技教育出版社2022年11月出版。徐星,中国科学院古脊椎动物与古人类研究所研究员,博士生导师,云南大学古生物研究院学术院长。)

机器可以有情感吗

——人工智能发展现状

吕宝粮

一、人工智能战胜人类

2016年是一个非常重要的年头,特别是对人工智能来讲。"阿尔法围棋"第一次击败了人类的职业围棋选手,更为重要的是,这是一件计算机科学家们预计至少20年或者更远的将来才会发生的事,因为围棋太复杂了。对人工智能的发展来说,这是非常重要的里程碑。

"阿尔法围棋"是一套优秀的人工智能系统,韩国棋手李世石下完棋后,多次表示说与它下棋非常苦恼。原因是过去下棋面对的是一个人,现在下棋他面对的是一个机器。"阿尔法围棋"在现阶段不具有任何的情感。

到目前为止,人工智能研究对象主要是像"阿尔法围棋"这样的逻辑智能,它们不具有任何的情感。这样的人工智能技术现在已经取得了很大的成功,特别是在工业生产线上。例如,现在的汽车装配线上基本上全是机器人,这种场合不需要情感,只要这些机器能够按照程序完成任务。但是未来的服务机器人,特别是我们人类与之打交道的机器人必须要有情感,所以我们认为人工智能应该具备逻辑智能和情感智能两部分。

在人工智能的发展过程当中,特别在未来,我认为情感智能要比逻辑智能更加复杂,原因之一是我们开发的情感智能必须符合人类的伦理、道德、文化和习俗。可以想象,未来一个家庭服务机器人在家里为你服务。譬如说简单地打一个招呼,家里面有爷爷奶奶、父母和小孩,需要有规矩,那么我们希望机器人能够遵守这个规矩,这就是情感智能。情感智能研究的目标是让机器具有情感,而更长远的目标,我们希望这个机器人具有较高的情商,能够更好地协助我们人类的服务。

二、可穿戴设备协助情感检测

在理解情感智能之前,我们需要量化人类情感。《科学美国人》杂志2016年9月发表了关于人类未来的20个大问题,其中有一个问题就是:我们是否能够用可穿戴设备来检测我们的情绪?

对于这个问题,麻省理工学院的媒体实验室主任皮卡德教授作了如此回答:我们的情绪与生物化学和电信号是有关系的,这些信号会到达我们体内的每一个器官。我们利用可穿戴技术就可以量化这些信号,在一个比较长的时间段里面,利用大数据、机器学习的技术对我们人的状态进行精确的建模。人们预测,未来十年可穿戴设备可以为我们健康提供个性化的预报。

由此可见,情绪识别技术一个很重要的方式就是可穿戴设备,因为对于情绪监测,最重要的是要获取我们的生理信号。我们现在还未能开发出一种技术,可以用非接触的方式检测到我们的生理信号,实际上这些可穿戴设备的组合未来会在我们监测人的情绪方面发挥很大的作用。我们说的这些也可以解决我们国家一些很重要的需求和民生问题,当然仍有很多技术上面的问题有待解决和完善。

三、机器能有情感吗

我们试图利用机器来监测量化人类情感,那么,机器本身能有情感吗?机器是什么?简单来讲,机器可以是一个机器人,也可以是一个计算机系统,也可以是一个程序。

什么是情感计算?与情感有关的、由情感引发或者能够影响情感因素的计算,我们都称为情感计算。我们希望赋予计算机感知、理解、生成和表达情感的能力。我们现在的机器都是没有情感的。

实际上说到情感,我们要让计算机具有情感,第一步就需要识别人的情感。目前的情感识别研究,基本上基于人类的语音、形象和姿态,到目前为止,国内外的技术公司也基本上基于这三种信号,因为这三种信号非常容易获取。实际上还有能更准确表达我们人类情感或者情绪的状态,也就是我们的生理信号,比如说皮肤阻抗、心率、血压、脑电波等生理信号。

四、情感智能研究的现状

在神经科学领域,情绪研究是非常大的一个分支,但是很可惜,大多数的研究只针对一种情绪——恐惧。为什么神经科学研究基本上都是研究恐惧呢?最重要的一个原因可能是,诱发动物的恐惧情绪比较容易,其他的情绪状态很难诱发,或者说很难知道具体是一个什么情绪状态。

目前为止,我们对精神疾病的诊断依然停留在主观量表阶段,并没有一个非常客观的指标。如果我们感冒了,我们可以拿一支体温计量一下体温。对于精神疾病我们也需要有这样一个度量,但是很遗憾,到现在为止还没有一个比较客观的、量化的指标。目前的情感交互主要是依据图像、语音、文本这样一些比较容易采集的信号。这些信号可以在一定程度上刻画人的情绪,但我们很难识别出非常细腻的情绪。

还有很多科学问题需要我们解决。比如一个很基础的问题,理论上我们每个人的情绪状态外界是无法得知的,甚至我们自己也不知道。这样我们很难利用机器学习的办法来进行建模。

我们通常说的机器学习有三种方式:有监督的学习、无监督的学习和强化学习。像"阿尔法围棋"这样是强化学习,此外非常有效的是有监督的学习。但如果我们没有足够的标号的话,这个模型很难建立。

还有一个问题,我们能不能通过语音、图像、文本或者生理信号对人的基本情绪状态进行刻画。心理学家通常认为人有六种基本情绪:喜悦、悲伤、恐惧、厌恶、愤怒、惊讶,以及一些复杂的情绪,如何通过信号把它们刻画出来,现在都还没有理论和方法。

还有一个非常重要的问题。人工智能现在的发展主要取决于机器学习,而到目前为止,机器学习的目标主要是研究逻辑智能。实际上我们未来要开发情感智能,必须在机器学习之上建立一个统一的框架,让机器同时学习逻辑智能和情感智能。不同于逻辑智能,在学习情感智能的时候我们必须将人类的伦理、道德和生活习俗进行形式化,嵌入学习算法里。以上这些都是很有挑战性的问题,都是现在没有解决的问题。

五、中国情感智能研究的发展现状

我们之所以要做这个研究,要从一场空难说起。2015年3月,一架从西班牙巴塞罗那飞往德国杜塞尔多夫的飞机在法国南部坠毁。经过一年的调查,得出的事故结论是:航班副驾驶有自杀倾向。就是说,德国的医生就在起飞之前已经判定这个驾驶员不适合开飞机了。当飞机起飞以后,趁正驾驶上厕所的时候他把驾驶舱门关闭,开着飞机就撞上阿尔卑斯山。这场事故之后,国际航空组织宣布,要对飞行员进行心理评估和测试。

中国的高铁发展非常快,非常受欢迎。从北京到上海坐高铁只要四个多小时。为了保证高铁的安全,研究人员有一项很重要的任务,就是保证司机的睡眠质量,确保他在工作过程中不会打瞌睡,以及检测驾驶员是不是有心理疾病。这些都需要研究。

在中国,疲劳驾驶这个问题非常严重。不完全统计,2006—2010年,我国交通事故每年超过7万起,交通事故造成的死亡和受伤人数实际上超过了汶川地震。我们现在有先进的技术检测超速、超员、超载,但是没有很好的技术来检测疲劳驾驶,因为疲劳不是一个时间点,而是一个过程。我们需要有一个可穿戴设备来进行实时检测。

开车的朋友可能注意到,有的车里已经装了检测疲劳驾驶的设备。例如,在方向盘上安装一个数码相机,利用这个数码设备判断驾驶员是不是打瞌睡。它的原理是利用数码相机监测面部表情,具体就是观察眼睛闭合程度,如果闭合70%的时间超过一定比例,就认为驾驶员是在打瞌睡。这个技术的优点是它费用低廉,因为现在数码相机非常便宜,并且它是非接触的。它的缺陷是很难做预测,驾驶员如果已经打瞌睡,在高速公路上可能就来不及了。所以我们希望能够开发出一种新的技术预测疲劳,提前十几分钟预测到疲劳,这样就可以采取一些措施,避免交通事故的发生。

下一步我们的研究目标是什么?我们现在的高铁、大巴或者危险品的运输监控中心,只能看到车的位置,但是不知道司机的状态。未来我们希望监控中心能看到每个司机的两种状态:其一,是否疲劳;其二,情绪是否稳定。若是精神状态异常,开车就可能会出事故。

实际上,我们情绪或疲劳程度的真实状态是不可知的,我们希望通过传感器获得各种信息,然后对这个状态进行一个评估。从我们研究的角度来看,对这个状态进行精确的估计,必须采用多传感器融合手段,如果把图像、声音、姿态、生理信号,特别是脑电信号等加进去,我们就可以对状态做出更加准确的估测。

什么是疲劳?我们要给出答案,然后建立评判疲劳的标准,最后开发技术,来完成疲劳鉴定的任务。为了获取数据,我们在实验室建一个模拟系统,模拟城市、乡村、雨天、雪天等各种环境。在实验室的车里装上各种传感器,检测脑电信号、眼电信号以及方向盘上的握力信息等。未来还要在座位上也安装上各种传感器,希望通过多传感器的融合对人的疲劳程度进行定量分析。

我们利用两种信号进行情绪识别:一种是脑电信号,另一种是眼动仪眼镜信号。眼动仪眼镜有什么作用呢?戴上这副眼镜,你眼睛看什么地方、看多长时间,这些信息眼镜都可以收集到。比如听讲座,你盯着看幻灯片什么位置、盯了多长时间……都可以知道。我们的研究表明,如果认真听的话,大家目光的移动轨迹是一致的。

我们提出这个框架主要有两个目的:第一个目的,是帮助筛选情绪实验中的有效脑电数据。过去没有眼动仪眼镜时,我们请一些同学做实验,让他们观看三类不同的电影短片,内容有令人高兴的、令人悲伤的、中性的。他们观看一小时,我们同时测他们的脑电信号。如果实验者真正用心在看,电影情节会刺激到他,诱发出他高兴的、悲伤的、中性的情绪。如果实验者坐在那里走神,影片没有诱发他的情绪,最后我们可能得不到正确的脑电信号。或者说这种情况下我们不知道是脑电信号测试不准确,还是被试者没有注意集中力观看视频。眼动仪眼镜可以帮助我们解决这个问题。

第二个目的,我们希望通过眼动仪眼镜识别情绪状态。利用眼动仪眼镜我们可以提取33种特征,最常用的而且公认的一种是瞳孔直径。瞳孔直径会随着情绪的变化而改变。另外,眨眼的频率也和情绪变化有关。

通过实验分析，我们得出一个结论：如果我们单独用脑电或者单独用眼动仪眼镜，对正面、负面、中性三类情绪的识别率能达到77%或78%；如果我们把两种信号融合起来，可以再提高10%的识别率，达到87%。这是因为脑电信号在识别正面情绪上准确率很高，但是对于负面情绪，眼动数据要比脑电信号更好。它们有很好的互补特性，所以结合使用可以提高模型的识别率。

我们刚才说让测试人员观看三类不同的电影片段，诱发其情绪，然后测他们的脑电信号。在这之前，我们要回答一个问题：情绪对应脑电信号，这个模式是不是稳定的？换一种表达，我们可以说一个人的表情与情绪对应模式是稳定的，因为今天他的这个表情是高兴的，明天也是这样，是不变的。但是脑电信号是否如此，大家现在不知道。如果这个模式是稳定的，不会随着时间而改变，这将为我们用脑电信号来做情绪识别建立一个技术基础。我们的这个结果发表以后，《麻省理工学院科技评论》进行了报道。

最后与大家分享我们用脑电信号、眼动信号进行疲劳检测的研究工作情况。如果把四个传感器放在眼睛周围，这四个传感器测得一个电位信号，通过电位信号我们可以知道眨眼、闭眼、扫视等眼球运动特征，通过这些特征就可以判断一个人是不是在打瞌睡。传统做法四个传感器放在眼睛周围，很碍事，特别是戴眼镜的朋友会感到非常碍事。现在我们把传感器放到额头上。放在额头上有两个优点：一个是我们可以做一个可穿戴设备，比如帽子或者一个简单的装置，把传感器结合进去。另一个优点是放在额头上，可以将眼电信号和脑电信号结合起来，识别一个人的疲劳程度。一旦我们成功开发这种方便的设备，就可以对高铁司机或者长途客车司机做实时疲劳检测。

六、总结与展望

利用我们的可穿戴设备可以让机器感知人的情绪状态，从而使机器情感智能学习迈出了重要的一步。

我们的研究证实,采用多模态的数据融合可以提升情绪识别与疲劳检测的精度。未来我们要让机器具有情感,一定要建立一个同时学习逻辑智能和情感智能的理论框架,我们研究发现深度学习和迁移学习是构建情感智能的一个非常有用的工具。

我认为,随着可穿戴设备和深度学习的发展,在未来五年内,情感智能的研究至少可以在下面几个领域有所突破:第一,对特殊岗位的人群,比如说高铁司机、危险品运输司机的情绪状态的识别和预警,高铁司机和飞行员疲劳驾驶实时监测。第二,抑郁症的客观量化和诊断。最后是情感机器人。它的情感功能会得到大幅的提高,应用领域迅速扩大。期待在五年之后情感机器人在我们的家庭特别在老年人的服务方面会有所突破。

我相信,不久的未来,人类能够让机器具有情感!

(摘编自《科学家讲科学》丛书,上海科技教育出版社2022年11月出版。吕宝粮,上海交通大学计算机科学与工程系教授,博士生导师。)

宇宙大爆炸和太阳系外行星的发现
——2019年诺贝尔物理学奖背后的故事

陈鹏飞

从事科学研究很重要的一点就是你要有独特的视角、创新的思路去发现问题，解决问题。今天我就来给大家讲讲2019年诺贝尔物理学奖背后的故事。

我们首先来了解一下其中一位获奖者皮布尔斯，他的研究成果回答的问题是：我们从哪里来？宇宙是怎么演化到现在这个样子的？

早在2000多年前，古希腊哲学家亚里士多德就已经在思考这个问题，而且给出了一个答案。他认为宇宙在空间上是无限的，而且无始无终，一直存在。此后，西方的主流观点一直认为宇宙无限且无始无终，尤其是在伟大的牛顿这么认为之后。现在我们知道宇宙既不是无限的，也不是无始无终的。所以，不要迷信权威，一定要有怀疑的精神。

达尔文的爷爷在1791年写过一首诗，诗中提到宇宙膨胀、收缩，周而复始。有趣的是，这个200多年前由诗人提出来的想法，却正是现代天文学的主流观点之一。当然，这些想法只能被称为没有科学依据的猜想。真正对宇宙起源问题带来重大突破的人是爱因斯坦。爱因斯坦提出了相对论，不仅把牛顿的理论从远远低于光速的特殊情况推广到接近光速的情况，它更大的意义是把物质和空间联系起来了。

相对论方程提出来之后其他学者便去求解，由物质的分布就能确定空间的分布，也就能得到宇宙的结构了。结果发现，宇宙要么是膨胀的，要么是坍缩的，也就是说宇宙不可能是静止的。然而，爱因斯坦一直笃信牛顿是对的，他也认为我们的宇宙是静止的。于是，爱因斯坦给这个方程加了一项，强迫让宇宙静止。到了1922年，也就是爱因斯坦提出相对论方程7年之后，苏联气象学家弗里德曼根据爱因斯坦原来的方程得到了一个膨胀宇宙的解。爱因斯坦对此很不以为然。又过了5年，年轻的比利时人勒梅特在不知情的情况下重复了弗里德曼的工作，他根据爱因斯坦方程也得到了一个膨胀宇宙的解。爱因斯坦同样嗤之以鼻。然而，只过了2年，美国天文学家哈勃观测了24个星系，结果发现这24个星系其实在远离我们，而且远离我们的速度跟距离成正比。对于这个结果最自然的解释就是整个空间在膨胀。刚开始爱因斯坦还不相信这个结果，直到爱因斯坦来到哈勃所在的哈佛大学天文台，亲自到望远镜这儿看，这时候他才相信宇宙不是静止的。后来他对勒梅特说："膨胀的宇宙是我听说过的最优美的解释。"这个故事诉我们，任何伟大的人都可能会犯错误。

哈勃的贡献确实非常大，他改变了人类对宇宙的认识，改变了我们的宇宙观。其实，有两位天文学家比哈勃早十几年就发现了星系在远离我们，但他们不知道如何测量这些星系到我们的距离。哈勃为什么能够测出这些距离呢？这跟哈佛大学天文台的一个普通职工有关。她就是勒维特，是她发现了造父变星亮度跟它的亮度变化周期几乎成正比的规律。根据这个关系就可以测量星系到我们的距离，这才导致哈勃有这么一个伟大的发现。所以说，团队合作非常重要。

既然宇宙不是静止的，爱因斯坦就想：看来我在相对论方程中多加的让宇宙静止的一项是不对的，这是我所犯的最愚蠢的错误。于是，爱因斯坦就把这一项去掉了。相对论方程又变回到最初的样子。可是，爱因斯坦这次又错了。60多年后，天文学家发现宇宙不但在膨胀，而且是在加速膨胀，膨胀得越来越快，而根据原来方程的解，宇宙膨胀的速度应该随时间减小。所以说，爱因斯坦当初人为增加的那一项还是必要的，只是那一项的系数大小不一样而已。

膨胀宇宙这个理论提出来之后，刚开始只是一个描述性的定性理论，真正对这个理论进行定量描述的是伽莫夫。1948年,他发表了一篇很有名的文章,定量地计算了宇宙大爆炸初始的光子如何变成物质反物质,质子(也就是氢核)如何在宇宙大爆炸3分钟内聚变成氦,而且氢的质量比例约为75%,氦的比例约为25%,他计算出来的这个比例和现在观测到的比例是非常一致的。

伽莫夫有两个非常聪明的学生,阿尔菲和赫尔曼。他们根据伽莫夫的模型做了计算,并得出了一个大胆的预言:宇宙在大爆炸后不断膨胀,温度会越来越低,到现在的话,宇宙的温度大约只有5开尔文,也就是零下268摄氏度。这就是他们研究工作的伟大之处。一般的研究工作是别人发现了某个现象,你能够提出一个自洽的模型来解释。这个虽然是事后诸葛亮,但也不错了。而更漂亮的工作则是你提出的模型给出预言,然后由新的观测去证实。

尽管宇宙膨胀的理论在伽莫夫等人的完善下变得非常漂亮,但反对者依然存在,其中最强烈的一个反对者是英国的霍伊尔爵士。霍伊尔非常有名,也取得了很多成就,但是这一次他错了。这个故事同样告诉我们,一个人卓有成就并不代表他永远是对的。

那个时候没有互联网,学术交流不是很畅通,以至于伽莫夫他们的文章没太引起同行的注意。过了10年左右,又有人重新来思考这个问题,他就是普林斯顿的迪克教授。他有3个聪明的学生,其中一个就是2019年的诺贝尔奖获得者之一的皮布尔斯。皮布尔斯的数学非常好,迪克就安排他来计算宇宙大爆炸理论模型。很自然,皮布尔斯的计算也表明宇宙膨胀到现在温度会降到大约零下270摄氏度,这个温度会产生微波辐射。迪克的另外两个学生动手能力比较强,他们就负责做天线设备,以便探测大爆炸残余的辐射,这真是最佳组合!在一个研究组里,一部分人做理论,另外一部分人做设备去探测,两者相得益彰。然而,他们一直没能探测到微波辐射。这是因为他们的技术还不够好。这里很重要的一点是,既然要探测周围零下270摄氏度的辐射,那么接收机的温度需要足够低,否则接收机自身产生的辐射会淹没外界的信号,而这是他们做不到的。就在这个时候，有两个幸运儿歪打正着，一不小心就探测到了。这两个人就是彭齐亚斯和威尔逊，他们是美国贝尔实验室的工程师。他们当初使用一个很大的天线来探测银河系中心的一些射电辐射，也就是无线电波。结果他们观测的时候发现不管天线对准天空的哪个方向，天线都探测到无法消除的噪声，非常稳定。这些噪声的存在让他们无法探测银河中心的辐射，他们就想找到噪声产生的原因，试图除掉噪声。可是找来找去，他们没有发现任何异常。在一位好心人的推荐下，他们打电话给普林斯顿的迪克教授，迪克教授告诉他们这些噪声很可能就是宇宙膨胀到现在、温度降到只有3开尔文的辐射。1978年，彭齐亚斯和威尔逊因为发现了宇宙背景辐射的存在而获得了诺贝尔物理学奖。就这样简单，歪打正着，幸运之极！

随着技术的改进，天文学家们不仅测出了宇宙背景辐射，还测出宇宙背景辐射沿着各个方向的分布，结果发现宇宙背景辐射非常均匀。宇宙刚开始膨胀的时候是非常均匀的，只有微弱的不均匀性，大约是十万分之一。最后，初始的高密度区域便演化成一个个星系，我们银河系就是其中的一个。根据皮布尔斯的理论，正是宇宙早期的不均匀性导致了微波背景辐射的不均匀性。

根据微波辐射的精确测量，再结合皮布尔斯的理论，天文学家就得到了大家很熟悉的宇宙组成成分：最少的部分是我们能看到的物质，包括行星、恒星及你我他，只占4.6%；还有23%是暗物质，它的总量是可见物质的5倍，它不可见，但却无处不在。按照目前的理论，当你两只手捧起来时，你手心里面大概有一个暗物质粒子；而宇宙的大部分则是暗能量，约占72%左右。大家不知道这是什么形式的一种能量，但正是这部分能量让宇宙加速膨胀。由此可见，我们未知的世界比我们已知的世界多得多，我们现有的知识、现有的理论只能解释宇宙中很小的一部分。

在我们看得见的宇宙里面有2000亿—3000亿个星系，而每个星系里有3000亿—5000亿颗恒星。还有我们看不见的空间，其膨胀速度相对于我们地球已经超过光速了,它发出的光我们是看不见的,那部分空间比我们能观测的宇宙大得多。这样的话,很多人就会思考:宇宙那么大,我们人类是不是孤单的呢?在其他星球上有没有生命呢?而这个话题就跟2019年诺贝尔物理学奖的第二部分息息相关了。2019年诺贝尔物理学奖的另外一半颁给了瑞士日内瓦大学的马约尔教授和英国剑桥大学的奎洛兹教授,奖励他们首次发现了太阳系外的类太阳恒星周围的行星。

为什么要去探索太阳系外的行星呢?主要有两个原因:第一个就是大家想知道我们人类在宇宙中是不是孤单的,有没有别的文明或者生命出现;第二个原因则跟太阳的演化有关。我们知道,太阳逐渐变老,五六十亿年之后,太阳会变成红巨星,最后将变成一颗白矮星。整个太阳系都不再适合生命繁衍了。

因此,我们要寻找太阳系外的行星!可是,这太难了,原因是这些行星太遥远、太小、太暗了。虽然如此,在过去的三十几年里,天文学家们还是想出了一些办法。

第一个方法叫视向速度法。在有一颗行星绕着一颗恒星旋转的情况下,其实恒星不是静止的,它和行星一起绕着它们的公共质心旋转。恒星在绕转的时候,它发出来的光的频率就会发生变化,这叫多普勒效应,是可以测量的。一颗不可见的行星会造成恒星的运动,我们通过星光频率的变化去测量恒星的运动,进而就可以推算行星的存在及其质量。

第二个方法叫凌星法。假如在遥远的地方有一颗行星绕着一颗恒星旋转,我们虽然看不见行星,但是当行星位于恒星前面时,就会遮挡住恒星的一部分光,恒星的亮度就会下降一点点。我们只要测量恒星的亮度,就可以知道有一颗多大的行星经过恒星前面。

第三种方法叫脉冲星计时法。脉冲星具有很强的磁场,它的自转非常稳定,比如1秒钟转1000次,周期为1毫秒。脉冲星在高速旋转时,它会沿着偏离自转轴的磁轴方向发出射电波,每当这个磁轴对准地球,我们就可以观测到一个脉冲。这样的话,每过一个周期我们就观测到一个脉冲,非常准。对生活在地球上的我们而言,如果没有行星绕一个脉冲星转,脉冲星是固定在它的位置上,那它发出的射电脉冲就是以非常恒定的周期被我们测量到,比如每毫秒一次脉冲。但是,如果有一颗行星绕着脉冲星转,这颗脉冲星也会绕着它俩的公共质心转。当脉冲星远离我们时,脉冲信号的周期就会变长一点;当脉冲星向着我们运动时,其脉冲信号的周期就会变短一点。根据脉冲信号周期的变化,我们就可以计算出脉冲星的运动周期和转动轨道半径,进而推算环绕它公转的行星质量。

第四个方法是直接成像法。因为恒星太亮了,我们必须将恒星挡住才有可能看到它周围的行星,就像日全食时月亮把太阳挡住,我们便能看到太阳周围的水星和金星一样。

第五个方法是微引力透镜法。我们在地球上看一颗遥远的恒星,它发出来的光是比较稳定的。但是,如果有一颗行星正好经过我们的视线的话,从远处来的星光在行星附近就会由于万有引力而发生偏折,行星的作用就好像是一个凸透镜一样,我们观测到来自远处恒星光的亮度就会增加。这个现象就叫引力透镜,因为行星的质量小,其引力透镜作用微弱,故称之为微引力透镜。根据这个现象,你就可以推算有一颗行星在我们的视线上经过。

第六个方法是天体测量法。既然行星绕着恒星转的时候恒星也在转,那么我们观测到恒星在天空中前进的轨迹就不再是直线,而是像正弦函数曲线一样蜿蜒。根据这一特征,我们也可以判断恒星周围是否存在行星。当然,这种方法主要用来探测一些恒星的伴星,用它发现的行星比较少。

对系外行星进行探测的第一个专业人士是加拿大的沃克教授。他1979年就开始从事这方面的工作,到1988年时他发现了一颗系外行星,公转周期是2.7年。他其实有望获得诺贝尔物理学奖。不过,非常遗憾的是,4年之后他自己又写了一篇文章说之前可能弄错了,那应该不是一颗行星。令人啼笑皆非的是,2003年别的研究小组证实他当初观测到的确实是一颗行星。

紧随其后的是哈佛大学的拉瑟姆教授,他和同事观测的是一个双星系统,包含两颗恒星。1989年,他们发现似乎有一颗行星绕着其中一颗恒星转,行星的质量是木星质量的11倍,非常重,而且离恒星非常近,所以周期很短。他也是有望获得诺贝尔物理学奖的。然而,非常可惜的是,尽管他认为他们发现的是一颗行星,但他的合作者们并不这么想。原因就在于这颗星的质量很不巧,它可能是很大的行星,也可能是很小的恒星。正是由于他的合作者强烈反对,他们在文章里就没有断定他们发现的是一颗行星。可是,就在2年之后,别的研究组通过别的方法证实他们观测到的确实是一颗行星。所以很遗憾,拉瑟姆也得不了诺贝尔奖。

沃克也好,拉瑟姆的合作者也好,为什么他们都不认同自己观测到的是一颗行星呢?原因就是,在那个时代,大家都认为太阳系是个标准模板,所有恒星系统都应该跟太阳系一样。我们知道,太阳系内部是四大岩石行星,而且比较轻。这也可以想象,在太阳辐射和太阳风的长期作用下,只有重的物质才能保留在较低的地方,轻的易挥发的气体都被吹到外部去了。所以,大的气态行星都应该在外层,而不是内层。这是那时候的主流理论。所以,沃克和拉瑟姆的合作者们都认为其他的恒星系统应该跟太阳系一样,大的行星在外层,小的在内层。可是,他们观测到的都是质量很大的行星,然而距离恒星又非常近,跟太阳系完全不一样。因此,他们就不敢相信自己的观测结果了。

当然这也就产生一个问题,为什么会观测到大质量的行星出现在靠近恒星的地方呢?这个问题是后来由一个华人解决的,他就是林潮教授。他认为大质量的行星在远离恒星的地方形成,但是经过长期演化,它有可能会迁移,不断往靠近恒星的地方漂移。

这些学者都是很早就发现了系外行星然后又被自己或者合作者否定了,

而真正发现且又得到公认的是1992年的两个波兰学者。他们在美国工作,用脉冲星计时方法发现了真正的第一颗太阳系外的行星,而且他们同时发现了两颗行星。我觉得他们应该是诺贝尔物理学奖强有力的候选人。不过评委最后并没有把奖授予他们,很可能是因为他们俩发现的两颗行星是围绕着脉冲星转,而脉冲星是死亡的恒星,不像太阳在那儿燃烧发光。

现在,终于轮到我们今天的另外两位主角了。瑞士日内瓦大学的马约尔教授,他以前一直跟着哈佛大学的拉瑟姆教授工作,后来回到日内瓦大学开展太阳系外行星的探测。1994年时,他指导了一个名叫奎洛兹的博士研究生。奎洛兹非常热爱天文,大学毕业服兵役时主动申请值夜班,目的就是为了仰望星空。那个时候行星科学是冷门,研究人员想申请使用大型望远镜的话往往得不到足够的观测时间。他们就想,既然申请不到大的望远镜,就申请一个小的望远镜来观测。既然望远镜不大,他们就决定观测离我们地球比较近的恒星。最终,他们用一个不算很大的望远镜观测飞马座51恒星,这颗恒星用肉眼都能看见。

1994年,马约尔教授正在夏威夷度假,所以奎洛兹独自在观测。他发现恒星飞马座51的速度出现周期性的摇摆,一会儿远离地球,一会儿靠近地球,周期是4天。这样,奎洛兹推算出有一颗行星绕着飞马座51恒星旋转,公转周期是4天,行星的质量是木星的一半,它到恒星的距离是太阳到地球距离的二十分之一。他认为他发现了一个行星,于是把这个结果告诉他远在夏威夷休假的导师。在接下来的几个月里,师徒俩对观测结果进行了反复的切磋核实,最终达成共识,把文章投到《自然》杂志,文章于1995年发表。重要的是,飞马座51是一颗主序星,是一颗活着的恒星。因此,诺贝尔奖评委最终把一半物理学奖授予他俩。

自1995年报道第一颗围绕主序星公转的系外行星之后,探测到的系外行星数目急剧增长,到现在为止天文学家已经发现了5000多颗。在这个领域还有很多工作需要做,最主要的是探测生命的迹象,比如看看能不能探测到氧。有氧的话通常表明存在生命。虽然我们目前没有探测到地外生命,但是我相信它是存在的。用电影《超时空接触》里的一句话来为我的报告作一个注脚:如果茫茫宇宙只有我们自己的话,这空间也太浪费了。

(整理自作者2019年12月在"科学名家讲座"上所做的报告。陈鹏飞,南京大学天文与空间科学学院教授,主要从事天体物理专业太阳物理领域的研究。)

奇妙基因之旅
——认识、发现和改变基因

仇子龙

经典力学有三大定律，遗传学也有三大定律。但是你有没有听说过基因的三大定律呢？让我们跟随着生物学家的步伐，一起来解读基因的三大定律，感受基因组测序的高速发展，探知基因编辑和基因治疗的历史与未来！

一、基因的世界观：认识基因

在基因的历史面前，人类的历史是非常短暂的。45亿年前，自生命诞生之日起，基因就诞生了。直到1万—2万年前，现代人类才出现在这个地球上。

什么是基因呢？基因是生命的蓝图。它存在于细胞中，每一个细胞里都有一套基因组。基因的作用是编码各种各样的蛋白质，比如鸡蛋的蛋白质就是鸡的基因编码的，我们的肌肉蛋白、胶原蛋白等都是由我们的基因所编码的。简单来说，蛋白质是我们生命活动的主要承担者，而蛋白质是由基因编码的。

为了更好地了解基因，下面从"基因的三大定律"（本人自创的定律）开始说起。

1. 基因的决定律

基因决定了什么？基因不仅决定生物体的三维结构，还决定第四维——

生物的认知与行为。

一个人长得多高、多胖、长什么样,这是由基因决定的吗?2018年,美国科学家做了一项关于身高与基因的研究。基于英国50万人的基因组数据和深度学习算法,得到了基因组与身高的计算模型。这个计算模型的误差仅在2%左右。也就是说,从出生那一刻起,基因就决定了一个人的身高。如果不考虑衣服款式的话,家长可以在孩子出生时就买好从小到大的各种衣服。有读者会质疑:近年来,中国小朋友的身高普遍越来越高了呀,这又要怎么解释呢?

与大家分享一项重要的研究成果——1948—2010年日本小学六年级和高中三年级学生的平均身高。1948—1980年,不同性别和年龄的学生,平均身高都呈现逐年上升的态势。1980—2010年,平均身高的变化不大,趋于稳定。为什么呢?我们只要简单追溯一下历史,就能找到答案。1948年,第二次世界大战刚结束不久,日本整个国家处于贫穷的状态,国民食不果腹。但从1948年开始,随着国民收入的不断增长、生活水平的不断提升,身高也开始慢慢变高了。20世纪60年代,日本开始号召全民喝牛奶,平均身高继续上升。但80年代之后,尽管日本很富裕,全民喝牛奶,但是身高却不再持续增长了。

看到这样的数据以后,我们可以得到两个结论:第一,正常的生长发育不能缺少充足的营养。青少年时期是生长发育的关键时期,没有充足的营养,身体自然发育得不好。第二,并不是营养越好,身高就越高。身高有一个上限,而这个上限是由基因决定的。

关于基因对身体三维的决定作用,我们仅以身高一例就非常明了。那基因是如何决定第四维(行为认知能力)的呢?行为认知能力听起来很复杂很高级,但是背后的逻辑很简单。生物所有的行为都遵循一个三级反应链:感受信息—判断决策—做出反应。感受信息需要感受器,判断决策需要处理器,做出反应需要效应器。不管是感受器、处理器还是效应器,都是由基因编码而来的。如果基因出现变化,参与行为的结构就会改变,行为也随之而不同。

2. 基因的工作律

基因是怎么工作的？简单概括，可以总结成八个字：分工协作、层级管理。到底是怎么分工的呢？根据"工种"的不同，基因可以分为"工人基因""管理者基因"和"信号兵基因"（这种分类并非是教科书的说法，而是我独创的）。相对应地，它们编码了三类不同的蛋白质："工人蛋白""管理者蛋白"和"信号兵蛋白"。工人蛋白勤勤恳恳、任劳任怨，建设着我们的身体，比如胶原蛋白、肌肉蛋白等。管理者蛋白发号施令、运筹帷幄，负责调控工人基因的表达。信号兵蛋白通风报信、建立桥梁，将细胞外的信号传递给管理者蛋白。

在细胞增殖的过程中，三类不同的基因及其编码的蛋白质都非常重要。任何一环出了问题，都有可能出现细胞增殖异常，从而引发癌症。因此，科学家对这一过程研究了几十年，了解每一个细节，从而能够设计出针对性强的抗癌药物。比如说EGFR抑制剂是一种对抗肺癌的药物，有阻断受体（一种工人蛋白）的作用。

在这样一个分工明确、层层管理的细胞"工厂"里，有没有处于"权力最高位"的CEO基因呢？还真有。20世纪80年代末，科学家从肌肉细胞中找到了一个基因，取名MyoD基因。如果将MyoD编码的蛋白导入皮肤细胞中，细胞会立刻启动一大批本来处于关闭状态的肌肉细胞的管理者基因，打开肌肉细胞的工人基因，最后皮肤细胞也能生产出各种肌纤维蛋白。

但是，你还是会奇怪，一个人身上所有体细胞的基因都是完全一样的，为什么在肌肉细胞中MyoD基因会打开，而在皮肤细胞中打开的又是其他基因呢？

要回答这个问题，需要先解释清楚细胞的分化。对于有性生殖的生物来说，生命的起点是一颗受精卵。受精卵不断分裂分化而形成了形态功能各异的细胞。随着分化程度不断增加，分裂能力会不断减弱。我们可以不恰当地类比一下，分化程度越高，意味着工作的专业性越强，便无法兼顾"家庭"。未高度分化的干细胞能够变成其他细胞，而高度分化的细胞要么在岗位上工作一辈子,要么工作了一段时间后就光荣"退休"了。

回到我们前面的问题,像肌肉细胞、皮肤细胞、神经细胞等高度分化的细胞,它们的CEO基因是被谁打开的呢?

答案是干细胞里的管理者基因。比如MyoD基因是干细胞准备向肌肉细胞分化的过程中,被上一级管理者基因打开的。

其实,聪明的读者已经发现了,这是一个可以无限"套娃"的问题。你可以追问,那干细胞里的管理者基因又是谁打开的呢?干细胞的再上一级干细胞的管理者基因又是谁打开的呢?……不停追问下去,我们不禁会感慨,生命的不可思议远超出我们的想象!

3. 基因的演化律

基因是怎么演化的?这是演化律要解答的问题。基因从诞生之日起就不停地演化,通过基因突变和基因重组演化出了各种各样的基因以及各种不同的组合方式。基因突变是基因得以演化的根本原因。

基因突变一般发生在DNA复制过程中。DNA双链的结构保证了在其复制的过程中出错率是极低的,仅为十亿分之一。但有些基因一旦突变,便会引发严重的疾病。比如,有一种叫作HbA的基因,如果它突变成了HbS基因,那么红细胞就会变成镰刀状,运输氧气的能力大大减弱,从而引发严重的贫血。这种疾病就是镰状细胞贫血。

严重的镰状细胞贫血会致死。那么按理说,在自然选择之下,HbS基因应该是越来越少的。但事实上,这种疾病的发病率并不低,尤其在非洲和地中海地区。

这是因为这种突变并非"一无是处"。在青蒿素应用于治疗疟疾之前,疟疾是致命的。而且,因为疟原虫是通过蚊子传播的,因此在蚊子多的地方(比如非洲),人容易得疟疾。就这些地方而言,红细胞正常的人是非常脆弱的,因疟疾而死亡的概率为10%—20%。然而,一个人如果患有轻度的镰状细胞贫血,那么他的贫血不至于丧命,对于疟疾又有了天生的抵御力。这时,基因突变便不再是缺点了,反而成了生存下来的有力武器。

全世界这么多地方,自然环境都不尽相同。在一个地方因为基因突变而引发的疾病,在世界的另一处也许能够救命。因此,基因突变的好与坏,不是绝对的,与一个人所处的时间、环境有关。

也许,你现在对自身的某些基因并不满意,甚至在纠结要不要修复它。但这只是在此时此地的不满意。谁也无法想象50年后、100年后的世界将是如何。万一以后出现了变化,现在的不满意变成以后的满意,怎么办？这就是我们不能够轻易改变基因(特别是生殖细胞的基因)的原因。

二、基因组时代:发现基因

自从人类进入信息社会后,短短的几十年,通信的速度从1982年的1G到现在的5G,发展速度快得不得了。因此,在通信领域,有一个摩尔定律:集成电路上可容纳的晶体管数目,每两年增加一倍;所以同样处理能力的计算机处理器设备同期会降价一半。现在随意一个智能手机的CPU,它的运行速度比30年前价值几万块钱的电脑还要快,就是这个原因。

那有没有一样东西的价格下降得比晶体管电子元件的价格还要快？有的！那就是人类测量基因组的花费。根据摩尔定律,晶体管电子元件的价格虽然降得快,但是是线性下降的;而基因组测序价格,一开始是线性下降的,从2003年左右就开始变成指数式下降了。也就是说,人类破解基因信息的进步速度远远超越了摩尔定律。

为什么呢？这就要从基因组测序方法的演变开始说起。第一代测序方法的价格是1个碱基1美元,一个人有30亿个碱基,那就要花费30亿美元。因此,虽然可以测序,但是太贵了,没有办法推广。到了第二代,技术逐步提升,开始用化学的、电子的、光学的方法改进基因测序,不仅提升了测序效率,而且价格出现了雪崩式下降。2006—2007年,基因测序就开始进入商务使用了。2014年,基因测序的"怪兽"出现了,使得测序速度又进一步跃升!这个"怪兽"就是因美纳公司推出的HiSeq X TEN。其中TEN的意思就是乘以10,即10台测序仪绑在一起测。从此,全基因组测序进入了千元时代,不到1000元人民币就可以测出全基因组序列!

三、下一代技术革命:改变基因

1. 基因编辑

在认识基因、发现基因之后,人类就尝试拿起"上帝的手术刀"来改变基因,攻克基因疾病。

我们都知道基因编辑很厉害,但基因编辑技术其实并不是人类创造出来的,而是"借用"了细菌对抗病毒的一种武器。在细菌受到噬菌体(感染细菌的病毒)侵袭时,细菌会记住噬菌体的基因序列。当噬菌体第二次侵袭时,细菌能识别并抵御它们的袭击,用"剪刀"将噬菌体的基因剪坏。这也就是大名鼎鼎的"CRISPER-CAS9"系统,一个引发基因编辑革命的系统!

下面我们简单介绍一下CRISPER-CAS9。这个系统可以拆分为两个部分:靶向系统和切割DNA,就好比导弹的制导系统与爆破目标物。我们的基因很长,包含了30亿个碱基对。基因编辑必须指哪打哪。如果脱靶,可能会有预想不到的后果。瞄准之后,就可以进行切割,将DNA分子一切开就可以编辑基因了。

现在,基因编辑技术的使用已经非常普遍,深刻影响了整个科学界。最重要的是，这项技术有望治疗基因突变。咦，"有望"？是的，因为基因编辑疗法目前仍处于初级阶段，还有很多工作要做，以实现更多突破。无论是体内还是体外的基因编辑疗法，目前科学家更多做的还是干扰或破坏一个基因，而真正替换或者修正基因还需要应用在目前看来更复杂的技术。

为什么我会有这样的判断呢？主要基于两方面的考虑：安全性和有效性。一是安全性。作为药物的一种，基因编辑技术一定有它的副作用，但是我们还不完全知道。只有我们完全知道了基因编辑的副作用，临床上才敢用。因为副作用并不一定可怕，可怕的是不可知、不可控。二是有效性。非常令人遗憾的是，到目前为止，基因编辑在体内修复基因突变的效率仍然很低。

2. 基因治疗

既然基因编辑不能治病，那我们平时所说的"基因治疗"指的是什么呢？基因治疗可分为体外治疗和体内治疗两种类型，我们分别来进行解释。

什么是体外治疗？如果一个人是因为体细胞上的基因突变而得病，而这种体细胞可以从人体分离出来，比如说血液细胞，那么我们就可以从体内取出这种细胞，在培养基上把突变的基因修复好，之后再输回体内。目前，我们可以通过体外治疗来帮助治愈血液疾病、免疫疾病，等等。

如果突变基因所在的细胞不能从体内分离出来，那该怎么办？这时候就需要体内治疗——把正确的基因导入体内。怎么导入呢？借助病毒来导入！病毒？没错，就是病毒。为什么要用病毒呢？因为病毒能携带基因进入细胞。为什么我们怕病毒呢？因为病毒进入细胞后可以无限繁殖，引起严重的疾病。那有没有一个两全之策，可以既让我们搭上病毒的"顺风车"，又不让病毒繁殖呢？科学家想到了一个妙招——把病毒自己的基因都掏空，只留下一个外壳，然后里面搭载我们需要的基因。就这样，病毒就变成了"一个没有感情的运输机器"了。但不是每一种病毒都可以这样使用的，现在我们常用的"小车"是

AAV病毒。

给大家举一个例子,看看如何用病毒"车"带着基因去治病。

杜氏肌营养不良症是一种严重的基因疾病,一般只发生在男孩身上。从出生到2岁,患者不会表现出明显的症状;5—8岁时,肌肉就开始出现问题了;15岁左右,就没有办法走路了,只能坐在轮椅上;到20岁左右,患者全身肌肉衰竭,直至死亡。

科学家研究数十年,终于发现了这个病是由于肌萎缩蛋白基因发生了突变而引起的。肌萎缩蛋白基因编码一种负责肌肉锚定的蛋白质。如果没有这种蛋白质,肌肉细胞就会受损。那能不能把肌萎缩蛋白基因装回病人体内呢?很难!因为这个基因特别大,几乎是人体基因组中最大的基因之一了。而AAV是一辆"5座小车",塞不进200人。这该怎么办呢?

科学家很聪明,他们想出了一个好办法:既然200人塞不进,那么就把最重要的5个人塞进去,其他人先等等。经过反复的测试后,终于找到了最关键的5个人。一开始科学家们做了很多动物实验,比如帮助一只患有DMD的狗狗恢复了健康。现在,临床试验也已经完成了,效果非常好!

最后说一下我们的努力。我们和中国科技大学薛天教授的团队合作,通过基因编辑来治疗眼科疾病。前面提到过,当基因很大的时候,基因治疗的小车就用不上了。但基因编辑又存在安全性和有效性的问题。我的学生程田林博士设计了一种方法,可以让基因编辑更有效地修复基因突变。在动物实验中,失明的小鼠通过基因编辑重获光明!这也是我们设计的第一个可以实战化的、能够真正修复我们基因突变的工具。

(摘编自《科学家讲科学》丛书,上海科技教育出版社2022年11月出版。仇子龙,中国科学院上海生命科学研究院神经科学研究所研究员,课题组长。)

附录

全国青少年科技创新大赛(简称"创新大赛",CASTIC)是一项具有30多年历史的全国性青少年科技创新成果和科学探究项目的综合性科技竞赛,是面向在校中小学生开展的具有示范性和导向性的科技教育活动之一,是我国中小学各类科技活动优秀成果集中展示的一种形式。

举办创新大赛的目的是促使青少年深入理解科学、技术与社会的相互关系,激发其对科学的兴趣,培养他们对社会的责任感,通过知识的学习、技能的掌握和活动的参与,使广大青少年初步领会科学的方法论,提高其观察能力、思维能力、创造能力和实践能力,从而促进其科学素质的全面提高。

如何参与青少年科技创新大赛(一)：
工程学(发明创造)课题

一、基本概念界定

全国青少年科技活动领导小组对发明创造的主要项目有明确的规定：第一，发明是指一切具有新颖性、先进性和实用性的科技成果；第二，改进和革新是指对原有物品的形状、构造或其他方面提出的改进技术方案；第三，新品种是指人工培育的动植物新的品种；第四，发现是指对前所未知的事物、现象及其规律的揭示。

发明创造也是一种重大的科学技术新成就，它必须同时满足以下三个条件：第一，前人所没有的；第二，先进的；第三，经过实践证明可以应用的。

世界知识产权组织对"发明"的定义是：发明是发明人的一种思想，这种思想可以在实践中解决技术领域中特有的问题。

一项优秀的青少年发明创造必须符合以下几项原则：新颖性原则、实用性原则、科学性原则和可行性原则。

青少年创新研究项目必须符合以下三项原则：一是自己观察发现问题，二是符合学生的知识范围，三是自己动手解决问题。

二、工程学课题的研究方法

青少年课题研究的方法和专业的科学研究的方法基本相同,只不过囿于青少年的知识、理论水平和学校的研究条件,可能在一些细节上略有不同,或者说其研究的深度与要求均低于专业的科学研究,但是同样要求具有新颖性、可行性。

优秀的研究课题首先要有一个好的方向和主题。例如,聚焦当前形势的热点问题、公众关心的重大话题等。但是,问题是否转化为课题,必须看解决的问题是否有新意和价值。

(一)中小学生工程学课题研究过程的一般步骤

1. 发现问题

发现和提出问题是开展研究性学习的第一步。善于发现问题,就为学生提供了科学探究的机会和解决问题的兴趣。确定选题时要注意不要踏入误区,要关注热点问题,但不是越时髦越好,有时热中求冷、同中求异、小题大做,也会出好课题。

2. 确定研究目标(即选定研究课题)并不断修正

研究者明确知道自己需要解决的问题,才能突出研究的重点,确立自己研究的阶段性目标和最终目标。

3. 调研、查新、文献归纳、分析探究

这部分工作包括阅读书籍、查阅历史文献等获得间接研究资料,以及实地调研、访谈等获得直接研究资料,并对研究资料进行整理,为下一步研究做好准备。

4. 制订研究方案

工程学的研究方案包括:拟解决问题的发明设计构思的确立,示意图、线

路图的绘制,材料品种的选择及各种材料参数的比较,加工方法与设备的选择等内容。

5. 根据研究内容制作演示模型

要取得工程学研究的成果,应根据设计方案,制作演示模型,用于检视自己的设计是否成立。

6. 局部实验验证

完成模型后,可以先进行局部的实验验证,考查是否实现了原来的设想,与自己原先的研究目标是否有差距。

7. 再设计、再修正、再研制

一般工程学研究课题较难一步到位。在上述研究基础上,发现存在问题和需要改进的部分,要进行再设计、修正和研制。

8. 总结和整理,完成发明项目

要充分认识课题总结的重要性。整理和总结是最后一个阶段,是对自己工程发明研究的全面回顾的过程,通过整理、归纳、提炼,进一步深化研究形成的最终成果。

(二) 中小学生工程学课题研究的通用方法

1. 观察法("见异思迁"法、动态发现法、变换思路法、迂回发现法等)

观察法是指研究者根据一定的研究目的、研究提纲或观察表,用自己的感官和辅助工具去直接观察被研究对象,从而获得资料的一种方法。科学的观察具有目的性和计划性、系统性和可重复性。观察一般利用眼睛、耳朵等器官去感知观察对象。由于人的感觉器官具有一定的局限性,观察者往往要借助各种现代化的仪器和手段,如照相机、录音机、显微录像机等进行辅助观察。

2. 联想法(类比推理法、移植创造法、归纳创造法、演绎创造法等)

利用联想思维进行创造的方法,即为联想法。联想法就是由甲事物想到乙事物的心理过程。具体地说，是借助想象，把形似的、相连的、相对的、某一点上有相通之处的事物，选取沟通点，并加以联结，然后产生自己新的解决问题的方法。

3. 列举法(缺点列举法、希望点列举法、特性列举法、信息列举法等)

列举法是一种借助对某具体事物的特定对象(如特点、优点、缺点等)从逻辑上进行分析并将其本质内容全面地一一罗列出来的方法，用于启发创造设想，找到发明创造主题的创造技法。列举法重点不在于一般性列举，而在于从所列举出来的项目中挖掘出发明创造的主题和启发出创造性的设想。比如，缺点列举法，不是像人们想象的那样"把缺点列举出来，加以改进"，其实有时"发扬缺点"反而会产生奇迹般的创造。列举法可分为特性列举法、缺点列举法、希望点列举法、需要性列举法等。

4. 组合法(主体添加法、同物自组法、异类组合法、信息交合法等)

组合思维又称连接思维或合向思维，是指把多项貌似不相关的事物通过想象加以连接，从而使其变成彼此不可分割的新的整体的一种思考方式。知识体系的不断重新组合是人类知识不断丰富发展的主要途径之一。

(三) 中小学生的工程学课题研究过程

1. 准备阶段(问题准备、心理准备)

准备做工程学课题研究的学生，需要做好两方面准备。第一是研究课题的准备，即发现了什么问题以及解决这个问题有什么意义；第二是心理准备，即做好迎接研究过程中可能会遇到困难的准备。任何事情的成功不可能一帆风顺，发明创造的过程更需要我们去攻克不少难关。

2. 实施阶段(确定研究课题、制订计划、准备研究材料、收集信息资料和数据、制作图标、提出观点或对假设进行证实或证伪、研制模型或作品)

当研究进入实施阶段，即进入课题关键阶段。根据已经确定的课题，准备各方面材料,如加工用的各种材料以及加工设备;收集相关的资料和各种数据、参数等;画出设计图,确定作品的几何大小;在制作过程中不断根据具体情况进行修改调整,以达到研究目标的实现。

3. 总结阶段(撰写研究报告、汇报研究过程和结果、对研究的全过程进行评价)

第三阶段很重要。我们要学会撰写研究报告,把课题由来、研究目标、研究过程、创新意义、参考文献用正确精练的语言表达出来;要学会总结自己的发明创造,用PPT或实体模型进行汇报和评价。

三、工程学课题研究报告的撰写方法

青少年工程学课题研究的论文内容的撰写一般包含标题、摘要、关键词、前言、研制实验部分、结果与讨论、结论、致谢、参考文献等部分。

(一) 标题

标题是科技论文的中心和总纲。要求准确恰当、简明扼要、醒目规范、便于检索,一篇论文题目不要超过20个字。

(二) 摘要

摘要是对论文的内容不加注释和评论的简短陈述,是文章内容的高度概括,字数一般在300字左右。主要内容包括:研究的主旨、目的、范围;研究的对象、内容及方法;取得的研究结果;研究结论、意义。

(三) 关键词

关键词是为了满足文献标引或检索工作的需要而从论文中萃取出的,表示全文主题内容信息条目的单词、词组或术语。青少年工程学研究报告中一般列出3至5个比较重要的关键词,置于摘要部分的结束语下方。

(四) 引言(青少年研究论文中也常称"课题由来")

引言又称前言、导言、序言、绪论,它是科技论文的开场白,引出文章,所以写在正文之前。引言也叫绪言、绪论。

引言的写作要求:

1. 引言应言简意赅,内容不繁琐,文字不可冗长。研究报告的引言根据论文篇幅的大小和内容的多少而定,一般为200—600字。比较短的论文也可不单列"引言"一节,在论文正文前只写一小段文字即可起到引言的效用。

2. 引言不可与摘要雷同,不要写成摘要的注释。一般教科书中有的知识,在引言中不必赘述。

3. 引言目的是向读者提供足够的背景知识,不要给读者悬念。作者在引言中对自己的研究工作或自己的能力不要过分谦虚,也不要言过其实,更不能贬低别人。

(五) 正文

正文是研究报告的主体,是用论据经过论证证明论点而表述科研的核心部分。正文占论文的主要篇幅,可以包括以下部分或内容:调查对象、基本原理、结构设计、实验和观测方法、仪器设备、材料原料、实验和观测结果、计算方法和编程原理、数据资料、经过加工整理的图表、形成的论点和导出的结论等。

1. 正文可分几个段落来写,每个段落需要列怎样的标题,没有固定的格式,但大体上有以下几个部分:

（1）确定研究目标；

（2）进行调研和查新；

（3）详述研究过程。

研究过程是报告中的重点部分，需要详细阐述：

（1）该项发明的理论分析；

（2）结构设计及优化；

（3）实验仪器和材料的选取；

（4）研究结果与分析；

（5）作品功效即创新点。

2. 具体要求有如下几点：

（1）事实清楚，数据准确，计算正确，语言准确；

（2）内容丰富，文字简练，避免重复、繁琐；

（3）条理清楚，逻辑性强，表达形式与内容相适应；

（4）不泄密，对需要保密的资料应作技术处理。

（六）结论

结论是整篇论文的总论点。结论的内容主要包括：研究结果说明了什么问题，得出了什么规律，解决了什么实际问题或理论问题；对前人的研究成果作了哪些补充、修改和证实，有什么创新；本文研究的领域中还有哪些尚待解决的问题，以及解决这些问题的基本思路和关键。

对结论部分写作的要求是准确、完整、明确、精练。结论要有事实、有根据，用语斩钉截铁，数据准确可靠，不能含糊其词、模棱两可。

在判断、推理时不能离开实验或观测结果，不做无根据或不合逻辑的推理和结论。

结论不是实验或观测结果的再现，也不是文中各段小结的简单重复。

对成果的评价应公允,恰如其分。证据不足时不要轻率否定或批评别人的结论,更不能贬低别人。

结论应十分慎重,如果研究有创新但不足以得出结论,宁肯不写也不妄作结论,可以根据实验、观测结果进行讨论。

(七) 致谢

致谢是职业道德的一种表现,是对支持者、帮助者的劳动表示尊重。致谢语言要体现研究者诚恳的态度和热忱的心情。

(八) 参考文献

在科技论文中,凡是引用前人(包括作者自己过去)已发表的文献中的点、数据和材料等,都要对它们在文中出现的地方予以标明,并在文末列出参考文献表。

参考文献著录的原则:

1. 只著录最必要、最新的文献;

2. 一般只著录公开发表的文献;

3. 采用标准化的著录格式。

案例如下:

专著示例:张志建.严复思想研究[M].桂林:广西师范大学出版社,1989.

论文集示例:伍盘甫.西方文论选[C].上海:上海译文出版社,1979.

报纸文章示例:李大伦.经济全球化的重要性[N].光明日报,1998-12-2(3).

期刊示例:郭英德.元明文学史观散论[J].北京师范大学学报(社会科学版),1995(3):15-16.

四、工程学课题的辅导方法

发明创造并不神秘,优秀的发明项目具有创造"三性",即科学性(该项制作克服了现有成品的某些缺陷或不足,比现有成品更趋合理)、创造性(该项制作与现有成品相比,在材料、工艺、手段等方面,有显著进步)、实用性(该项制作与现有成品相比,在制造、成本、使用效果等方面,有实质性改进,在对青少年进行科学教育方面,有显著进步)。

(一)培养学生三大创新智慧

1. 培养学生创造性思维

培养创造性思维的途径和方法是指从封闭、单一、求同的再现性思维走向开放、多元、求异的创造性思维。

2. 培养学生创造性观察

学会用陌生的眼光去看熟悉的事物,新的构思是在观察中形成的。

3. 培养学生学会科学实验和总结

最后的发明作品一定是实验结果的产物,要指导学生善于动手实验,在实践中检验发明项目的效果。

(二)指导学生懂得科技创新策略

1. 选准课题

选题有四忌:

一忌重复,要有新颖性;

二忌过时,要有时代性;

三忌无理,要有科学性;

四忌争论,要有趋向性。

2. 选题方法

观察法：根据一定的研究目的、研究提纲或观察表，用自己的感官和辅助工具去直接观察被研究的对象，从而获得资料的一种方法。观察一般利用眼睛、耳朵等感觉器官去感知观察对象。由于人的感觉器官具有一定的局限性，观察者往往要借助各种现代化的仪器和手段，如照相机、录音机、显微录像机等辅助观察。

联想法：利用联想思维进行创造的方法，即为联想法。联想法是由甲事物联想到乙事物的心理过程。具体地说，是借助想象，把形似的、相连的、相关的或某一点上有相通之处的事物，选取其沟通点并加以联结。

列举法：把集合的元素一一列举出来，如通过缺点列举法、希望点列举法、特性列举法、信息列举法等，把集合的元素一一列举出来，进行重新整合，产生新的思维和新的解决方法。

组合法：在发明活动中，我们经常采用组合的方法，将一种事物同其他一种或几种事物结合起来，产生新的构想，形成新的产品。运用组合的方法，就是把分散的、已有的物品，进行巧妙调节，并重新恰当地进行组织合成，这样就形成了产品。巧妙组合无穷无尽，它可以给发明者提供创造性的想象天地，特别是对刚刚参加发明的青少年来说，利用这种方法去进行发明就会比较容易地打开发明的大门。

3. 选题标准

可行性：学生能自己设计并能完成。

有价值：学生通过这一课题的研究，可以掌握必要的科学概念和科学步骤。

有背景：学生通过自己生活和周围世界能发现的真实问题。

有意义：学生在研究过程中感觉有趣，能激发学习科学的积极性。

合理性：不会伤及学生生命和破坏环境。

可持续：能使学生产生较长时间去探究的兴趣。

（三）引导学生在过程中收获体会

1. 发散性思考的重要性

发散性思维又称扩散性思维、辐射思维、求异思维，是一种从不同方向、途径、角度去设想和探求多种答案，最终使问题获得圆满解决的一种方法。

发散性思维的特质是"迁移"，思维材料和知识的"迁移"能让视野开阔，易产生独特的新思路。

2. 敢于奇思妙想的重要性

喜欢突发奇思妙想、异想天开的学生，对某些事物常会产生奇特的想法或看法，其中不乏一些新创意和新的思路，尤其是对未来，在我们的生活、学习环境中，有诸多的事物可以得到改进和创造。

3. 团队合作的重要性

开展课题研究时，常常会成立一个课题小组，这时团队合作就显得非常重要。如果一个课题组长能把小组成员各方面的特性凝聚在一起，使团队成员很好地相处与沟通，有团队荣誉感和使命感，那么这个团队在做事时就会有事半功倍的效果，有利于激发团队成员的学习动力，有助于提高团队的整体能力，有利于产生新颖的创意，有利于提高决策效率。

4. 多学科交叉的思维方式的重要性

课题小组提出的工程学课题研究，常常不是单纯的发明创造，而是涉及多学科内容。现代工程学是建立在科学与技术基础上的包含社会、经济、文化、道德、环境等因素的大工程概念，需要运用多学科交叉、思维路线交叉的方法，往往可以获得新的知识，带来新的思路。

如何参与青少年科技创新大赛(二)：科学研究(科学论文)课题

一、基本概念界定

(一) 科学研究

科学是人类探索研究宇宙万物变化规律的知识体系的总称。它包括自然科学、社会科学和形式科学三种分别含有庞大学科体系的知识理论系统。科学是人类最重要的精神财富，也是人类认识世界的重要工具。正如达尔文给科学下的定义：科学就是整理事实，从中发现规律，得出结论。其实这个定义自然而然地包含了研究。研究的本意就是不断追寻，科学研究是科学领域中的检索和应用，包括对已有知识的整理、统计以及对数据的搜集、编辑和分析研究工作。科学研究是不断追寻科学真理，不断探索宇宙万物的秘密与规律。狭义上说，科学研究是专业的科学家或科研工作者所进行的探索和发现性质的研究工作。

(二) 中学生课题研究

中学生课题研究是中学生根据本人的兴趣、爱好，基于本人的认知水平，针对一个疑难问题而开展的研究工作，在研究基础上，撰写研究论文，并参加一定程度的交流活动。从研究的水平和成果来看，中学生课题研究远低于科研工作者的工作，甚至还不能称为真正的研究工作。但是，从学生的创新能力和创新品格的培养角度来看,它是基础教育中不可或缺的部分,对学生在高等教育阶段的专业选择有指导意义,也为学生在高等教育阶段所需要的科学素养培育打下基础。同时,它也是卓越教育的理论与实践的重要支撑。

二、科学课题的研究方法

(一) 常规的研究方法

最重要的科学研究方法是实验法、观察法及测量法。除此以外,还有其他研究方法,如类比法、归纳法、分析综合法等。不管什么样的科学研究方法,一般都遵循以下研究流程:

1. 发现问题。这里的发现问题,不是简单的提问,而是对提出的问题进行仔细的分析,并结合文献查阅,发现其中的关键所在,即值得研究的点。

2. 研究设计。聚焦于需要研究的问题,开展全面、细致的文献调研,然后制订详尽、可行的研究方法,也就是我们所说的形成研究过程的"假说",然后进行整体研究设计。

3. 收集资料。科学实验是收集资料的一种形式,还有其他多种方式收集资料,如查阅文献,查看前人的研究结果等。收集一切与研究问题相关的资料、信息,汇总实验结果。

4. 整理分析。对得到的结果进行综合分析,这里有多种分析手段,目前已经有很多的软件系统,可以帮助研究和分析工作。

5. 得出结论。在分析各种资料、信息的基础上,可以形成研究结论。需要指出的是,研究的结论有一定的局限性。限于研究者本身的主观原因及研究中的条件,研究结论可能会在后续研究中发现存在问题,或者会被后续研究推翻。

（二）常见的青少年课题研究方法

中学生课题研究方法和专业的科学研究方法基本相同，只不过囿于青少年的知识、理论水平和中学的研究条件，中学生只能驾驭有限的科学研究方法，在具体的研究工作中，研究的深度与要求均低于专业的科学研究，因此对科学研究方法的要求相应会降低。

中学生行为和社会科学课题研究方法一般是：文献调研法、调查问卷法、访谈法和行动研究法。文献调研法一般是指依据文献报告开展研究，一切结论都源于查阅的文献。一般来说，只有文史类课题才可以仅采用文献调研开展研究工作。调查问卷法和访谈法是行为和社会科学课题最主要的研究方法，调查问卷法是指就课题研究中的若干问题，组织相应的问卷，然后请特定的人群填写问卷，根据问卷的结果进行分析，进而得出研究结论。访谈法是对特定的对象进行访谈，依据访谈的内容来说明某个问题。访谈法一般和调查问卷法联合使用。

自然科学类的研究课题常用的研究方法是观察法和实验法。在具体的课题研究中可能使用两种或两种以上的方法。下面将这两种方法结合学生的研究案例进行介绍。

1. 观察法

观察法是一种基础的研究方法，最早的天文学、生物学的研究都使用观察法。观察是指人们有目的、有计划地在自然或人为条件下为完成一定任务而进行的感知和考察的过程，是搜集科学事实、获取感性经验的基本途径，是形成、发展和检验自然科学理论的实践基础。例如，某学生开展一项研究课题"探究生活污泥对黄沙性质及植物发芽生长的影响"，在这项课题研究中，需要借助植物发芽生长的状况，来评估污泥对促进沙化土壤的改良效果，这里就需要使用观察法，即在其他条件都相同的情况下，不断观察、记录正常土壤与生活底泥改良的沙化土壤中不同植物种子的发芽生长情况。研究中需要使用文字、图画或照片来记录植物发芽、生长的情况。当然在人文社会科学研究中也经常会用到观察法。

2. 实验法

实验法是自然科学研究最主要的方法。使用实验法研究时,研究者需要根据研究目的,利用科学仪器设备,进行科学实验,实验中应排除干扰因素,突出主要因素,控制或模拟自然现象,以探索自然规律。进行实验研究时,我们首先要有科学、系统的假设,然后根据假设设计一系列实验,具体的操作中需要明确每一个实验中的常量和变量。常量是指在一个具体实验前后保持不变的因素。变量是指在实验过程中发生变化的因素。通常我们会考察变量对实验结果的影响,进而发现一系列影响实验进行的因素,这就是我们的实验结果。

在进行实验研究时,有多种实验:

(1) 预实验。预实验是指在整体研究开展之前的一个重要实验,其目的是确定研究工作的可行性,也就是对研究工作中的难点或瓶颈部分设计实验。如果实验结果与实验目的一致,说明可以进行这个课题的研究,如果实验结果与实验目的不一致,说明我们的假设有问题,需要重新调整假设。

(2) 定性实验与定量实验。定性实验是判断研究对象具有哪些性质,并判断某种成分、结构或鉴别某种因素是否存在,以及某些因素之间是否具有某种联系的一种实验方法。定量实验是研究观察对象的性质、组成和影响因素之间的数量关系。定量实验主要用观察、实验、调查、测量、统计等方法研究、分析现象,对实验的严密性、客观性、价值性都提出了严格要求,以求得到客观事实。简单地说定性实验重在考察"是不是""对不对",而定量实验重在考察各种研究对象之间的数量关系,也就是"有多少"。

(3) 鉴定实验。也就是我们通常所说的表征实验,一般在制备某种新物质的研究中需要使用鉴定实验,通过鉴定实验来确定研究结果的正确性。例如,合成一个新的化合物,必须通过鉴定实验,证明合成的新物质确实是我们的目标化合物。

进行实验设计时要注意的几个原则:a.对照原则;b.随机化原则;c.重复性原则;d.单一变量原则(其他条件完全相同)。对照原则一般包括空白对照、条件对照、自身对照、相互对照等。只有设计符合对照原则的科学实验才能取得研究的成功,只有依据对照实验才能获得比较科学的研究结论。

下面我们来看具体的案例。某同学开展的课题研究"丁二酸结构衍生物催化手性 mannich 反应的研究",在课题研究中,我们首先要进行的是一个重要的预实验:选择mannich反应的反应物,究竟是苯基甲酰亚胺乙酯还是苯基亚胺基乙酸乙酯,我们通过预实验确定选择苯基亚胺基乙酸乙酯。当然这个预实验是一组实验,而不是一个。对后续研究中的mannich反应的结果、反应溶剂、反应温度、催化剂的种类和用量都会影响最终的产物,涉及这些因素的实验都是定量反应,需要精确的计算和精确的实验结果。实验研究中得到的产物,人的肉眼无法分辨,只能依靠仪器分析或特殊的鉴定反应。在该项课题研究中反应产物需要进行核磁共振分析,这就属于鉴定实验,对鉴定实验的完成,需要学生熟练掌握实验技能及相应的软件使用方法。

需要说明的是,在一项课题研究中,一般采取多种研究方法综合使用,如某同学的研究课题"槿叶水溶性提取物制备多功能洗发剂的探究"在洗发剂的制备环节,进行实验法研究,在洗发剂的评估阶段使用了问卷调查法及访谈法研究。程宇萌同学的研究课题"海上危化品泄漏吸附材料和适配装置研究"中使用实验研究法进行吸附材料的制备,同时也使用工程设计的研究方法。

在自然科学的实验研究的过程中,会使用多种数学手段进行数据的分析评估,也就是说数学方法与手段是实验研究的基础,研究中的数据,必须使用数学方法处理,得到相应的图标。从这一点来看,实验研究法本身就包含数学方法。

三、科学课题研究论文的撰写方法

科学论文是运用文字,按照一定的格式规范,对科学研究成果进行书面表述,它是科学研究成果公之于众的最基本的也是最主要的形式。科学论文是科学研究的成果表述,也是学术交流的重要工具。

(一) 科学论文的格式

论文格式是指进行论文写作时的样式要求,以及写作标准。直观地说,论文格式就是论文达到可公之于众的标准样式和内容要求。为能有效表述内容,又能便于他人的阅读和理解,科学论文一般采用如下文体格式:

前置部分 { 标题 / 署名和所在单位 / 摘要 / 关键词 / 目录 }

主体部分 { 前言 / 正文 / 结论 / 致谢 / 参考文献 }

(二) 实验型科学论文撰写的基本要素

由于课题性质和研究方法不同,因此"正文"部分的写作格式也会有所不同。对于以阐明理论为主的理论型论文,常见的写作结构有证明式、剖析式、运用式等,因而理论型论文写作没有固定格式,其写作结构可以多样化。对于实验型论文,写作格式一般由材料和方法、研究结果、分析和讨论三部分构成。对于调查型、观察型论文可以参照实验型论文的写作格式。由于青少年撰写的科学论文大部分是实验型、调查型和观察型论文,因此,现在要重点介绍实验型科学论文撰写的基本要素。

1. 标题

题目即研究课题的名称。题目的用词要能鲜明、具体、准确地反映论文所研究的对象、内容和范围。题目用词要概括、精炼,在强调科学性和客观性的前提下,要体现出较好的文学性并具有吸引力。

2. 摘要

摘要也称内容提要,是对论文高度概括而不加评价的简短陈述。摘要的作用是让读者尽快了解你研究的主要情况,以便决定是否需要通读全文。同时也为文献的索引和归类提供方便。摘要的内容包括:研究的主旨、目的、范围;研究的对象、内容及方法;取得的研究结果;研究结论、意义。摘要字数一般在300字左右,它是整个研究的高度浓缩,需要有相当的概括和表达能力。

3. 关键词

关键词是一种表达论文要素特征并具有实质意义的检索语言。它能反映论文的中心内容或主题,显示论文的特征,可以为文献分类编排和检索提供信息。

4. 目录

在论文中设置目录的目的,主要是让读者在阅读论文前对全文的内容结构有大致的了解,使读者在选读论文中某个内容时更便捷。目录是整篇论文的导读图,所以要有完整性。也就是说,文章内各项内容都必须在目录中反映出来,不能有遗漏。青少年科学论文的结构层次较少,文章内容简单且占用页面数不多,一般可不设置目录。

5. 前言

前言是论文的开头,又称引言、序言。前言的内容包括:课题来源,研究目的、范围和重要性,前人研究成果及评价,研究过程、研究方法和实验设计,研究预期效果和意义。课题来源务必写清楚,这个要素能自然地引出后续部分,同时也在一定程度上反映课题研究的真实性。

6. 材料和方法

材料主要是指材料的性质、质量、来源、材料的选用和处理。方法主要是指实验的仪器、设备、条件以及实验数据的获得过程和方法。研究过程的表述是重要内容,作者要详细而有条理地进行阐述,要具体到别人照你的阐述重复做一遍能得到你的研究结果。

7. 研究结果

研究结果是指对实验过程中所观测到的现象和数据以及实验仪器记录的图像和数据等进行初步统计及加工形成的资料。对结果的呈现是实验型论文的核心内容,研究结果是具体的现象,属感性认识。

8. 分析和讨论

在对上述"研究结果"进行分析和讨论的基础上,获得对"研究结果"的规律性认识,并用于指导实际工作。讨论是理论升华,是理性认识。作者创造性的发现和见解,主要通过这部分内容来表现。

9. 结论

也可以是"结论和建议"。结论又称结束语,是对论文从总体上所作的最终总结。它的内容主要包括:简要地说明本文解决了什么问题,得出了什么规律,有什么理论意义和实用价值;对前人或他人的相关研究作了哪些检验,检验结果怎样,自己的研究有哪些不足,还有哪些未解决的问题;提出对未来研究的建议等。

10. 收获与体会

这部分内容不是必需的,是可选的。这里要表达作者通过这样一个研究过程,在提升个人科学素养和其他方面所取得的成果和感想。在青少年科技创新大赛中,这部分内容对考查评价学生参与研究是否符合"三自"准则以及在综合素养方面是否得到有效提升等提供了一定的参考依据。

11. 致谢

致谢是职业道德的一种表现,是对支持者、帮助者的劳动表示尊重。致谢语言要体现研究者诚恳的态度和热忱的心情。

12. 参考文献

参考文献是学术论文的一个重要的组成部分,它既表达对前人研究的尊重,也反映论文的起点和深度。参考文献具有的作用有:证明在论文中引用的论据是真实的;有利于读者查阅、核实和理解前人的科研成果;体现尊重前人劳动和严谨治学的态度。

四、科学课题的辅导方法

中学生课题研究是创新品格与创新能力培育的重要手段。辅导教师如果能在课题研究的不同阶段对学生进行创新品格与能力的培育,同时采用合适的方法辅导学生开展课题研究,能让学生在课题研究过程中得到系统性的有针对性的创新品格与能力的培育。反之,学生只是机械地完成课题研究,收获不大。辅导教师除了在课题研究过程中帮助学生完成课题研究,更重要的是在能力与品格培育的关键节点"点化"学生,让学生"顿悟",使课题研究的培育功能得以发挥。

中学生课题研究的辅导工作是一项系统性工作,其中的多个环节需要不同的辅导方法,可以对学生进行不同的创新素养培育。

(一)选题环节

一个好的选题是课题研究成功的一半。在选题环节,辅导教师需要指导学生选择合适的研究方向、研究领域以及具体的研究内容。在选题阶段可指导学生从三个方向寻找课题：自然界中的万事万物、社会生活中的各个领域、各学科学习中遇到的问题。在确定选题时还需要指导学生注意与其自身的兴趣、爱好与个性特长相结合。在选题中要注意指导学生查阅文献，通过文献查阅拓宽学生的知识面，同时注意师生交流，通过师生讨论激发学生思维，寻找新的研究思路。在选题环节中辅导教师需要注意培育学生的社会责任感以及对科学的兴趣，并以此激发学生的学习动机。

一般来说选题的来源包括如下几个方面：

1. 课堂学习内容和学生的爱好

某同学的课题"丁二酸结构衍生物催化手性 mannich 反应的研究"来自他在课堂上学到的手性化合物知识，他特地开展相关的研究工作，老师辅导他学习更多的手性催化知识，并从简单的手性催化入手，进行了一定程度的研究工作。另一同学的研究课题"不同温度下泌结晶时氧化膜表面色变规律及成因"是源于他对晶体的光泽特别感兴趣，"什么因素让金属铋的表面有特别美丽的颜色呢？"这样的思考使他想通过课题研究金属泌表面美丽颜色的原因。

2. 社会热点问题

一名优秀的中学生应胸怀天下，关心社会疾苦。所以，在辅导学生选择课题时，可以让学生关注社会热点问题，特别是事关"民生"的问题，选择合适的切入点开展研究。某同学的研究课题"浦东机场飞机起降循环各阶段大气污染物排放特征研究"源于对空气污染问题的关注，他选择比较易于收集数据的机场，重点研究飞机起降阶段机场的空气污染情况。同样基于对空气污染问题的关注，另一同学选择机动车尾气污染作为研究方向，开展了"机动车启动时排出的黑烟怎么办——尾气快速净化研究及应用设计"课题研究。

3. 生活中的小问题

有学生反映，找不到研究的问题，其实是缺乏发现问题的眼睛。生活中有很多可以研究的问题,而且生活中的小问题更适合中学生开展课题研究,并提高学生的观察能力。如某同学的研究课题"淘米水洗涤效果的探究与评价"是基于生活中听到的"似是而非"的说法:淘米水可以洗东西这种说法是否有科学依据?基于对这个问题的思考,他开展了一系列研究。同样是对生活中细节的思考,另一同学注意到奶奶吃的"纳豆"具有一定的黏性,联想到用其中的黏性材料作为绿色修正液的基础材料,并开展了"基于纳豆发酵液制备新型绿色修正液"课题研究。

4. 追踪新的科学研究

有些学生的学科基础知识较扎实,或经常浏览科技文献,了解新的科学研究,并且对其中的科学研究感兴趣。对这些学生,可以鼓励他们在这些新的科学研究中选择适合中学生易于开展的课题。例如,某同学注意到科学家在研究使用新型催化剂催化降解聚烯烃来解决白色污染的问题,对此她非常感兴趣,经过与辅导老师的多次研讨,开展了关于这项研究的一个小课题"用于烷烃复分解法降解聚乙烯塑料的催化剂研究",另一同学关注到石墨烯量子点的"光致发光"现象,提出让石墨烯量子点"电致发光",并开展了"石墨烯量子点的电致发光研究"。

(二)研究方案设计环节

课题研究的方案是研究工作的行动大纲,在辅导学生制订研究方案时注意指导学生关注研究方案的科学性、创新性、现实性与可操作性。科学性是指研究方案、研究方法要符合客观规律。创新性是指之前没有做过的研究工作,现实性是指研究课题紧密贴近现实生活。科学性、创新性是课题研究成功的基础,可操作性是课题研究成功的保证,在方案设计环节要注意研究难点的克服,一定要做好预案,设计多种实验方案争取克服难点。如果难点无法克服,最好有备用研究方案,避免学生中途更换课题。在方案设计阶段,重点培养学生的统筹规划能力,在制订方案时,可以让学生自己动手设计方案,作为辅导老师,要及时捕捉学生的亮点,给予鼓励,并能补充学生研究方案的不足。特别注意研究方案中设计的实验条件、仪器设备、安全限制等容易被学生忽视的细节问题。

例如,"丁二酸结构衍生物催化手性mannich反应的研究"研究课题中有一个问题,就是不能确定mannich反应的反应物到底选择哪个物质比较好,于是我们首先开展预实验,看选择的两个化合物中哪一个更加易于合成。解决了这个问题后,我们才能制订研究计划。例如,"基于纳豆发酵液制备新型绿色修正液"课题中涉及修正液的评价标准,这是非常专业的行业标准,一般的中学实验室没有相应的设备,这就要求我们认真分析评价标准,并且做出相应的调整。

(三)研究实施环节

研究的实施环节是中学生课题研究的关键环节,在研究过程中要解决具体的科学问题,需要学生按照研究方案设计,实施科学和严谨的实验工作,并且要克服实验失败、挫折,从多种实验现象中进行总结分析。在这一环节中,辅导老师需要帮助学生克服研究工作中遇到的多个难点,完成研究工作,指导学生学习相应的实验技能,特定的科学知识、理论,并在研究过程中使用这些理论来指导具体的研究工作。这个环节中涉及的素养培育就是刻苦的学习精神以及严谨和认真的科学精神。在这个环节中还可以培养学生正确对待实验中的失败。在科学研究中不可能一帆风顺,中学生的课题研究也是这样,必然有实验失败的可能。在面对失败时,辅导老师要引导学生认真分析失败的原因,通过对失败原因的分析,帮助学生找到成功的路径。

例如,在某同学的研究课题"芦苇生物炭负载银的杀菌效果应用研究"中遇到的第一个失败就是银的负载量不准确。该同学认真分析实验细节,找出失败的原因是操作问题、方法问题或是材料问题。经过多次验证实验,他改变了方法,终于解决了问题。另一同学的研究课题中出现对核磁谱图解析的难题,辅导老师鼓励他阅读相关书籍,自己解析谱图,最终克服了困难。

(四)论文撰写环节

论文撰写是课题研究的重要环节,这个环节可以梳理整个研究过程的每个细节,也可以发现研究中的问题,甚至可以再次实验。在论文撰写环节,教师不仅要辅导学生学习如何撰写科研论文,更重要的是培育学生的科学思维与理性思维。学生在这个环节需要学会用真实、客观的语言描述科学研究,用理性、严谨的思维来分析科学问题。需要注意的是,论文撰写与中学生的作文是不同的。

(五)交流展示环节

在交流展示环节中需要指导学生做好PPT和展板,同时注意答辩的语言应用。如果文章撰写是科学性书面语的应用,那么答辩则是科学性口语的应用。辅导教师要帮助学生在答辩中保持严谨的科学逻辑,避免逻辑漏洞;同时注意语言的严谨性与亲切性、姿态与表情的合理应用。

如何参与青少年科技创新大赛(三)：科技辅导员科教创新课题

一、基本概念界定

科技辅导员科技教育创新成果(下文简称"科教创新成果")竞赛项目分为科教制作类和科教方案类。

科教制作：科教制作项目是由科技辅导员本人设计或改进的为科技教育教学服务的教具、仪器或设备等。按学科分为物理教学类、化学教学类、生物教学类、数学教学类和其他共五种教学类科教制作项目。

科教方案：科教方案项目是由科技辅导员本人设计撰写的科技教育活动或教学的预设方案，且该方案已经开始实施或实施完成(须有证明材料)。

二、科教创新成果的研究方法

(一) 科教制作的基本方法

1. 科教制作要遵循的原则

科教制作项目既要来源于教育教学实践以解决身边的实际问题，又要体现"三性"原则，即科学性、先进性、实用性。

科学性：该项制作克服了现有成品的某些缺陷或不足，比现有成品更趋合理。

先进性：该项制作与现有成品相比，在材料、工艺、手段等方面，有显著的进步。

实用性：该项制作与现有成品相比，在制造、成本、使用效果等方面，有实质性的改进，在对青少年进行科学教育方面，有显著进步。

2. 科教制作的基本过程

虽然科教制作项目是针对学校科技教育工作问题而做的创新作品，但是从根本上来说还是属于工程设计范畴，因此其研究过程应与工程设计相似，一般要经过六个基本过程：

（1）根据需要，确立课题

需要是人类发明创造的原动力，工程学课题往往是根据人们的需要来选择的。如果教师在教育教学工作实践中遇到了需要解决的工程技术问题，在考虑自身的能力和条件允许的情况下，就可以根据需要，确立课题。

（2）制定标准，明确目标

工程学课题的最终成果是一件可供实际使用的产品，如果产品标准定得符合使用者要求，那么这种产品就容易得到大家认可，因此设计标准首先要满足使用者的要求。可以通过分析研究，应用科学原理制定设计标准，定出课题目标。

（3）查阅资料，了解进展

要想知道研究的课题是否具有先进性，一般可以通过专利文献、学报等进行查新检索。通过查新既可了解别人是否已解决了这类问题，也可了解别人解决这类问题的技术路线和进展程度，收集到的信息资料能为后续工作打下重要基础。

（4）制订计划，设计方案

在确立了课题，明确了课题目标，查阅了相关资料、了解了前人研究所做的工作后,接下来就要制订一份较详细的工作实施计划,尽快完成技术方案的设计。

(5) 建立模型,验证设计

工程学课题通常要建立实验模型,其目的是用于验证课题关键部分的设计是否能达到标准。课题关键部分是完成工程学课题需要攻克的技术核心所在。

(6) 制作作品,测试功能

工程学课题的最终目标是为了满足需要而制造一个可供使用的产品。为了达到这一目标,制作一个与最终产品较接近的工作模型并进行功能测试是必不可少的。通过工作模型的实物制作,可以较真实地表现作品的功能和原理,形象地展示作品的结构和形状。

(二) 科教方案设计方法

1. 科教方案设计要遵循的原则

科教方案设计是为科技教育工作服务的,也是为青少年素质教育服务的,因此科教方案的设计务必考虑以下几个原则:

(1) 科学性:方案所述概念和原理具有可靠性,即不违背自然科学、社会科学、思维科学、数学、技术和工程学等所涵盖的基本规律。

(2) 教育性:符合科技教育教学和科技活动的基本规律。给青少年提供较大的动脑思考、动手实践的空间,启迪青少年主动学习,经历科学探究的完整过程。有利于青少年对科学知识的掌握,有利于青少年对科技发展与人类生活、社会发展相互关系的思考,有利于青少年科学思想、科学精神与方法、创新能力的养成。

(3) 创新性:内容、过程或方法的设计有创意;整个教学或活动的构思新颖、巧妙;因人而异,因地制宜。

(4)可行性:符合方案设计对象的知识、能力和认知水平;具备方案实施的必备条件;不会超越当地科技、教育、经济和社会发展水平,便于在科技教育教学活动中实施;不增加青少年额外负担。

(5)示范性:具有鲜明的时代特征,体现当代科技发展方向和教育理念;着重解决青少年所面临的现实生活中的具体问题;便于推广普及。

(6)完整性:活动过程完整;实施步骤阶段清晰具体,过程连续且有始有终。

2. 科教方案设计步骤

(1)选择科教活动主题

选择科教活动主题是指寻找科教活动所在的内容领域。青少年科教活动的主题领域是非常广泛的,可以是自然科学领域,也可以是社会科学领域。

(2)明确科教活动特定主题

由于科教活动主题的内容比较宽泛,因而需要对科教活动主题进行提炼,才能明确科教活动的内容,从而形成具有可操作性的科教活动特定主题。

(3)审核科教活动特定主题

完成了科教活动主题的提炼,明确了具体活动内容,并不代表这项活动一定是可行的。有三个基本问题需要进一步完善:一是活动内容是否适合学生的身心特点和认知水平。二是活动时间和经费是否有保障。三是活动场所、设施、资源是否有保障。在对这三个基本问题进行确认后,如果觉得符合条件,就可以确认科教活动的特定主题。如果觉得不太符合条件,要实施这一活动面临的困难较大,那么可以重新选择科教活动主题,直至审核通过。

(4)撰写科教方案

经审核确认了科教活动的特定主题,明确了具体活动内容,接下来最重要的是要制订一个详细的科教活动的实施计划,并认真策划和撰写科教方案。

三、科教创新成果文稿的撰写方法

（一）科教制作项目报告的撰写方法

科教制作项目报告须包含以下文字介绍，并附实物照片或设计图等。

1. 项目的科学原理；

2. 项目的教学用途与用法；

3. 在现有教具基础上的改进点和创新点；

4. 项目的其他介绍。

（二）科教方案的撰写方法

科教方案的文稿须包含以下文字介绍：

1. 方案的名称。

2. 方案的背景(需求分析)与目标。

3. 方案涉及的对象和人数。

4. 方案的主体部分：(1)活动内容、过程和步骤；(2)难点、重点、创新点；(3)可利用的各类科技教育资源(场所、资料、器材等)；(4)可能出现的问题及解决预案；(5)预期效果与呈现方式；(6)效果评价的标准与方式。

5. 活动已开始实施或实施完成的证明材料。

后记

提升青少年的科学素养,培养新一代创新人才,是科学教育必须担负的重大职责。2023年2月,习近平总书记在中共中央政治局第三次集体学习时强调:"要在教育'双减'中做好科学教育加法,激发青少年好奇心、想象力、探求欲,培育具备科学家潜质、愿意献身科学研究事业的青少年群体。"紧接着,2023年5月,教育部等十八部委联合发文,提出"着力在教育'双减'中做好科学教育加法,一体化推进教育、科技、人才高质量发展"。科学教育在学校教育中的重要地位日益凸显。

提高中小学生的科学素养,教师很关键。好的教师,会在孩子心中播下科学启蒙的种子,并通过积极的引导,让这颗种子逐渐发芽,开花结果。然而,2021年的一份学术调查报告显示,目前我国小学科学教师的专业化水平尚不如人意:我国小学科学教师的队伍结构严重失衡,以兼任教师和文科背景占主流;知识与信念薄弱,信息技术应用等实践性智慧有待加强;专业发展羸弱,实验资源匮乏,缺乏精准化和专业化培训。教育部等相关部门基于培养科学教师的重要性和紧迫性,开始对中小学科学教师设立专业标准,提出发展规划,实行职前、入职和在职一体化培训,加大相关专业科学教师人才培养力度,优化小学科学教师人才培养方案,创新小学科学教师培养协同机制,以解决科学教师的专业化问题。

科学素养的提升不是一朝一夕的事，除了职业培训，老师们更需要结合日常工作不断实践和思考。然而，老师们平时实在太忙了，除了授课和教研活动，还要参加课题研究、撰写论文、管理学生、应对各种检查和会议等，很难主动抽出大块的时间阅读科学方面的大部头甚至是整本著作。由此编写组萌生了"选篇"的念头，期望为老师们提供一套有针对性、能切实提升科学素养的丛书。以本册《追寻科学之本》为例，主要从科学本质、科学素养、科学家真实工作等角度出发，选取科学家、科学哲学家、科学史家、科普作家、教育家等的三十余篇权威文章，引导教师思考科学的本质，提升科学素养。如此的好处在于，各篇文章既聚焦一个主题，又相对独立，便于老师利用碎片化的时间进行阅读和思考。

选篇基于以下几点原则：一是主题明确，内容围绕三大板块的核心要素展开；二是作者具有代表性，或为科学大家（国外如科学巨匠爱因斯坦，国内如著名天文学家王绶琯院士、天体化学与地球化学家欧阳自远院士、海洋学家汪品先院士、天体物理学家李惕碚院士、数学家严加安院士等专家学者），或为科学哲学家（如亨普尔），或为科学史家（如刘兵、吴国盛），或为科普大家（如阿西莫夫、格里宾），或为教育家（如朱永新、崔允漷），在学界享有盛誉；三是视角具有独创性和前瞻性，语言简洁，且文字量适中。

本册包括四个部分：

第一篇"科学是什么"，引导教师看一看著名科学人物眼中的科学究竟是什么，懂一点科学史，理解科学与艺术的关系、科学家和科学精神等基本问题，从而一窥科学的内涵和本质，形成对科学本质的基础认知。

第二篇"科学素养是什么"，汇集教育领域内权威学者的文章，就科学教育战略与发展路径、科学教育的理念与行动、科学课程的设置、课外机构在科学教育中扮演的角色等重点话题提出建设性意见。

第三篇"科学家在干什么"，作者都是工作在科研一线的院士、专家，他们从自身的科研经历出发，介绍人类在自然科学领域所取得的伟大成就，揭示科技前沿的最新进展。通过本篇，教师们可以沉浸式了解不同学科的前沿进展，感悟科学家探求真理的精神。

最后一篇为附录,汇编了全国青少年科技创新大赛的相关信息和实践指导手册。该大赛是我国影响力最大的青少年科技竞赛,附录可以帮助科学教师有针对性地开展指导工作。

让繁忙的老师们在有限的时间内获得"大家"的引导和实际的助益,诚为本书的出版目的。我们热切期盼"中小学教师科学素养提升工程"丛书能为教师的科学素养提升尽一份切实的绵薄之力。